1등 독일어

1판 1쇄 2023년 7월 1일

저　　　자 Mr. Sun 어학연구소, 윤성민
펴 낸 곳 OLD STAIRS
출판 등록 2008년1월10일 제313-2010-284호
이 메 일 oldstairs@daum.net

가격은 뒷면 표지 참조
ISBN 979-11-7079-005-1

독일어를 사용하는 나라들

Deutschland	*Österreich*	*Luxemburg*
Belgien	*Liechtenstein*	*Schweiz*
Frankreich	*Italien*	*Polen*
Dänemark	*Rumänien*	*Slowakei*

1등 독일어 활용법

01 독일어 알파벳 익히기

겉으로 보기에는 영어의 알파벳과 비슷하지만,
읽는 방법과 발음에는 차이가 있는 **독일어의 알파벳**

QR코드를 찍으면 **완벽한 원어민 발음**을 들을 수 있다.
원어민 발음을 들으며 완벽한 발음으로 독일어를 시작하자.

U u 우 | Blume
블루매 : 꽃

02 200가지 필수 표현으로 독일어와 친해지기

일상생활에서
가장 자주 쓰이는 표현을 선정했다.

복잡한 문법 구조, 성수 개념 등을 배우기에 앞서
가장 자주 쓰이는 문장들로 독일어와 친해지자.

02 미안해요.

Ent
엔트
실례

01 고맙습니다.

Danke | schön.
당케 | 쇈.
감사하다 | 예쁜.

03 만화로 이해하는 독일어

본격적으로 독일어를 배우기 전에,
독일어의 배경을 알아보자.

독일어의 뿌리, 발음, 성수 개념의 배경을 먼저 알면,
암기하는 속도도, 이해하는 속도도 불붙을 것이다.
술술 읽히는 만화로 독일어도 챙기고, 교양도 챙기자.

지도를 보는 여성

산을 오르는 남성

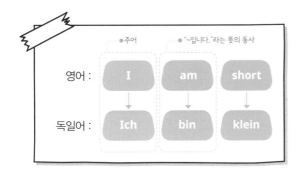

04 핵심 문법 익히기

어려운 내용, 당장 필요하지 않은 내용은
과감히 생략하고 **필요한 내용만 담았다.**

눈에 확 들어오는 그림과 함께,
이야기하듯 쉽게 풀어낸 설명을 읽다 보면
어느새 독일어 문법의 기초가 저절로 이해될 것이다.

복잡한 문법 개념은 동영상 강의 QR코드를 확인해보자.
최고의 독일어 강사가 독일어를 시원하게 정리해 준다.

05 실력 다지기

재미있게 읽는 것만으로 끝내서는
제대로 공부를 했다고 할 수 없다.

문법 설명 뒤에 **배운 내용을 복습할 수 있는
연습 문제**가 실려 있다.
문제마다 친절한 그림 힌트가 함께 있으니,
내용을 잘 이해했다면 아무런 어려움 없이 해결할 수 있다.

06 일상에서 활용하기

일상적인 대화의 회화문이다.
각각의 상황에 맞는 팁(TIP)도 적혀 있어,
회화문을 읽기만 해도 쉽고 재미있게
독일어의 기본 표현을 익힐 수 있다.

발음을 어떻게 할지 몰라 고민이라면 걱정은 넘어두자.
올드스테어즈만의 **발음표기**가 함께 실려 있어
독일어를 읽는 즐거움을 바로 누릴 수 있다.

➕ 기초단어 PDF 제공
명사 / 동사 / 형용사 / 부사

문장을 구사하기 위해 꼭 필요한 기초 단어 1,000개를 선정했다.
품사별로 잘 정리된 1,000개의 단어를 꼭 암기하자.
독일어 문장을 술술 막힘없이 독해할 수 있을 것이다.

▶공식 홈페이지 🔍 mrsun.com 에서 다운로드 받으세요.

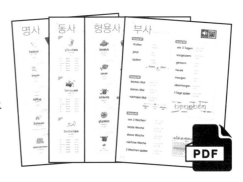

Inhaltsverzeichnis
table of contents

**마무리
단어학습**

명사 500 단어
동사 200 단어
형용사 150 단어
부사 100 단어

▶ 공식 홈페이지 🔍 mrsun.com 에서 다운로드 받으세요.

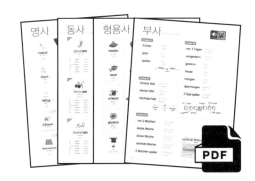

만화로 이해하는
독일어

Lerne Deutsch mit Comics

안녕, 나는 여러분에게 독일어에 대해 알려줄 독일어 요정이야.

독일은 소시지와 맥주로 아주 유명하지!

오예~

많은 이들이 독일어에 관해 설명해보라고 하면 이렇게 말해.

독일어는 어렵다.

하나도 모르겠어~

맞아. 확실히 그런 면이 있어.

뭐라는지 모르겠지?

독일어의 특징은 독일 사람들을 생각해보면 어느 정도 알 수 있어.

근거는 없지만 많은 사람이 공감하지!

독일 사람들은 대체로 정확하게 약속을 지킨다.

언제 와?

미안! 곧 도착해~

융통성과 유머 감각이 없다.

바나나가 웃으면 바나나킥!

복장섭 개그 짱!

저게 웃겨?

기계를 잘 만든다.

참 신기한 게…, 사람들이 이렇기 때문에 이런 언어를 쓰는 것인지

GER

이런 언어를 쓰기 때문에 사람들이 이런 건지 알 수는 없지만

GER

독일 사람들이 주는 느낌과 독일어의 특징은 대체로 비슷해.

한 치의 틈도 없이!

딱

딱

딱

시작할 때 가장 쉬워 보이는 영어가
후반으로 갈수록 점점 더 어려워지는 것
혹시 알고 있어?

보통의 다른 언어들은 배우면 배울수록
더 어려워지거든.

영어 학습 후반으로 갈수록 어떤 단어를
골라서 사용해야 하는지도 헷갈리고

여기서
고르라고…?

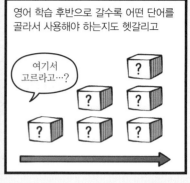

의외성과 불규칙성이 학습자를 어렵게
만들어.

반면 독일어는 처음에는 무척 어렵지만

처음부터
딴짓하지 마!

다른 언어에 비해 꽤 규칙적인 편이라서
규칙을 배우고 나면 예외가 별로 없어.

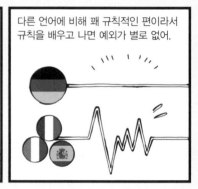

사실 그 규칙이라는 것도 크게 보면
단 두 가지뿐이야.

첫 번째 규칙!

모든 명사를 남성, 중성, 여성의 세 그룹
으로 나눈다.

명사

뭐야, 뭘
시키려고?

쉽게 가자,
제발.

남성   중성   여성

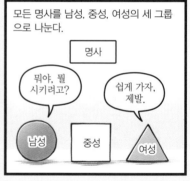

이에 대응해주기 위해 모든 형용사는
3가지 형태를 보인다.

형용사

남성   중성   여성

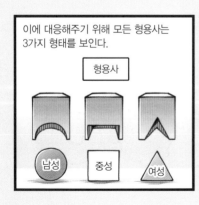

이걸 독일어의 성 구분이라고 해.

독일어

'성 구분'에 관해서는 이따 자세히
얘기해 줄게.

60초 후에
공개합니다!

아오….

두 번째 규칙!

모든 명사가 주격, 목적격, 혹은 소유격 중 무엇으로 쓰였느냐에 따라

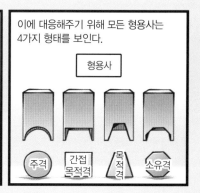

이에 대응해주기 위해 모든 형용사는 4가지 형태를 보인다.

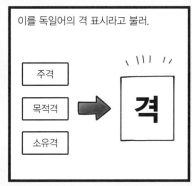

이를 독일어의 격 표시라고 불러.

두 가지 규칙 모두를 한마디로 얘기하면 형용사가 쓸데없이 여러 가지 모양으로 변한다는 거야.

그런데… 눈치챈 사람도 있겠지만 성 구분과 격 표시는 서로 연관되어 있어서

씨줄과 날줄처럼 형용사를 12가지 모양으로 만들어.

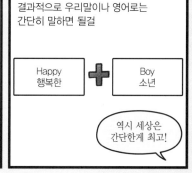

결과적으로 우리말이나 영어로는 간단히 말하면 될걸

독일어로는 12개의 형용사 중에서 선택해야만 해.

이런 상황이니 많은 사람들이 허를 내두르는 것도 이해할 만하지.

➡ 만화는 70쪽에서 계속 이어집니다. 011

INTRO

독일어에
대하여

알파벳과 발음

숫자 세는 법

독일어 필수 표현

독일어의 발음
알파벳과 발음

독일어의 발음은 영어보다 규칙적입니다. 각각의 알파벳이 고유의 소리를 가지며, 또 앞뒤 소리의 조합에 따라 변화하는 일이 많지 않습니다. 따라서 지금부터 설명하는 글자별 발음 규칙을 외워놓으면 쉽게 독일어를 읽을 수 있게 될 것입니다. 먼저 각 글자의 이름입니다. 실제 발음이 영어와 달라지는 것들은 다른 색으로 표시했으니 눈여겨봐 두시기 바랍니다.

영어와 **비슷한** 발음 , 영어와 **다른** 발음

움라우트(Umlaut) 위에 있음

움라우트(Umlaut)
변모음을 만드는 특수기호

시간을 가지고
천천히 익혀보아요!

발음이 영어와 **비슷한** 글자들

한글은 항상 일정한 발음을 갖습니다. 예를 들어 'ㄱ'은 항상 'ㄱ'소리를 내고, '아'는 항상 '아' 소리를 내죠.
독일어도 이와 마찬가지입니다. 특히, 모음마저도 일정한 소리를 갖는 언어는 많지 않은데,
독일어는 모음마저도 대부분 일정한 소리를 냅니다.
그 중에서도 '아에이오우' 소리의 다섯 모음을 먼저 보겠습니다.

A a 아	Abend	아벤트 : 저녁
E e 에	Korea	코레아 : 한국어
I i 이	Tisch	티쉬 : 책상
O o 오	Mond	몬트 : 달
U u 우	Blume	블루매 : 꽃

이번에는 쉬운 자음들입니다. 이 자음들 역시 소리가 일정하고 영어와 비슷합니다.

F f	Freund	프f로인트 : 친구
N n	Name	나매 : 이름
K k	kalt	칼트 : 추운
P p	Papier	파피이어 : 종이
L l	leben	을래벤 : 살아있다
T t	Teller	탤러 : 접시
M m	Mai	마이 : 5월
X x	Box	복스 : 상자

알파벳과 발음

새롭게 **배워야하는** 발음의 글자들

다음은 '움라우트'가 붙은 모음들입니다. **움라우트가 각각의 모음을 변화시키는 방향은 일정하지 않습니다.**
이 발음들이 독일어에서 가장 어려운 발음들입니다.

Ä ä   애

A 움라우트가 붙으면 '아' 보다
'애' 에 가까운 소리가 납니다.

Mädchen
매디히엔 : 소녀

Sänger
쟁어 : 가수

Gepäck
게패크 : 수화물 , 짐

Diät
디애트 : 다이어트

Ö ö   외

혀는 '애' 라고 말한 채,
입술로는 '오' 라고 말합니다.

Öl
욀 : 기름

Körper
쾨어퍼 : 몸

Möbel
뫼벨 : 가구

öffnen
외프f낸 : 열다

Ü ü   위

혀는 '이' 라고 말한 채,
입술로는 '우' 라고 말합니다.

Tür
튀어 : 문

Menü
매뉘 : 메뉴

Grün
그륀 : 녹색

Parfüm
퍼퓜f : 향수디

독일어의 2중 모음은 원래 각각의 모음을 차례차례 말하면 되지만, 아래 세 경우는 발음이 엉뚱하게 변화합니다.

EI ei   **아이**

Ei
아이 : 계란

Eis
아이스 : 얼음

EU eu   **오이**

heute
호이테 : 오늘

Freund
프f로인트 : 남자친구

ÄU äu   **오이**

Käufer
코이퍼f : 구매자

Fräulein
프f로일라인 : 아가씨

β [에스쩻트]는 독일어에만 있는 독특한 글자입니다.
오래전 독일어에서는 S가 두 번 연속되어 SS가 되는 경우 β를 사용해야만 했습니다.
하지만 지금은 단어에 따라 나뉘어 쓰입니다. 또 어떤 단어들은 β와 SS가 모두 허용되기도 합니다.

ßß   에스쩻트
SS와 같은 'ㅆ' 소리입니다.

Straße
슈트라쎄 : 거리

Weiß
바ᵛ이쓰 : 흰색

Fuß
푸ᶠ쓰 : 발

Soße
소쎄 : 소스

꼭 암기해야 할 발음의 자음들입니다.

Ss   에스
'ㅅ'이나 'ㅈ' 발음 사이입니다.
단어에 따라 'ㅅ'이나 'ㅈ' 발음에 더
가깝게 발음됩니다.

Sommer
좀머 : 여름

Sonne
존내 : 태양

Person
페어존 : 사람

Situation
시투아치온 : 상황

Dd   데
'ㄷ' 발음이지만, 'ㅌ' 으로 발음 되는 경
우도 있습니다. nd의 조합일 때 'ㅌ' 으
로 발음합니다.

Hand
한트 : 손

Mond
몬트 : 달

Diesel
디젤 : 디젤

Süd
쉬드 : 남쪽

Hh   하
'ㅎ' 발음이지만, 모음 뒤에 사용되면
대부분 묵음이 되면서 모음을 길게
말해줍니다.

Hamburger
함부어거 : 햄버거

Uhr
우어 : 시간

Stuhl
슈투울 : 의자

Ohrring
오어링 : 귀걸이

Intro

독일어의 발음

알파벳과 발음

J j 요트

'J' 는 자음으로 분류되지만 소리는 마치 모음인 것처럼 들립니다.

Jacke
약케 : 자켓

Junge
융에 : 소년

Jahr
야아 : 년(날짜)

Y y 입실론

첫 글자로 등장할 땐 'j' 발음,
중간에 등장할 땐 '유+이'발음입니다.
'Y' 은 독일어의 모음 중에서 유일하게 두개의 소리를 갖습니다.

Yoga
요가 : 요가

Yoghurt
요구어트 : 요구르트

Symptom
쉼톰 : 증세

Mythologie
뮈톨로기 : 신화

R r 에어르̃

독일어의 'R' 발음은 혀 끝이 아닌 혀 뒤와 목젖이 떨리면서 울리는 소리입니다. 영어식 'R'발음은 독일어에는 없습니다.

Reise
라̃이제 : 여행

Broschüre
브로̃쉬레̃ : 안내책자

Frucht
푸^{f}루̃흐트 : 과일

Korea
코레̃아 : 한국

V v 파^{f}우

영어의 'F' 처럼 발음합니다.
외래어의 경우 해당 외래어의 'V' 발음을 따릅니다.

Vater
파^{f}터 : 아버지

Vogel
포^{f}겔 : 새

Vergangenheit
페^{f}어강엔하이트 : 과거

Visum
비^{V}줌 : 사증(비자)

W w 베^{V}

영어의 'V' 처럼 발음하지만,
외래어의 경우 해당 외래어의 'W' 발음을 따릅니다.

Wasser
바^{V}써 : 물

Sandwich
샌드비^{V}취 : 샌드위치

Whiskey
위스키 : 위스키

Waffel
바^{V}플^{f} : 와플

Z z 쩨트

쌍지읒 'ㅉ' 발음이 납니다.

Salz
잘쯔 : 소금

Zucker
쭈커 : 설탕

CH ch 체, 하

'C'와 'H'가 연속되면 보통 'ㅎ'으로 발음됩니다. 외래어인 경우는 해당 외래어의 발음이 납니다.

Buch
부흐 : 책

Ich
이히 : 나

Milch
밀히 : 우유

Chor
코어 : 합창단

IG ig 이, 게

단어의 끝이 'IG'로 끝나면 '히'라고 발음됩니다.

Honig
호니히 : 벌꿀

salzig
잘찌히 : 짠맛의

lustig
을루스티히 : 즐거운, 유쾌한

hungrig
훙그리히 : 배고픈

SP sp 에스, 페

'S'와 'P'가 연속되면 '슈ㅍ'라고 발음합니다.

Spielzeug
슈피일쪼이그 : 장난감

Spiegel
슈피이겔 : 거울

Spitze
슈핏쩨 : 꼭대기

Spiel
슈피일 : 게임

ST st 에스, 테

'S'와 'T'가 연속되면 '슈ㅌ'라고 발음합니다.

Stuhl
슈투울 : 의자

Stufe
슈투페f : 계단

Stäbchen
슈탑히엔 : 젓가락

Steuer
슈토이어 : 세금

PF pf 페, 에프f

'P'는 거의 묵음처럼 살짝 발음한 후 'F'를 주된 발음으로 말합니다.

Apfel
앞펠f : 사과

Pfeffer
프페f퍼f : 후추

Kopf
콥프f : 머리

Kampf
캄프프f : 싸움

QU gu 쿠, 우

'Q'와 'U'는 대부분 함께 등장합니다. 'ㅋㅂv'라고 발음합니다.

bequem
베크벰v : 편한

Qualität
크발v리태트 : 품질

독일어의 수사
숫자 세는 법

 기수사   서수사

사물의 수량이나 순서를 나타내는 말을 '수사'라고 부릅니다.
어떤 숫자들은 그냥 외우는 수밖에 없습니다.
어떤 숫자들은 외우는 대신 규칙을 이해하는 것이 좋습니다.

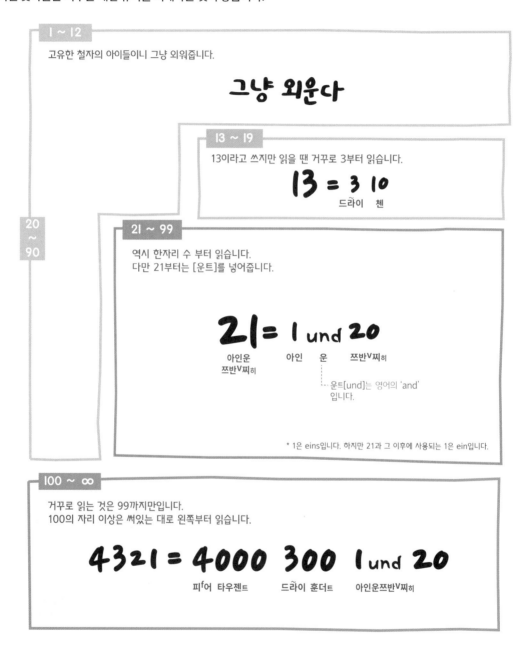

1 ~ 12

고유한 철자의 아이들이니 그냥 외워줍니다.

그냥 외운다

13 ~ 19

13이라고 쓰지만 읽을 땐 거꾸로 3부터 읽습니다.

13 = 3 10
　　　드라이　첸

21 ~ 99

역시 한자리 수 부터 읽습니다.
다만 21부터는 [운트]를 넣어줍니다.

21 = 1 und 20
아인운　　아인　운　　쯔반V찌히
쯔반V찌히

└ 운트[und]는 영어의 'and'
입니다.

* 1은 eins입니다. 하지만 21과 그 이후에 사용되는 1은 ein입니다.

100 ~ ∞

거꾸로 읽는 것은 99까지만입니다.
100의 자리 이상은 써있는 대로 왼쪽부터 읽습니다.

4321 = 4000 300 1 und 20
피f어 타우젠트　　드라이 훈더트　　아인운쯔반V찌히

'일, 이, 삼'과 '하나, 둘, 셋'은 모두 기수사입니다. 반면 '**첫째, 둘째, 셋째**'는 서수사입니다.
기수사와 서수사 모두 이 규칙을 따릅니다.

기수사 하나, 둘, 셋

0	1	2	3	4	5	6	7	8	9
null 눌	eins 아인스	zwei 쯔바ᵛ이	drei 드라이	vier 피ᶠ어	fünf 퓐ᶠㅍf	sechs 젝스	sieben 지이벤	acht 아흐트	neun 노인
10 zehn 첸	11 elf 엘프f	12 zwölf 쯔뷀ᵛㅍf	13 dreizehn 드라이첸	14 vierzehn 피ᶠ어첸	15 fünfzehn 퓐ᶠㅍ첸	16 sechzehn 제ʰ히첸	17 siebzehn 집첸	18 achtzehn 아흐첸	19 neunzehn 노인첸
20 zwanzig 쯔반ᵛ찌히	21 einund zwanzig 아인운 쯔반ᵛ찌히	22 zweiund zwanzig 쯔바ᵛ이운 쯔반ᵛ찌히	23 dreiund zwanzig 드라이운 쯔반ᵛ찌히	24 vierund zwanzig 피ᶠ어운 쯔반ᵛ찌히	25 fünfund zwanzig 퓐ᶠㅍ운 쯔반ᵛ찌히	26 sechsund zwanzig 젝스운 쯔반ᵛ찌히	27 siebenund zwanzig 지벤운 쯔반ᵛ찌히	28 achtund zwanzig 아흐트운 쯔반ᵛ찌히	29 neunund zwanzig 노인운 쯔반ᵛ찌히
30 dreißig 드라이씨히	31 einund dreißig 아인운 드라이씨히	32 zweiund dreißig 쯔바ᵛ이운 드라이씨히	33 dreiund dreißig 드라이운 드라이씨히	34 vierund dreißig 피ᶠ어운 드라이씨히	35 fünfund dreißig 퓐ᶠㅍ운 드라이씨히	36 sechsund dreißig 젝스운 드라이씨히	37 siebenund dreißig 지벤운 드라이씨히	38 achtund dreißig 아흐트운 드라이씨히	39 neunund dreißig 노인운 드라이씨히
40 vierzig 피ᶠ어찌히	41 einund vierzig 아인운 피ᶠ어찌히	42 zweiund vierzig 쯔바ᵛ이운 피ᶠ어찌히	43 dreiund vierzig 드라이운 피ᶠ어찌히	44 vierund vierzig 피ᶠ어운 피ᶠ어찌히	45 fünfund vierzig 퓐ᶠㅍ운 피ᶠ어찌히	46 sechsund vierzig 젝스운 피ᶠ어찌히	47 siebenund vierzig 지벤운 피ᶠ어찌히	48 achtund vierzig 아흐트운 피ᶠ어찌히	49 neunund vierzig 노인운 피ᶠ어찌히
50 fünfzig 퓐ᶠㅍ찌히	51 einund fünfzig 아인운 퓐ᶠㅍ찌히	52 zweiund fünfzig 쯔바ᵛ이운 퓐ᶠㅍ찌히	53 dreiund fünfzig 드라이운 퓐ᶠㅍ찌히	54 vierund fünfzig 피ᶠ어운 퓐ᶠㅍ찌히	55 fünfund fünfzig 퓐ᶠㅍ운 퓐ᶠㅍ찌히	56 sechsund fünfzig 젝스운 퓐ᶠㅍ찌히	57 siebenund fünfzig 지벤운 퓐ᶠㅍ찌히	58 achtund fünfzig 아흐트운 퓐ᶠㅍ찌히	59 neunund fünfzig 노인운 퓐ᶠㅍ찌히
60 sechzig 제ʰ히찌히	61 einund sechzig 아인운 제ʰ히찌히	62 zweiund sechzig 쯔바ᵛ이운 제ʰ히찌히	63 dreiund sechzig 드라이운 제ʰ히찌히	64 vierund sechzig 피ᶠ어운 제ʰ히찌히	65 fünfund sechzig 퓐ᶠㅍ운 제ʰ히찌히	66 sechsund sechzig 젝스운 제ʰ히찌히	67 siebenund sechzig 지벤운 제ʰ히찌히	68 achtund sechzig 아흐트운 제ʰ히찌히	69 neunund sechzig 노인운 제ʰ히찌히
70 siebzig 집찌히	71 einund siebzig 아인운 집찌히	72 zweiund siebzig 쯔바ᵛ이운 집찌히	73 dreiund siebzig 드라이운 집찌히	74 vierund siebzig 피ᶠ어운 집찌히	75 fünfund siebzig 퓐ᶠㅍ운 집찌히	76 sechsund siebzig 젝스운 집찌히	77 siebenund siebzig 지벤운 집찌히	78 achtund siebzig 아흐트운 집찌히	79 neunund siebzig 노인운 집찌히
80 achtzig 아흐찌히	81 einund achtzig 아인운 아흐찌히	82 zweiund achtzig 쯔바ᵛ이운 아흐찌히	83 dreiund achtzig 드라이운 아흐찌히	84 vierund achtzig 피ᶠ어운 아흐찌히	85 fünfund achtzig 퓐ᶠㅍ운 아흐찌히	86 sechsund achtzig 젝스운 아흐찌히	87 siebenund achtzig 지벤운 아흐찌히	88 achtund achtzig 아흐트운 아흐찌히	89 neunund achtzig 노인운 아흐찌히
90 neunzig 노인찌히	91 einund neunzig 아인운 노인찌히	92 zweiund neunzig 쯔바ᵛ이운 노인찌히	93 dreiund neunzig 드라이운 노인찌히	94 vierund neunzig 피ᶠ어운 노인찌히	95 fünfund neunzig 퓐ᶠㅍ운 노인찌히	96 sechsund neunzig 젝스운 노인찌히	97 siebenund neunzig 지벤운 노인찌히	98 achtund neunzig 아흐트운 노인찌히	99 neunund neunzig 노인운 노인찌히

100 hundert 훈더트	200 zwei hundert 쯔바ᵛ이훈더트	300 drei hundert 드라이훈더트	400 vier hundert 피ᶠ어훈더트	500 fünf hundert 퓐ᶠㅍ훈더트	600 sechs hundert 젝스훈더트	700 sieben hundert 지벤훈더트	800 acht hundert 아흐트훈더트	900 neun hundert 노인훈더트

1,000 tausend 타우젠트	10,000 zehntausend 첸타우젠트	100,000 hunderttaussend 훈더트타우젠트	1,000,000 Million 밀리온	10,000,000 zehn Millionen 첸 밀리오낸	100,000,000 hundert Millionen 훈더트 밀리오낸

	1 erste 에어스테	2 zweite 쯔바^V이테	3 dritte 드릿테	4 vierte 피^f어테	5 fünfte 퓐^f프^f테	6 sechste 젝스테	7 siebte 집테	8 achte 아흐테	9 neunte 노인테
10 zehnte 첸테	11 elfte 엘프^f테	12 zwölfte 쯔뷀^V프^f테	13 dreizehnte 드라이첸테	14 vierzehnte 피^f어첸테	15 fünfzehnte 퓐^f프^f첸테	16 sechzehnte 제히첸테	17 siebzehnte 집첸테	18 achtzehnte 아흐첸테	19 neunzehnte 노인첸테
20 zwanzigste 쯔반^V찌히스테	21 einundzwanzigste 아인운 쯔반^V찌히스테	22 zweiundzwanzigste 쯔바^V이운 쯔반^V찌히스테	23 dreiundzwanzigste 드라이운 쯔반^V찌히스테	24 vierundzwanzigste 피^f어운 쯔반^V찌히스테	25 fünfundzwanzigste 퓐^f프^f운 쯔반^V찌히스테	26 sechsundzwanzigste 젝스운 쯔반^V찌히스테	27 siebenundzwanzigste 지벤운 쯔반^V찌히스테	28 achtundzwanzigste 아흐트운 쯔반^V찌히스테	29 neunundzwanzigste 노인운 쯔반^V찌히스테
30 dreißigste 드라이씨히스테	31 einunddreißigste 아인운 드라이씨히스테	32 zweiunddreißigste 쯔바^V이운 드라이씨히스테	33 dreiunddreißigste 드라이운 드라이씨히스테	34 vierunddreißigste 피^f어운 드라이씨히스테	35 fünfunddreißigste 퓐^f프^f운 드라이씨히스테	36 sechsunddreißigste 젝스운 드라이씨히스테	37 siebenunddreißigste 지벤운 드라이씨히스테	38 achtunddreißigste 아흐트운 드라이씨히스테	39 neununddreißigste 노인운 드라이씨히스테
40 vierzigste 피^f어찌히스테	41 einundvierzigste 아인운 피^f어찌히스테	42 zweiundvierzigste 쯔바^V이운 피^f어찌히스테	43 dreiundvierzigste 드라이운 피^f어찌히스테	44 vierundvierzigste 피^f어운 피^f어찌히스테	45 fünfundvierzigste 퓐^f프^f운 피^f어찌히스테	46 sechsundvierzigste 젝스운 피^f어찌히스테	47 siebenundvierzigste 지벤운 피^f어찌히스테	48 achtundvierzigste 아흐트운 피^f어찌히스테	49 neunundvierzigste 노인운 피^f어찌히스테
50 fünfzigste 퓐^f프^f찌히스테	51 einundfünfzigste 아인운 퓐^f프^f찌히스테	52 zweiundfünfzigste 쯔바^V이운 퓐^f프^f찌히스테	53 dreiundfünfzigste 드라이운 퓐^f프^f찌히스테	54 vierundfünfzigste 피^f어운 퓐^f프^f찌히스테	55 fünfundfünfzigste 퓐^f프^f운 퓐^f프^f찌히스테	56 sechsundfünfzigste 젝스운 퓐^f프^f찌히스테	57 siebenundfünfzigste 지벤운 퓐^f프^f찌히스테	58 achtundfünfzigste 아흐트운 퓐^f프^f찌히스테	59 neunundfünfzigste 노인운 퓐^f프^f찌히스테
60 sechzigste 제히찌히스테	61 einundsechzigste 아인운 제히찌히스테	62 zweiundsechzigste 쯔바^V이운 제히찌히스테	63 dreiundsechzigste 드라이운 제히찌히스테	64 vierundsechzigste 피^f어운 제히찌히스테	65 fünfundsechzigste 퓐^f프^f운 제히찌히스테	66 sechsundsechzigste 젝스운 제히찌히스테	67 siebenundsechzigste 지벤운 제히찌히스테	68 achtundsechzigste 아흐트운 제히찌히스테	69 neunundsechzigste 노인운 제히찌히스테
70 siebzigste 집찌히스테	71 einundsiebzigste 아인운 집찌히스테	72 zweiundsiebzigste 쯔바^V이운 집찌히스테	73 dreiundsiebzigste 드라이운 집찌히스테	74 vierundsiebzigste 피^f어운 집찌히스테	75 fünfundsiebzigste 퓐^f프^f운 집찌히스테	76 sechsundsiebzigste 젝스운 집찌히스테	77 siebenundsiebzigste 지벤운 집찌히스테	78 achtundsiebzigste 아흐트운 집찌히스테	79 neunundsiebzigste 노인운 집찌히스테
80 achtzigste 아흐찌히스테	81 einundachtzigste 아인운 아흐찌히스테	82 zweiundachtzigste 쯔바^V이운 아흐찌히스테	83 dreiundachtzigste 드라이운 아흐찌히스테	84 vierundachtzigste 피^f어운 아흐찌히스테	85 fünfundachtzigste 퓐^f프^f운 아흐찌히스테	86 sechsundachtzigste 젝스운 아흐찌히스테	87 siebenundachtzigste 지벤운 아흐찌히스테	88 achtundachtzigste 아흐트운 아흐찌히스테	89 neunundachtzigste 노인운 아흐찌히스테
90 neunzigste 노인찌히스테	91 einundneunzigste 아인운 노인찌히스테	92 zweiundneunzigste 쯔바^V이운 노인찌히스테	93 dreiundneunzigste 드라이운 노인찌히스테	94 vierundneunzigste 피^f어운 노인찌히스테	95 fünfundneunzigste 퓐^f프^f운 노인찌히스테	96 sechsundneunzig 젝스운 노인찌히스테	97 siebenundneunzigste 지벤운 노인찌히스테	98 achtundneunzigste 아흐트운 노인찌히스테	99 neunundneunzigste 노인운 노인찌히스테

100 hundertste 훈더츠테	200 zwei hundertste 쯔바^V이 훈더츠테	300 drei hundertste 드라이 훈더츠테	400 vier hundertste 피^f어 훈더츠테	500 fünf hundertste 퓐^f프^f 훈더츠테	600 sechs hundertste 젝스 훈더츠테	700 sieben hundertste 지벤 훈더츠테	800 acht hundertste 아흐트 훈더츠테	900 neun hundertste 노인 훈더츠테

1,000 tausendste 타우젠츠테	10,000 zehntausendste 첸타우젠츠테	100,000 hunderttausendste 훈더트타우젠츠테	1,000,000 millionste 밀리온스테	10,000,000 zehnmillionste 첸밀리온스테	100,000,000 hundertmillionste 훈더트밀리온스테

001 고맙습니다.

Danke | schön.
당케 | 쉔.
감사하다 | 예쁜.

---

002 천만에요.

Es | ist | mir | ein | Vergnügen.
에스 | 이스ㅌ | 미어 | 아인 | 페f어그뉘겐.
그것은 | ~이다 | 나에게 | 하나의 | 기쁨.

---

003 미안해요.

Entschuldigung.
엔ㅌ츌디궁.
실례.

---

004 제 잘못이에요.

Mein Fehler.
마인 페f엘러.
나의 실수.

---

005 날 용서해 줘.

Vergib | mir.
페f어깁 | 미어.
용서해라 | 나에게.

---

006 괜찮아요.

Alles | in | Ordnung.
알래ㅅ | 인 | 오어ㄷ눙.
모든 것은 | ~안에 | 정돈.

---

007 저기요, 실례합니다.

Entschuldigen | Sie!
엔ㅌ츌디겐 | 지!
실례합니다 | 당신은!

---

008 메뉴판 주세요.

Die Speisekarte | bitte.
디 슈파이제카아테 | 빝테.
그 메뉴 | 부탁합니다.

---

009 부탁합니다.

Bitte.
빝테.
부탁합니다.

010

이게 뭐예요?

Was | **ist** | **es?**
바v스 | 이스트 | 에스?
무엇이 | ~이다 | 그것은?

011

이걸로 주세요.

Das | **da,** | **bitte.**
다스 | 다, | 빝테.
그것 | 거기, | 부탁합니다.

012

맞아요.

1+1=

Das | **ist** | **richtig.**
다스 | 이스트 | 리히티히.
그것은 | ~이다 | 옳은.

013

제가 주문한 게
아니에요.

Ich | **habe** | **das** | **nicht** | **bestellt.**
이히 | 하베 | 다스 | 니히트 | 베슈텔트.
나 | 가지고 있다 | 그것을 | 부정 | 주문했다.

014

너무 좋아!

Ach, | **ja~**
아흐, | 야~
아, | 어~

015

우와.

Wow.
와우.
와우.

016

안녕하세요.
Hello.

Hallo. | **Hallo?**
할로. | 할로?
안녕. | 안녕?

017

안녕하세요.
Good
evening.

Guten | **Abend.**
구텐 | 아벤트.
좋은 | 저녁.

018

어떻게 지내요?

Wie | **geht** | **es** | **Ihnen?**
비v | 게에트 | 에스 | 이낸?
어떻게 | 가다 | 그것은 | 당신에게?

019

저는 잘 지내요.

Mir | **geht** | **es** | **gut.**
미어 | 게에트 | 에스 | 구트.
나에게 | 가다 | 그것 | 잘.

020 너는 어때?

Wie	sieht	es	bei	dir	aus?
비v	지이트	에스	바이	디어	아우스?
어떻게	보이다	그것은	~에게	너에게	분리전철?

021 오랜만이야.

Es	ist	schon	eine Weile	her.
에스	이스트	숀	아이내 바v일래	헤어.
그것은	~이다	벌써	한동안	지금.

022 만나서 반갑습니다.

Freut	mich,	Sie	kennenzulernen.
프f로이트	미히,	지	캔낸쭈을래어낸.
기뻐하다	나를,	당신을	알게 되다.

023 성함이 어떻게 되세요?

Wie	heißen	Sie?
비v	하이쎈	지?
어떻게	불리다	당신은?

024 저는 미나입니다.

Ich	bin	Mina.	=	Mein	Name	ist	Mina.
이히	빈	미나.		마인	나매	이스트	미나.
나	~이다	미나.		나의	이름	~이다	미나.

025 저는 스무 살이에요.

Ich	bin	20	Jahre	alt.
이히	빈	쯔반v찌히	야아레	알트.
나	~이다	20	살	나이든.

026 어디서 오셨어요?

Woher	kommen	Sie?
보v헤어	콤맨	지?
어디서	오다	당신은?

027 한국에서 왔어요.

Ich	bin	aus	Korea.
이히	빈	아우스	코레아.
나	~이다	~에서	한국.

028 당신과 이야기 좀 하고 싶어요.

Ich	möchte	mit	Ihnen	reden.
이히	뫼히테	밑	인낸	레덴.
나	해야만 한다	~와 함께	당신에게	말하다.

029 친구가 되자.

Lass	uns	Freunde	sein.
을라쓰	운스	프f로인데	자인.
두어라	우리를	친구들	~이다.

030 전화번호 좀 알려 주세요.

Kann	ich	Ihre Nummer	haben?
칸	이히	이어레 눔머	하벤?
할 수 있다	나	당신의 번호를	가지고 있다?

031 문자 해.

Schreib	mir.
슈r라입	미어.
써라	나에게.

032 연락하면서 지내자!

Bleiben	wir	im	Kontakt!
블라이벤	비v어	임	콘탁ㅋ트!
머무르자	우리	~안	연락!

033 정말?

Wirklich?	=	Ach ja?
비v어클리히?		아흐 야?
현실의?		아 그래?

034 물론이죠.

Ja. Na sicher.	=	Sicher.
야. 나 지히여.		지히여.
응. 아니 확실한.		확실한.

035 좋은 생각이에요.

Das	ist	eine	gute	Idee.
다스	이스트	아이내	구테	이데에.
그것은	~이다	하나의	좋은	아이디어.

036 알겠어요. 그럴게요.

Okay.
오케이.
괜찮은.

037 나는 그렇게 생각 안 해요.

Ich	glaube	nicht.
이히	글라우베	니히트.
나	믿다	부정.

038 내게 생각이 있어요.

Ich	habe	eine Idee.
이히	하베	아이내 이데에.
나	가지고 있다	하나의 생각을.

039 실망했어요.

Ich bin enttäuscht.
이히 빈 엔트토이쉬트.
나 ~이다 실망한.

040 매우 좋아.

Sehr gut.
제어 구트.
아주 좋은.

041 저도 그래요.

Ich auch.
이히 아우흐.
나 역시.

042 재미있다!

Es ist interessant.
에스 이스트 인터레싼트.
그것은 ~이다 흥미로운.

043 당신은 정말 재미있어요.

Sie sind sehr lustig.
지 진트 제어 을루스티히.
당신 ~이다 매우 재미있는.

044 당신 정말 친절하시군요!

Sie sind sehr nett!
지 진트 제어 넷트!
당신 ~이다 매우 친절한!

045 좋은 하루 보내시길.

Einen schönen Tag.
아이낸 쇄낸 탁.
하나의 아름다운 날.

046 잘 가!

Tschüss!
취쓰!
안녕!

047 잘 자.

Gute Nacht.
구테 나흐트.
좋은 밤.

048 너도.

Du auch.
두 아우흐.
너 또한.

049 다음에 만나요.

Bis später.
비스 슈패터.
~까지 나중에.

050 곧 만나요.

Bis bald.
비스 발트.
~까지 곧.

051 몸 건강해.
(헤어질 때 인사말)

Pass auf dich auf.
파쓰 아우프 디히 아우프.
돌보아라 ~위로 너 분리전철.

052 행운을 빌어요!

Viel Glück!
피f일 글뤽크!
많은 운!

053 기운 내요!
힘을 내!

Kopf hoch!
콥프f 호흐!
머리 위로!

054 서둘러!

Beeil dich!
베아일 디히!
서둘러라 너를!

055 축하합니다!

Herzlichen Glückwunsch!
헤어쯜리히엔 글뤽분v쉬!
진정한 기쁜 축하!

056 생일 축하해요!

Alles Gute zum Geburtstag!
알래스 구테 쭘 게부엇츠탁!
모든 것 좋은 것 ~에 생일!

057 건배!

Prost!
프로스트!
건배!

058

치즈~! (사진 찍을 때)

Bitte   lächeln!
빝테   을래히엘른!
부탁합니다 미소 지어라!

059

이런!
아이고!
어머나!

Hoppla!
홒플라!
어머나!

060

누구세요?(눈에 보이지 않을 때)

Wer ist das?
베v어 이스트 다스?
누구   ~이다 그것은?

061

누구세요?

Wer sind Sie?
베v어 진트   지?
누구   ~이다 당신은?

062

네?(전화 받을 때)
여보세요?

Ja? | Hallo?
야? = 할로?
응?   안녕?

063

듣고 있어.

Ich höre zu.
이히 회레   쭈.
나   듣다   [분리전철].

064

어디 있었던 거예요?

Wo waren Sie?
보v   바v렌   지?
어디 ~이었다 당신은?

065

나 여기 있어.

Ich bin hier.
이히 빈   히어.
나   ~이다 여기.

066

들어오세요.

Kommen Sie herein.
콤맨   지   헤라인.
들어와라 당신 [분리전철].

067 나 바빠.

Ich | **bin** | **beschäftigt.**
이히 | 빈 | 베쉐f티히트.
나 | ~이다 | 바쁜.

---

068 바빴어요.

Ich | **war** | **beschäftigt.**
이히 | 바v아 | 베쉐f티히트.
나 | ~이었다 | 바쁜.

---

069 한가해요.

Ich | **bin** | **frei.**
이히 | 빈 | 프f라이.
나 | ~이다 | 자유로운.

---

070 앉으세요.

Setzen | **Sie** | **sich** | **hin.**
셋쩬 | 지 | 지히 | 힌.
자리에 앉아라 | 당신 | 당신을 | 분리전철.

---

071 계속하세요.

Machen | **Sie** | **weiter.**
마헨 | 지 | 바v이터.
해라 | 당신 | 계속.

---

072 잠시 들어봐.

Hör | **zu.**
회어 | 쭈.
들어라 | 분리전철.

---

073 도와주시겠어요?

Können | **Sie** | **mir** | **helfen?**
쾬낸 | 지 | 미어 | 헬펜f?
할 수 있다 | 당신 | 나에게 | 돕다?

---

074 질문이 있어요.

Ich | **habe** | **eine Frage.**
이히 | 하베 | 아이내 프f라게.
나 | 가지고 있다 | 하나의 질문을.

---

075 내가 해 봐도 돼요?

Kann | **ich** | **versuchen?**
칸 | 이히 | 페f어주헨?
할 수 있다 | 나 | 시도하다?

---

076 시도해 볼게요.

Ich | **werde** | **versuchen.**
이히 | 베v어데 | 페f어주헨.
나 | ~할 것이다 | 시도하다.

077 저거 봐!

Schau!
샤우!
보아라!

078 마음에 들어요.

Ich mag es.
이히 | 막 | 에스.
나 | 좋아하다 | 그것을.

079 그냥 그래.

So lala.
솔랄라.
그저 그런.

080 그게 전부예요?

Ist das alles?
이스트 | 다스 | 알래스?
~이다 | 그것은 | 모두?

081 그게 다예요.

Das ist es.
다스 | 이스트 | 에스.
그것은 | ~이다 | 그것.

082 그거면 충분해요.

Das ist genug.
다스 | 이스트 | 게눅.
그것은 | ~이다 | 충분한.

083 좀 깎아 주세요.

Geben Sie mir einen Rabatt.
게벤 | 지 | 미어 | 아이낸 라밧트.
주어라 | 당신 | 나에게 | 하나의 할인을.

084 너무 작아요.

Es ist zu klein.
에스 | 이스트 | 쭈 | 클라인.
그것은 | ~이다 | 너무 | 작은.

085 그렇지 않아요.

Das stimmt nicht.
다스 | 슈팀트 | 니히트.
그것은 | 맞다 | 부정 .

086 너무 비싸요.

Es	**ist**	**zu**	**teuer.**
에스	이스트	쭈	토이어.
그것은	~이다	너무	비싼.

087 매우 싸요.

Es	**ist**	**so**	**billig.**
에스	이스트	소	빌리히.
그것은	~이다	매우	싼.

088 생각해 볼게.

Lass	**mich**	**nachdenken.**
을라쓰	미히	나흗뎅켄.
두어라	나를	생각하다.

089 괜찮아요.
(거절)

Nein,	**Danke.**
나인,	당케.
아니,	고맙다.

090 잠시만요.

Warten	**Sie**	**bitte**	**einen Moment!**
바아텐	지	빝테	아이낸 모맨트!
기다려라	당신	부탁합니다	하나의 순간!

091 왜 안 돼요?

Warum	**nicht?**
바v룸	니히트?
왜	부정?

092 그게 어디에 있나요?

Wo	**ist**	**es?**
보v	이스트	에스?
어디	~이다	그것은?

093 그게 언제인데?

Wann	**ist**	**es?**
반v	이스트	에스?
언제	~이다	그것은?

094 얼마나 걸립니까?

Wie lange	**wird**	**es**	**dauern?**
비v 을랑에	비v어트	에스	다우언?
얼마나 오래	~할 것이다	그것은	걸리다?

095 기다릴 수 있어요.

Ich	**kann**	**warten.**
이히	칸	바v아텐.
나	할 수 있다	기다리다.

096 너무 기대돼요.

Ich	bin	aufgeregt.
이히	빈	아우프게렉트.
나	~이다	신난.

097 그게 최고의 방법이에요.

Es	ist	der	beste	Weg.
에스	이스트	데어	베스테	벡v.
그것은	~이다	그	최고의	길.

098 당신을 위한 거예요.

Es	ist	für	Sie.
에스	이스트	퓌f어	지.
그것은	~이다	~위해	당신을.

099 그렇게 할게.

Ich	werde.	Ich	werde	es	machen.
이히	베v어데.	이히	베v어데	에스	마헨.
나	할 것이다.	나	할 것이다	그것을	하다.

100 주문할게요.

Bestellung	bitte.
베슈텔룽	빝테.
주문	부탁합니다.

101 추천해 주실 만하신 게 있나요?

Was	würden	Sie	empfehlen?
바v스	뷔v어덴	지	엠프페f엘렌?
무엇	~할 것이다	당신	추천하다?

102 글쎄요… 한번 볼까요…

Lass	uns	sehen.
을라쓰	운스	제에엔.
두어라	우리를	보다.

103 뭐든지 좋아요.

Mir	ist	alles	recht.
미어	이스트	알래스	레히트.
나에게	~이다	모든 것은	정당한.

104 상관없어요.

Es	spielt	keine	Rolle.
에스	슈피일트	카이내	롤래.
그것은	하다	부정	역할을.

105 필요해요.

Ich | **brauche** | **es.**
이히 | 브라우헤 | 에스.
나 | 필요하다 | 그것.

106 배고파요.

Ich | **habe** | **Hunger.**
이히 | 하베 | 훙어.
나 | 가지고 있다 | 배고픔을.

107 나는 배고프지 않아.

Ich | **bin** | **nicht** | **hungrig.**
이히 | 빈 | 니히트 | 훙그리히.
나 | ~이다 | 부정 | 배고픈.

108 배불러요.

Ich | **bin** | **voll.**
이히 | 빈 | 폴f.
나 | ~이다 | 꽉 찬.

109 목말라요.

Ich | **habe** | **Durst.**
이히 | 하베 | 두어스트.
나 | 가지고 있다 | 목마름을.

110 최대한 빨리.

So | **bald** | **wie** | **möglich.**
소 | 발트 | 비v | 뫼글리히.
그렇게 | 곧 | 어떻게 | 가능한.

111 서둘러서.

Schnell.
슈넬.
빠르게.

112 준비됐어요?

Sind | **sie** | **bereit?**
진트 | 지 | 베라이트?
~이다 | 당신 | 준비된?

113 준비됐어요.

Ich | **bin** | **bereit.**
이히 | 빈 | 베라이트.
나 | ~이다 | 준비된.

114 아직이에요.

Noch | **nicht.**
노흐 | 니히트.
아직 | 아닌.

115 언제부터 언제까지요?

Von | wann | bis | wann?
폰f | 반v | 비ㅅ | 반v?
~부터 | 언제 | ~까지 | 언제?

116 맛 좋아?

Schmeckt | es | gut?
슈맥크트 | 에스 | 구트?
맛이 나다 | 그것은 | 좋은?

117 음식은 어때요?

Wie | ist | das Essen?
비v | 이스트 | 다ㅅ 에쎈?
어떻게 | ~이다 | 그 음식은?

118 어떤 거?

Welches?
벨v히에스?
어떤 것?

119 얼마큼?
몇 개?

Wie | viel?
비v | 피f일?
얼마나 | 많은?

120 몇 정거장이나 떨어져 있나요?

Wie viele | Haltestellen | von | hier?
비v 피f일래 | 할테슈탤랜 | 폰f | 히어?
얼마나 많은 | 정거장들 | ~에 | 여기?

121 얼마나 자주?

Wie | oft?
비v | 오프f트?
얼마나 | 자주?

122 얼마나 빨리?
얼마 동안?

Wie | schnell?
비v | 슈넬?
어떻게 | 빨리?

123 화장실이 어디예요?

Wo | ist | die Toilette?
보v | 이스트 | 디 토일렡태?
어디에 | ~이다 | 그 화장실은?

124 더 주세요.

Mehr, bitte.
매어, 빌테.
더, 부탁합니다.

---

125 충분해.

Genügend.
게뉘겐트.
충분한.

---

126 그건 너무 많아요.

Es ist zu viel.
에스 | 이스트 | 쭈 | 피f일.
그것은 | ~이다 | 너무 | 많은.

---

127 맛있다.

Es ist lecker.
에스 | 이스트 | 을래커.
그것은 | ~이다 | 맛있는.

---

128 완벽해.

Perfekt.
페어페f크트.
완벽한.

---

129 나쁘지 않아.

Nicht schlecht.
니히트 슐래히트.
[부정] 나쁜.

---

130 제대로 골랐네.

Gute Wahl.
구테 | 바v알.
좋은 | 선택.

---

131 잘했어.

Gut getan.
구트 | 게탄.
좋은 | 했다.

---

132 문제없어요.

Es gibt kein Problem.
에스 | 깁트 | 카인 | 프로ㅂ램.
그것은 | 주다 | [부정] | 문제.

---

133 깜짝 놀랐어.

Ich bin überrascht.
이히 | 빈 | 위버라슈트.
나 | ~이다 | 놀란.

134 너무 짜요.

Es	ist	zu	salzig.
에스	이스트	쭈	잘찌히.
그것은	~이다	너무	짠.

135 너무 매워요.

Es	ist	zu	scharf.
에스	이스트	쭈	샤아프f.
그것은	~이다	너무	매운.

136 너무 달아요.

Es	ist	zu	süß.
에스	이스트	쭈	쒸쓰.
그것은	~이다	너무	단.

137 너무 더워요.

Es	ist	zu	heiß.
에스	이스트	쭈	하이쓰.
그것은	~이다	너무	더운.

138 너무 추워요.

Es	ist	zu	kalt.
에스	이스트	쭈	칼트.
그것은	~이다	너무	찬.

139 계산서 주세요.

Die Rechnung,	bitte.
디 레히눙,	빝테.
그 영수증,	부탁합니다.

140 내가 계산할게.

Es	geht	auf	mich.
에스	게에트	아우프f	미히.
그것은	~이다	~위로	나.

141 할 수 있어?

Kannst	du	das	tun?
칸스트	두	다스	툰?
할 수 있다	너	그것	하다?

142 나는 할 수 있어요!

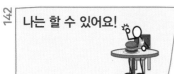

Ich	kann	es	schaffen.
이히	칸	에스	샤프f펜.
나	할 수 있다	그것을	해내다.

143 지금.
Jetzt.
옛ㅉ트.
지금.

144 언제든지.
Jederzeit.
예더짜이트.
언제든.

145 곧 (금세).
Bald.
발트.
곧.

146 아, 안 돼…
Ach, | nein…
아흐, | 나인…
어, | 아니…

147 다음번.
Nächstes | Mal.
내히스테스 | 말.
다음 | 번.

148 한 번 더.
Noch | einmal.
노흐 | 아인말.
더 | 한 번.

149 해라.
Mach | das.
마흐 | 다스.
~해라 | 그것을.

150 괜찮아요?
Geht | es | Ihnen | gut?
게에트 | 에스 | 인낸 | 구트?.
가다 | 그것은 | 당신에게 | 잘?

151 바쁘세요?
Sind | Sie | beschäftigt?
진트 | 지 | 베쉐프티히트?
~이다 | 당신 | 바쁜?

152 도와주세요!
Hilfen | Sie | mir!
힐펜f | 지 | 미어!
도와라 | 당신 | 나에게!

153 누구?

Wer?
베v어?
누구?

154 어디예요?

Wo | sind | Sie?
보v | 진트 | 지?
어디 | ~이다 | 당신은?

155 어떻게?

Wie?
비v?
어떻게?

156 왜?

Warum?
바v룸?
왜?

157 어때?

Wie | ist | es?
비v | 이스트 | 에스?
어떻게 | ~이다 | 그것은?

158 그래서?

So?
소?
그래서?

159 무슨 일이 벌어진 거야?

Was | ist | passiert?
바v스 | 이스트 | 파씨어트?
무엇 | ~이다 | 일어난?

160 무슨 문제 있어요?

Gibt | es | Probleme?
깁트 | 에스 | 프로v블래매?
주다 | 그것은 | 문제들을?

161 나는 몰라요.

Ich | weiß | es | nicht.
이히 | 바v이쓰 | 에스 | 니히트.
나 | 알다 | 그것 | [부정].

162 다시 말씀해 주실래요?

Wie | bitte?
비v | 빝테?
어떻게 | 부탁합니다?

---

163 저를 거기로 데려다줄 수 있어요?

Können | Sie | mich | dorthin | bringen?
쾬낸 | 지 | 미히 | 도어트힌 | 브링엔?
할 수 있다 | 당신 | 나를 | 거기로 | 데려가다?

---

164 당신에게 달렸어요.

Es | hängt | von | Ihnen | ab.
에스 | 행트 | 폰f | 이낸 | 압.
그것은 | ~에 달려 있다 | ~부터 | 당신에게 | 분리전철.

---

165 큰일 났다.

Ich | bin | in | Schwierigkeiten.
이히 | 빈 | 인 | 슈비v어리히카이텐.
나 | ~이다 | ~안 | 어려움들.

---

166 걱정하지 마.

Keine | Sorge.
카이내 | 조어게.
부정 | 걱정.

---

167 신경 쓰지 마세요. 별거 아니야.

Vergessen | Sie | es.
페f어게쎈 | 지 | 에스.
잊어라 | 당신 | 그것을.

---

168 환불하고 싶어요.

Ich | möchte | eine Rückerstattung.
이히 | 뫼히테 | 아이내 뤽에어슈탓퉁.
나 | 원하다 | 하나의 환급을.

---

169 모든 것이 정상이에요.

Alles | ist | klar.
알래스 | 이스트 | 클라아.
모든 것은 | ~이다 | 맑은.

---

170 말이 안 되잖아.

Das | macht | keinen | Sinn.
다스 | 마흐트 | 카이낸 | 진.
그것은 | 만들다 | 부정 | 의미를.

---

171 잃어버렸어요.

Ich | habe | es | verloren.
이히 | 하베 | 에스 | 페f얼로어뤤.
나 | 가지고 있다 | 그것을 | 잃어버렸다.

172 시간 없어요.

Ich	habe	keine	Zeit.
이히	하베	카이내	짜이트.
나	가지고 있다	[부정]	시간을.

173 가야겠어요.

Ich	muss	gehen.
이히	무쓰	게에엔.
나	해야만 한다	가다.

174 가고 싶어.

Ich	möchte	gehen.
이히	뫼히테	게에엔.
나	원하다	가다.

175 가자!

Lass	uns	gehen.
을라쓰	운스	게에엔.
두어라	우리를	가다.

176 걸어가면 돼요.

Ich	kann	gehen.
이히	칸	게에엔.
나	할 수 있다	걷다.

177 곧 돌아올게요.

Ich	komme	sofort	zurück.
이히	콤매	소포f어트	쭈뤽.
나	오다	바로	[분리전철].

178 늦었어요.

Ich	bin	spät.
이히	빈	슈패트.
나	~이다	늦은.

179 진심이에요.

Ich	meine	es	ernst.
이히	마이내	에스	에언스트.
나	나의	그것을	진심인.

180 감동했어요.

Ich	bin	gerührt.
이히	빈	게뤼어트.
나	~이다	감동한.

181 동감이에요.

Ich	stimme	zu.
이히	슈팀매	쭈.
나	동의하다	분리전철.

182 네가 그리워.

Ich	vermisse	dich.
이히	페f어미쎄	디히.
나	그리워하다	너를.

183 사랑해.

Ich	liebe	dich.
이히	을리이베	디히.
나	사랑하다	너를.

184 네가 옳아.

Du	hast	recht.
두	하스트	레히트.
너	가지고 있다	정당한.

185 네가 틀렸어.

Du	bist	falsch.
두	비스트	팔f쉬.
너	~이다	틀린.

186 지겨워요.

Ich	bin	gelangweilt.
이히	빈	겔랑바v일트.
나	~이다	지루한.

187 아파요.

Ich	bin	krank.
이히	빈	크랑크.
나	~이다	아픈.

188 무서워.

Ich	habe	Angst.
이히	하베	앙스트.
나	가지고 있다	두려움을.

189 피곤해요.

Ich	bin	müde.
이히	빈	뮈데.
나	~이다	피곤한.

190 그거 재미있네.

Das	ist	lustig.
다스	이스트	을루스티히.
그것은	~이다	재미있는.

191

이건 무리예요.

Es | **ist** | **schwer.**
에스 | 이스트 | 슈베v어.
그것은 | ~이다 | 힘든.

192

이건 어려워요.

Es | **ist** | **schwierig.**
에스 | 이스트 | 슈비v리히.
그것은 | ~이다 | 어려운.

193

그건 중요해요.

Es | **ist** | **wichtig.**
에스 | 이스트 | 비v히티히.
그것은 | ~이다 | 중요한.

194

이건 유용해요.

Es | **ist** | **nützlich.**
에스 | 이스트 | 뉫쯸리히.
그것은 | ~이다 | 유용한.

195

대단했어요.

Es | **war** | **super.**
에스 | 바v아 | 수퍼.
그것은 | ~이었다 | 대단한.

196

좋았어요.

Es | **war** | **schön.** = **Es** | **war** | **nett.**
에스 | 바v아 | 쇤. | 에스 | 바v아 | 넷트.
그것은 | ~이었다 | 예쁜. | 그것은 | ~이었다 | 괜찮은.

197

그만해.

Hör | **auf.**
회어 | 아우ㅍf.
멈추어라 | 분리전철.

198

조심해.

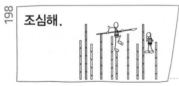

Sei | **vorsichtig.**
자이 | 포f어지히티히.
~이어라 | 조심하는.

199

화가 납니다.

Ich | **bin** | **wütend.**
이히 | 빈 | 뷔v텐트.
나 | ~이다 | 화난.

200 화내지 마.

Sei | **nicht** | **böse.**
자이 | 니히트 | 뵈제.
~이어라 | [부정] | 화난.

201 이해가 안 돼요.

Ich | **verstehe** | **nicht.**
이히 | 페f어슈테에 | 니히트.
나 | 이해하다 | [부정].

202 혹시 모르니까.

Nur | **für** | **den Fall.**
누어 | 퓌f어 | 덴 팔f.
오직 | ~위해 | 그 사건.

203 왜 그랬어?

Warum | **hast** | **du** | **das** | **getan?**
바v룸 | 하스트 | 두 | 다스 | 게탄?
왜 | 가지고 있다 | 너 | 그것을 | 했다?

204 뭘 원하는 거야?

Was | **brauchst** | **du?**
바v스 | 브라우흐스트 | 두?
무엇 | 필요하다 | 너?

205 내가 해야 해?

Muss | **ich** | **das** | **machen?**
무쓰 | 이히 | 다스 | 마헨?
해야만 한다 | 나 | 그것을 | 하다?

206 부탁 하나 해도 될까요?

Können | **Sie** | **mir** | **einen Gefallen** | **tun?**
쾐낸 | 지 | 미어 | 아이낸 게팔랜 | 툰?
할 수 있다 | 당신 | 나에게 | 하나의 부탁을 | 하다?

207 나 기다리는 중이에요.

Ich | **warte.**
이히 | 바v아테.
나 | 기다리다.

208 저 지금 가고 있어요.

Ich | **bin** | **unterwegs.**
이히 | 빈 | 운터벡v스.
나 | ~이다 | 도중에.

209 노력 중이에요.

Ich | **versuche** | **es.**
이히 | 페f어주헤 | 에스.
나 | 시도하다 | 그것을.

01

영어는 Be동사
독일어는
Sein 동사

Ich bin Koreaner.
나는 한국인입니다.

동영상 강의

여러분, 혹시 처음 영어를 배웠던 때를 기억하시나요? 영어의 어순이 '주어 + 동사'로 시작한다는 문법부터 배웠지요. 우리말과 일본어 외에는, 대부분의 언어가 '주어 + 동사' 어순으로 시작한답니다. 그렇다면 독일어도 마찬가지겠지요? 네, 그렇답니다. 꼭 기억하세요! 주어 + 동사로 시작!

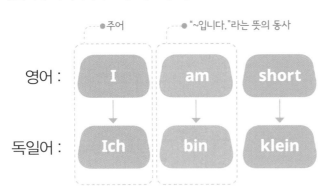

	주어	"~입니다."라는 뜻의 동사	
영어 :	I	am	short
독일어 :	Ich	bin	klein

영어에서 I am... You are... 라고 할 때의 am, are, is를 아시나요? 이들을 합쳐서 Be 동사라고 부릅니다. 그런데 부를 때만 Be 동사라고 하고, 실제로는 주어에 맞춰서 am, are, is를 사용합니다. 다음과 같이 말이죠.

I am~

You are~

She is~

독일어의 Sein[자인]동사는 영어의 Be 동사와 같습니다.
Be 동사가 am, are, is로 사용되듯이 Sein 동사도 6가지로 변화하죠.

am are is
Be
원형

bin sind bist sind ist seid
Sein
원형

TIP

더 알아 봅시다

Be 동사란?

세상의 모든 문장은 두 가지 의미로 나뉩니다. '똑같다'는 의미이거나 아니면 '한다'는 의미가 그것입니다. 영어를 기준으로 말하자면 'Be 동사 문장'과 '일반동사 문장'입니다.

영어문장의 두 가지 종류

1 Be 동사 문장은 '무엇과 무엇이 똑같다'고 말할 때 사용합니다.

Be 동사
I am tall. **(I = tall)**

2 일반동사 문장은 그 동사의 내용을 '한다'고 말할 때 사용합니다.

일반동사
I eat pizza. **(eat 한다)**

독일어의 존칭 Sie

더 알아 봅시다

'너'를 의미하는 'du'는 일종의 반말입니다. '당신'을 의미하는 'Sie'는 일종의 존댓말입니다.

처음 보는 사람이나 공적인 관계에 있는 사람, 친하지 않은 사람에게 말을 걸 때는 존칭 Sie(당신)를 써야 합니다. 시간이 지나 사이가 더 가까워진 후에야 du(너)라고 부를 수 있겠죠?

존칭의 'Sie'는 문장의 가운데에 쓰이더라도 항상 첫 글자를 대문자로 써 주어야 합니다. 소문자로 사용하면 '그들', '그녀'를 뜻하는 'sie'가 되어버리니 조심하세요.

10번 읽어보세요!
Sein 동사

따라 말하기

I am = Ich bin [이히 빈]

남성 여성 중성 성별무관

Ich bin ~
[이히 빈]

나는 ~ 입니다

Wir sind ~
[비ᵛ어 진트]

우리는 ~ 입니다

1인칭

Du bist ~
[두 비스트]

너는 ~ 이다

Ihr seid ~
[이어 자이트]

너희는 ~ 이다

2인칭

Sie sind ~
[지 진트]

님께서는 ~ 입니다

Sie sind ~
[지 진트]

여러분께서는 ~ 입니다

Er ist ~
[에어 이스트]

그는 ~ 입니다

Sie ist ~
[지 이스트]

그녀는 ~ 입니다

Es ist ~
[에스 이스트]

(중성) ~ 입니다

Sie sind ~
[지 진트]

그들은 ~ 입니다

3인칭

 주어와 동사를 말해보세요.

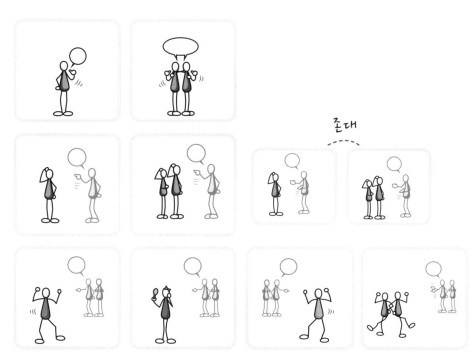

존대

 주어와 동사까지만 해석해 보세요.

1. Ich **bin ~** _____

2. Wir **sind ~** _____

3. Du **bist ~** _____

4. Ihr **seid ~** _____

5. Sie **sind ~** _____

6. Er **ist ~** _____

7. sie **ist ~** _____

8. Es **ist ~** _____

나는 ~ 입니다

| **Ich bin** | **gesund**
게쥰트 | 건강한 |
| | **krank**
크랑크 | 아픈 |

우리는 ~ 입니다

| **Wir sind** | **fett**
펫f트 | 뚱뚱한 |
| | **schlank**
슐랑크 | 마른 |

너는 ~ 이다

| **Du bist** | **hübsch**
휩쉬 | 잘생긴 |
| | **hässlich**
해쓸리히 | 못생긴 |

너희는 ~ 이다

| **Ihr seid** | **jung**
융 | 젊은 |
| | **alt**
알트 | 늙은, 오래된 |

님께서는 ~ 입니다

| **Sie sind** | **stark**
슈타아크 | 강한 |
| | **schwach**
슈바v흐 | 약한 |

여러분께서는 ~ 입니다

| **Sie sind** | **stark**
슈타아크 | 강한 |
| | **schwach**
슈바v흐 | 약한 |

그는 ~ 입니다

| **Er ist** | **hübsch**
휩쉬 | 잘생긴 |
| | **hässlich**
해쓸리히 | 못생긴 |

그들은 ~ 입니다

| **Sie sind** | **gut**
구트 | 착한 |
| | **schlecht**
슐래히트 | 나쁜 |

그녀는 ~ 입니다

| **Sie ist** | **niedlich**
니이들리히 | 귀여운 |
| | **hübsch**
휩쉬 | 예쁜 |

그는(중성) ~ 입니다

| **Es ist** | **sauber**
자우버 | 깨끗한 |
| | **schmutzig**
슈뭇찌히 | 더러운 |

Practice
Sein 동사 문장

따라 말하기

 Sein 동사를 활용하여 빈칸을 채우세요.

1 나는 아프다.

(Ich) (bin) (krank)

2 그녀는 약하다.

( ) ( ) ( )

3 당신은 건강합니다.

( ) ( ) ( )

4 그들은 건강하다.

( ) ( ) ( )

5 그는 강하다.

( ) ( ) ( )

6 그는 잘생겼다.

( ) ( ) ( )

7 그는 못생겼다.

( ) ( ) ( )

8 그들은 어리다.

( ) ( ) ( )

9 우리는 아프다.

( ) ( ) ( )

10 저분들은 잘생겼다.

( ) ( ) ( )

11 우리는 강하다.

( ) ( ) ( )

12 그들은 약하다.

( ) ( ) ( )

정답입니다! 1 Ich bin krank. 2 Sie ist schwach. 3 Sie sind gesund. 4 Sie sind gesund. 5 Er ist stark.
6 Er ist hübsch. 7 Er ist hässlich. 8 Sie sind jung. 9 Wir sind krank. 10 Sie sind hübsch.
11 Wir sind stark. 12 Sie sind schwach.

한눈에 배운다!
남자는 "코레아너", 여자는 "코레아너린"

in만 붙이자

동영상 강의

직업을 나타내는 영어 단어 중에, 간혹 성별에 따라 단어를 나눠서 쓰는 경우가 있습니다.

waiter — 영어로
웨이터

waitress — 영어로
웨이트리스

영어에서는 이런 일이 간혹 일어날 뿐입니다. 하지만, 놀라지 마세요, 독일어는 사람의 신분이나 직업을 말하는 명사를 항상 성별에 따라 두 단어로 구분해 사용합니다. 여성인 경우 단어 끝에 in을 붙여주는 방식입니다.

Koreaner
코레아너

Kellner [켈너] :	남자 웨이터
Italiener [이탈리에너] :	이탈리아 남자
Student [슈투덴트] :	남자 대학생
Schüler [쉴러] :	남자 초,중,고생
Pianist [피아니스트] :	남자 피아니스트
Sänger [쟁어] :	남자 가수
Lehrer [을래에러] :	남자 선생님
Fußballspieler :	남자 축구선수
[푸f쓰발슈피일러]	

Koreanerin
코레아너린

Kellnerin [켈너린] :	여자 웨이터
Italienerin [이탈리에너린] :	이탈리아 여자
Studentin [슈투덴틴] :	여자 대학생
Schülerin [쉴러린] :	여자 초,중,고생
Pianistin [피아니스틴] :	여자 피아니스트
Sängerin [쟁어린] :	여자 가수
Lehrerin [을래에러린] :	여자 선생님
Fußballspielerin :	여자 축구선수
[푸f쓰발슈피일러린]	

하지만 여성에 in을 붙여주는 규칙적인 방식 외에, 불규칙적으로 변화하는 신분, 직업 명사들도 있습니다.

Deutscher
도이춰 (독일사람 남자)

Anwalt [안발v트] :	남자 변호사
Franzose [프f란쪼제] :	프랑스 남자

Deutsche
도이췌 (독일사람 여자)

Anwältin [안밸v틴] :	여자 변호사
Französin [프f란쬐진] :	프랑스 여자

▶ **나는 웨이터 입니다.** [이히 빈 아인 켈너]

관사
Ich   bin   ein   Kellner
남자 웨이터

TIP

<< 더 알아 봅시다 **남성 명사, 여성 명사**

우리는 지금 직업과 신분을 나타내는 명사에 대해서 배우고 있습니다. 이 명사들은 전체 명사 중에서 일부에 불과하죠.

신분 명사
명사

그렇다면 나머지 명사들은 어떨까요? 나머지 명사들은 남성, 여성 그리고 중성 중 한 가지로 정해져 있습니다. '책'은 중성, 책상은 남성'하는 식이죠.

- 신분 명사 : 남성형 and 여성형
- 나머지 명사 : 남성형 or 여성형 or 중성형
  (연필은 남성, 문은 여성, 창문은 중성)

모든 명사에 이처럼 셋 중 하나의 성을 정해주는 이유는 그에 맞는 관사나 형용사를 붙여주기 위함입니다. 이에 관해서는 2단원에서 배우도록 하겠습니다.

<< 더 알아 봅시다 **동물의 성 구분**

동물도 종에 따른 성을 가지고 있습니다. 다음과 같이 말이죠.

- 모든 코끼리 : 남성 명사 (**Elefant**)
- 모든 다람쥐 : 중성 명사 (**Eichhörnchen**)

동물에는 암컷과 수컷이 있습니다. 하지만 대부분의 동물은 이를 구분하지 않습니다. 코끼리는 엄마코끼리나 아빠코끼리 모두 남성입니다. 그리고 다람쥐는 엄마 다람쥐나 아빠 다람쥐 모두 중성이죠.
하지만 사자나 고양이와 같이 인간에게 친숙한 몇몇 동물들은 암, 수를 구분해서 말할 수도 있습니다. 다음과 같이 말이죠.

사자	• 성을 모를 때 :	**der Löwe**
	• 암컷일 때 :	**die Löwin**
	• 수컷일 때 :	**der Löwe**
고양이	• 성을 모를 때 :	**die Katze**
	• 수컷일 때 :	**der Kater**
	• 암컷일 때 :	**die Katze**

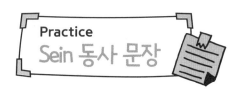

 빈칸에 신분명사를 써넣으세요. 일단은 관사가 있구나! 정도만 생각하며 문제를 풀어보세요.

1 나는 웨이터다.

Ich bin 관사 *ein* Kellner

2 그는 학생이다.

관사 *ein*

3 그는 의사이다.

관사 *ein*

4 그녀는 대학생이다.

관사 *eine*

5 너는 선생님이다.

관사 *ein*

6 그는 선생님이다.

관사 *ein*

7 그는 축구선수이다.

관사 *ein*

8 그녀는 가수이다.

관사 *eine*

9 그는 프랑스인이다.

관사 *ein*

10 그녀는 이탈리아인이다.

관사 *eine*

11 나는 한국인이다.

관사 *ein*

12 나는 피아니스트이다.

관사 *ein*

정답입니다! 1 Ich bin - Kellner 2 Er ist - Schüler 3 Er ist - Arzt 4 Sie ist - Studentin 5 Du bist - Lehrer
6 Er ist - Lehrer 7 Er ist - Fußballspieler 8 Sie ist - Sängerin 9 Er ist - Franzose
10 Sie ist - Italienerin 11 Ich bin - Koreaner 12 Ich bin - Pianist

동영상 강의

'**나**는 행복하지 않아'라는 표현을 영어로 한번 말해볼까요?
not을 이용해서 손쉽게 만들 수 있습니다.

I am not happy

am에 not을 붙여주면 간단히 부정문이 되지요. 독일어에도 영어의 not에
해당하는 부정 표현이 있는데, sein[자인]동사 뒤에 nicht[니히트]를
넣어주기만 하면 부정문이 됩니다. 간단하죠?

▶ 나는 행복하지 않아.

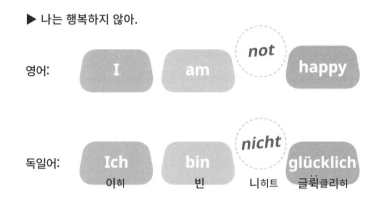

영어: I am *not* happy

독일어: Ich bin *nicht* glücklich
        이히 빈 니히트 글뤽클리히

nicht는 영어의 not에 해당합니다. not과 nicht는 모두 **부사**입니다.
부사는 동사를 꾸미는 역할을 하기 때문에 nicht는 동사의 바로 뒤에 주로 위치
하게 됩니다.

부사
nicht

동사

이 방법은 sein + 형용사 문형에서만 사용됩니다.
이후에 배우게 될 sein + 명사 문형, 혹은 일반동사 문형에서는 kein[카인]
이라는 관사를 이용해 부정문을 만들게 됩니다.

TIP

<< 더 알아
봅시다 **nicht와 kein**

독일어에서 부정 표현을 만드는 데에는
nicht를 사용하는 방법 외에 kein을 사
용하는 방법도 있습니다.
kein은 일종의 관사이기 때문에 명사의
앞에 사용됩니다.

kein + 명사

'나는 ~하지 않아'라는 말을 할 때와,
'이것은 ~이 아니야'라는 말을 할 때 각각
다른 방법이 사용되는 셈입니다. 영어에
서는 not으로 모두 해결할 수 있었던 것
과는 다르게 말이죠. 관사를 이용해 부
정문을 만드는 것은 독일어의 특이한 점
입니다.

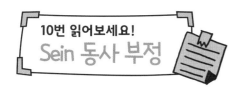

I am not = Ich bin nicht

남성 여성 중성 성별무관

Ich bin nicht ~
[이히 빈 니히트]

나는 ~ 이 아니다

Wir sind nicht ~
[비ᵛ어 진트 니히트]

우리는 ~ 이 아니다

1인칭

Du bist nicht ~
[두 비스트 니히트]

너는 ~ 이 아니다

Ihr seid nicht ~
[이어 자이트 니히트]

너희는 ~ 이 아니다

2인칭

Sie sind nicht ~
[지 진트 니히트]

님께서는 ~ 이 아닙니다

Sie sind nicht ~
[지 진트 니히트]

여러분께서는 ~ 이 아닙니다

Er ist nicht ~
[에어 이스트 니히트]

그는 ~ 이 아니다

Sie ist nicht ~
[지 이스트 니히트]

그녀는 ~ 이 아니다

Es ist nicht ~
[에스 이스트 니히트]

(중성) ~ 이 아니다

Sie sind nicht ~
[지 진트 니히트]

그들은 ~ 이 아니다

3인칭

따라 말하기

 나는~ 아닙니다

Ich bin
nicht

schön	아름다운
쇤	
attraktiv	매력적인
알트락티프f	

 우리는~ 아닙니다

Wir sind
nicht

fett	뚱뚱한
펫f트	
schlank	마른
슐랑크	

 너는~ 아니다

Du bist
nicht

positiv	긍정적인
포시티브f	
negativ	부정적인
내가티브f	

너희는~ 아니다

Ihr seid
nicht

lustig	재미있는
을루스티히	
langweilig	지루한
을랑바v일리히	

 님께서는~ 아닙니다

Sie sind
nicht

richtig	옳은
리히티히	
falsch	틀린
팔f쉬	

 여러분께서는~ 아닙니다

Sie sind
nicht

stark	강한
슈타아크	
schwach	약한
슈바v흐	

 그는~ 아닙니다

Er ist
nicht

hübsch	잘생긴
휩쉬	
hässlich	못생긴
해쓸리히	

 그들은~ 아닙니다

Sie sind
nicht

stark	강한
슈타아크	
schwach	약한
슈바v흐	

 그녀는~ 아닙니다

Sie ist
nicht

niedlich	귀여운
니이들리히	
hübsch	예쁜
휩쉬	

 그는(중성)~ 아닙니다

Es ist
nicht

süß	귀여운
쉬쓰	
merkwürdig	이상한
매어크뷔v어디히	

Practice
Sein 동사 부정문

따라 말하기

 문장의 뜻에 맞추어 빈칸을 채워보세요.

1 나는 강하지 않다.

Ich · bin · ( ) · stark

2 나는 매력적이지 않다.

Ich · bin · ( ) · attraktiv

3 너는 귀엽지 않다.

( ) · ( ) · ( ) · süß

4 너희는 재미있지 않다.

( ) · ( ) · ( ) · lustig

5 나는 긍정적이지 않다.

( ) · ( ) · ( ) · positiv

6 그녀는 귀엽지 않다.

( ) · ( ) · ( ) · niedlich

7 그녀는 매력적이지 않다.

( ) · ( ) · ( ) · attraktiv

8 그들은 약하지 않다.

( ) · ( ) · ( ) · schwach

9 그는 부정적이지 않다.

( ) · ( ) · ( ) · negativ

10 여러분은 약하지 않다.

( ) · ( ) · ( ) · schwach

11 우리는 재미있지 않다.

( ) · ( ) · ( ) · lustig

12 너희는 이상하지 않다.

( ) · ( ) · ( ) · merkwürdig

정답입니다! ⓵ Ich bin nicht stark. ② Ich bin nicht attraktiv. ③ Du bist nicht süß. ④ Ihr seid nicht lustig.
⑤ Ich bin nicht positiv. ⑥ Sie ist nicht niedlich. ⑦ Sie ist nicht attraktiv. ⑧ Sie sind nicht schwach.
⑨ Er ist nicht negativ. ⑩ Sie sind nicht schwach. ⑪ Wir sind nicht lustig.
⑫ Ihr seid nicht merkwürdig.

동영상 강의

이번에는 '너는 행복하니?'라는 의미의 의문문 문장을 만들어 보려고 합니다.
독일어로 도전하기 전에 우선 영어로 한 번 살펴보겠습니다.

당신 ~이다 행복한
You are happy .

Are you happy ?

영어의 be 동사 문장에서는 주어와 동사의 자리를 서로 바꿔주는 것으로
의문문 문장을 만들 수 있습니다. 독일어에서도 마찬가지입니다.

당신 ~이다 행복한
Du bist glücklich .

Bist du glücklich ?

의문문을 만들 땐 끝을 올려서 말해야 합니다.
전 세계 모든 언어가 말꼬리만 올리면 의문문이 되지요.
독일어도 마찬가지입니다.

Bist du glücklich?

어순을 바꾸지 않고도 의문문을 만들 수 있습니다.
단지 평서문의 끝을 올려서 말해주는 것만으로 의문문을 만들 수 있지요.

Du bist glücklich?

심지어는 어순을 바꾸거나 끝을 올려 말하지 않고, 평서문 뒤에 의문을 나타내
는 표현을 덧붙이는 간단한 방법으로도 의문문을 만들 수 있습니다.
우리말로 '그렇지?', '그렇지 않니?'라고 되묻는 것과 같습니다.

Du bist glücklich. Oder?
[오더]

Du bist glücklich. Nicht wahr?
[바ᵛ아]

<< 더 알아 봅시다   **남성, 여성, 중성**

er   sie   es
[에어]   [지]   [에스]

독일어에는 성 구분이 있어 명사가 남성과
여성, 그리고 중성으로 나뉩니다. 중성은
원래 중성으로 정해진 사물에도 사용하
지만, 남성인지 여성인지를 쉽게 알 수 없을
때에도 사용합니다. 성 구분에 관해서는
이후 단원에서 자세히 배우겠습니다.

<< 더 알아 봅시다   **맞지? Right?**

'맞지?'하는 의미로 문장의 맨 뒤에 붙여
주는 표현이 있습니다. 영어의 Right?에
해당하죠.

▫ oder : 영어의 or
▫ nicht : 영어의 not
▫ wahr : 영어의 right

Practice
Sein 동사 의문문

따라 말하기

 Sein동사를 활용해 의문문을 만들어 보세요.

1

| 너는 | 이다 | 행복한 |

Bist du glücklich ?

2

| 너는 | 이다 | 긍정적인 |

?

3

| 당신은 | 이다 | 강한 |

?

4

| 그는 | 이다 | 잘생긴 |

?

5

| 그녀는 | 이다 | 예쁜 |

?

6

| 그들은 | 이다 | 이상한 |

?

7

| 너희들은 | 이다 | 재미있는 |

?

8

| 너희들은 | 이다 | 약한 |

?

정답입니다! 1 Bist du glücklich? 2 Bist du positiv? 3 Sind Sie stark? 4 Ist er hübsch? 5 Ist sie schön?
6 Sind sie merkwürdig? 7 Seid ihr lustig? 8 Seid ihr schwach?

Sein 동사 일반문, 부정문, 의문문

✏️ **Sein 동사를 활용하여 평서문, 부정문, 의문문을 만들어 보세요.**

1 당신은 틀리다.   Sie sind falsch.

---

2 그들은 뚱뚱하다.

---

3 나는 예쁘다.

---

4 그녀는 매력적이지 않다.

---

5 우리는 옳지 않다.

---

6 여러분은 착하지 않다.

---

7 그는 약하니?

---

8 너는 재미 없니?

---

9 그들은 나쁘니?

---

10 그는 날씬하다.

---

1 나는 한국 사람이야.

Hallo! Bist du Chinese?
할로! 비스트 / 두 / 키이내제?
안녕! ~이다 / 너 / 중국인?

Nein, ich bin nicht Chinese.
나인, 이히 빈 / 니히트 / 키이내제.
아니, 나는 ~이다 / 부정 / 중국인.

Bist du Japaner?
비스트 / 두 / 야파너?
~이다 / 너 / 일본인?

Nein, ich bin nicht Japaner.
나인, 이히 빈 / 니히트 / 야파너.
아니, 나는 ~이다 / 부정 / 일본인.

Bist du Koreaner?
비스트 / 두 / 코레아너?
~이다 / 너 / 한국인?

Ja, ich bin Koreaner.
야, 이히 빈 / 코레아너.
응, 나는 ~이다 / 한국인.

P : 안녕, 너는 중국인이니?
V : 아니, 나는 중국인이 아니야.
P : 그럼 일본인이니?
V : 아니, 나 일본인 아닌데.
P : 그럼 한국인이니?
V : 응, 나 한국인이야.

du, Sie
두 표현 모두 상대편을 지칭하는 인칭대명사입니다. 간단하게 du는 반말, Sie는 존댓말이라고 생각할 수 있습니다. 조금 차이가 있다면 가까운 사람에게는 du를 사용한다는 것입니다. 이를테면 가족끼리는 du를 사용합니다. 비록 윗사람이라 할지라도 말이죠.

Koreaner, Koreanerin
독일어에서는 한국인이라고 말할 때, 그 사람이 여성인지 남성인지 구분해서 말합니다.
여성은 보통 뒤에 'in'을 붙여서 표현합니다.

Geht es Ihnen gut?
게에트 에스 이넨 구트?
잘 지내세요?

2 나는 학생이야.

Sind Sie ein Schüler?
JONATAHN
진트 / 지 / 아인 쉴러?
~입니다 / 당신 / 한 명의 학생?

Ja, ich bin ein Schüler.
VIKOTR
야, 이히 빈 / 아인 쉴러.
네, 저는 ~입니다 / 한 명의 학생.

Sind Sie ein guter Schüler?
JONATAHN
진트 / 지 / 아인 구터 쉴러?
~입니다 / 당신 / 한 명의 좋은 학생?

Ja, ich bin ein guter Schüler.
VIKOTR
야, 이히 빈 / 아인 구터 쉴러.
네, 저는 ~입니다 / 한 명의 좋은 학생.

Lernen Sie viel?
JONATAHN
을래어낸 / 지 / 피f일?
공부하다 / 당신 / 많이?

Ja, ich lerne viel.
VIKOTR
야, 이히 / 을래어내 / 피f일.
네, 저 / 공부하다 / 많이.

J : 학생이세요?
V : 네, 저는 학생이에요.
J : 좋은 학생이세요?
V : 네 저는 좋은 학생이에요.
J : 공부 많이 하세요?
V : 네, 저 공부 많이 해요.

TIP

◁ **Schüler**
Schüler : 초등학생, 중학생, 고등학생
Student : 대학생

◁ **ein, eine, eines, einer, einem...**
위의 단어들, 그리고 이와 비슷해 보이는 것들은 모두 '하나의'롤 뜻하는 부정관사들입니다. 영어의 'a'에 해당하죠. 우선 이들이 등장할 때 "관사구나~!"라고 생각해 주세요.

◁ **gut**
'좋은'을 뜻합니다.
영어의 '**good**'과 같습니다.

◁ **viel**
'매우, 대단히, 몹시, 무척'이라는 의미를 가진 부사입니다.
영어로는 '**much, a lot**'과 같은 의미입니다.

Wie geht es dir?
비v 게에트 에스 디어?
어떻게 지내?

3 아뇨, 저는 이탈리아 사람입니다.

 Guten Tag, ich bin Paul. Und Sie?

구텐 탁, 이히 빈 / 파울. 운트 / 지?
좋은 날, 저는 ~입니다 / 파울 (남성이름). 그리고 / 당신은?

 Guten Tag, ich bin Karolina.

구텐 탁, 이히 빈 / 카롤리나.
좋은 날, 저는 ~입니다 / 카롤리나 (여성이름).

 Sind Sie Deutsche?

진트 / 지 / 도이췌?
~입니다 / 당신 / 독일인(여성)?

 Nein, ich bin Italienerin. Und Sie?

나인, 이히 빈 / 이탈리에너린. 운트 / 지?
아니요, 저는 ~입니다 / 이탈리아인(여성). 그리고 / 당신은?

Sind Sie Deutscher?

진트 / 지 / 도이춰?
~입니다 / 당신 / 독일인(남성)?

 Ja, ich bin Deutscher.

야, 이히 빈 / 도이춰.
네, 저는 ~입니다 / 독일인(남성).

Sind Sie eine Studentin?

진트 / 지 / 아이내 슈투덴틴?
~입니다 / 당신 / 한 명의 대학생(여성)?

P : 안녕하세요, 저는 파울입니다. 당신은요?
K : 안녕하세요, 저는 카롤리나입니다.
P : 독일분이신가요?
K : 아니요, 이탈리아 사람입니다. 당신은요?
　　독일분이신가요?
P : 네, 독일 사람이에요.
　　학생이세요?

하루 중 시간에 따른 인사

Guten Morgen [구텐 모어겐]
: 좋은 아침

Guten Tag [구텐 탁]
: 좋은 점심

Guten Abend [구텐 아벤트]
: 좋은 저녁

Gute Nacht [구테 나흐트]
: 좋은 밤

신분을 표현하는 명사

신분을 표현하는 명사에는 대부분 남성형 단어와 여성형 단어가 따로 존재합니다.

Deutscher : 독일인 남성
Deutsche : 독일인 여성

나라 이름 앞에 관사를 붙여야 하는 경우

나라 이름 앞에 관사를 붙여야 하는 경우가 있고, 그렇지 않은 경우가 있습니다.

[여성]
Die Schweiz : 스위스 [슈바V이프]
Die Mongolei : 몽골 [몽골라이]
Die Türkei : 터키 [튀어카이]

[남성]
Der Sudan : 수단 [수단]
Der Kongo : 콩고 [콩고]

[복수]
Die Vereinigten Staaten : 미국
[페어아이니히텐 슈타아텐]
Die Niederlande : 네덜란드 [니이덜란데]
Die Philippinen : 필리핀 [필맆피낸]

Ich bin Amerikaner.
이히 빈 아메리카너.
저는 미국인입니다.

 Ja, ich bin eine Studentin. Und Sie?

야, 이히 빈 / 아이내 슈투덴틴. 운트 / 지?

네, 저는 ~입니다 / 한 명의 대학생(여성). 그리고 / 당신은?

 Ich bin ein Pianist.

이히 빈 / 아인 피아니스트.

저는 ~입니다 / 한 명의 피아니스트(남성).

Ich freue mich, Sie kennenzulernen.

이히 프f로̃이에 / 미히, 지 / 캔낸쭈래어낸.

저는 기쁩니다 / 나를, 당신 / 알게 되다.

 Ich auch.

이히 / 아우ㅎ̃.

나 / 역시.

K : 네, 저는 학생입니다. 당신은요?
P : 저는 피아니스트입니다.
　　 만나서 반갑습니다.
K : 저도 만나서 반갑습니다.

4 **그녀는 내 거야.**

 Wie ist dein koreanischer Kurs?

비V / 이스트 / 다인 / 코레아니셔 / 쿠어스?

어떻게 / ~이다 / 너의 / 한국어 / 수업?

 Mein Kurs ist lustig.
Die Lehrerin ist sehr kompetent.

마인 / 쿠어스 / 이스트 / 을루스티히.

디 을래에러린 / 이스트 / 제어 콤페텐트.

나의 / 수업 / ~이다 / 재미있는.

그 선생님(여성)은 / ~이다 / 매우 능력 있는.

Aber Koreanisch ist sehr schwierig.

아버 / 코레아니쉬 이스트 / 제어 슈비V리̃히.

하지만 / 한국어는 ~이다 / 매우 어려운.

 F : 네 한국어 수업은 어때?
V : 재미있어. 선생님이 능력 있어.
　　 하지만 한국어는 정말 어려워.

 TIP

Ich freue mich,
Sie kennenzulernen.

[이히 프f로̃이에 미히, 지 켄낸쭈래어낸.]

'만나서 반갑습니다 (Nice to meet you)'
라는 뜻으로 처음 만났을 때 주로 사용합니다.

auch

영어의 'too'라고 생각하시면 됩니다. 결국
'me too'라는 말이 되겠네요. 영어에서의
me는 목적격 인칭대명사이고, 이 문장에서 사
용된 Ich는 주격 인칭대명사입니다. 독일어에
서는 격을 정확하게 표시하기 때문에, 영어에서
주격처럼 쓰는 me는 독일어에서는 찾아볼 수
없을 것입니다.

dein, mein
dein = your, mein = my
My name is Lisa = Mein Name ist Lisa

Lehrer, Lehrerin
신분 명사에서 여성형의 대부분은 남성형
(기본) 명사 끝에 in을 붙입니다.

Lehrer : 남자 선생님
Lehrerin : 여자 선생님

Ist die Koreanischlehrerin hübsch?
이스트 / 디 코레아니쉬을레에러린 / 휩쉬?
~이다 / 그 한국어 선생님(여성)은 / 예쁜?

Ja, sie ist sehr hübsch.
야, 지 이스트 / 제어 휩쉬.
응, 그녀는 ~이다 / 매우 예쁜.

Wie hübsch?
비V / 휩쉬?
얼마나 / 예쁜?

Sie ist so hübsch wie ein Model.
지 이스트 / 소 / 휩쉬 / 비V / 아인 모델.
그녀는 ~이다 / 그렇게 / 예쁜 / ~와 같이 / 한 명의 모델.

Kannst du sie mir vorstellen?
칸스트 / 두 / 지 / 미어 / 포f어슈텔랜?
할 수 있다 / 너 / 그녀를 / 나에게 / 소개하다?

Nein, sie gehört mir.
나인, 지 / 게회어트 / 미어.
아니, 그녀 / 속하다 / 나에게.

Okay, viel Glück.
오케이, 피f일 글뤽크.
알겠어, 많은 운.

F : 네 한국어 선생님 예쁘셔?
V : 응, 매우 예쁘셔.
F : 얼마나 예쁜데?
V : 그녀는 모델같이 예쁘셔.
F : 나 소개해 줄래?
V : 아니, 그녀는 내 거야.
F : 그래, 행운을 빌어.

복합 명사 Koreanischlehrerin

Koreanisch(한국어) + Lehrerin(여선생님) 두 단어가 합쳐져 하나의 명사가 됩니다. 이를 복합 명사라고 합니다. 복합 명사의 경우에는 뒤에 있는 명사의 성을 기준으로 명사의 성별을 정합니다.

독일어는 영어와 같이 이름은 항상 대문자로 표기합니다. 다른 점이 있다면 그 외에 모든 명사도 대문자로 표기합니다.

viel Glück

'행운이 있기를 바란다(good luck)'라는 의미로 '좋은'이라는 형용사를 쓰지 않고 많은(viel)이라는 형용사를 사용하고 있네요.

Ich wünsche dir Glück!
이히 뷘셰 디어 글뤽 !
행운을 빌어!

Wie geht es deiner Familie?
비V / 게에트 / 에스 / 다이너 파f밀리에?
어떻게 / 간다 / 그것 / 너의 가족에게?

Meine Familie ist sehr lustig.
마이내 파f밀리에 / 이스트 / 제어 을루스티히.
나의 가족은 / ～이다 / 매우 재미있는.

Meine Eltern sind sehr freundlich
마이내 엘턴 / 진트 / 제어 프f로인틀리히 /
나의 부모님은 / ～이다 / 매우 친절한 /

und meine Schwester ist sehr hübsch.
운트 / 마이내 슈베V스터 / 이스트 / 제어 휩쉬.
그리고 / 나의 여형제는 / ～이다 / 매우 예쁜.

Sie sind wunderbar.
지 / 진트 / 분V더바.
그들 / ～이다 / 훌륭한.

Und wie geht es deiner Familie?
운트 / 비V / 게에트 / 에스 / 다이너 파f밀리에?
그리고 / 어떻게 / 간다 / 그것 / 너의 가족에게?

Meine Familie ist auch sehr lustig.
마이내 파f밀리에 / 이스트 / 아우흐 / 제어 을루스티히.
나의 가족은 / ～이다 / 역시 / 매우 재미있는.

J : 너의 가족은 어때?
K : 내 가족은 재미있어.
　　우리 부모님은 아주 친절하시고
　　여동생은 정말 예뻐.
　　그들은 훌륭해.
　　너의 가족은 어때?
J : 우리 가족도 정말 재미있는 가족이야.

TIP

Wie geht es deiner Familie?
'너희 가족은 어떠니? (How is your family?)'
라는 표현입니다.
Deiner Familie라는 표현 대신에 dir(you)를
사용하면 '너 어떻게 지내니?'라는 표현이 됩니다.
Wie geht es dir? [비V 게에트 에스 디어]

Familie [파f밀리에] 가족
Familie [패f멀리]는 '가족'을 뜻합니다. 그럼 독일
어로 가족 구성원을 어떻게 부르는지 배워 볼까요?

어머니 : Mutter [뭍터]
아버지 : Vater [파f터]
부모님 : Eltern [엘턴]
아들 : Sohn [조온]
딸 : Tochter [토흐터]
남자형제 : Bruder [브루더]
여자형제 : Schwester [슈베V스터]
남편 : Ehemann [에에만]
부인 : Ehefrau [에에프f라우]
삼촌, 고모부 : Onkel [옹켈]
고모, 이모 : Tante [탄테]
남자 사촌 : Cousin [커정]
여자 사촌 : Cousine [쿠지이네]

Meine Eltern sind sehr großzügig

마이내 엘턴 / 진트 / 제어 그로오쓰쮜기히 /
나의 부모님은 / ~이다 / 매우 너그러운 /

und mein Bruder ist sehr lustig.

운트 / 마인 브루더 / 이스트 / 제어 을루스티히.
그리고 / 나의 남자 형제는 / ~이다 / 매우 웃긴.

Ich liebe meine Familie.

이히 / 을리이베 / 마이내 파밀리에.
나 / 사랑하다 / 나의 가족을.

J : 우리 부모님은 참 너그러운 사람들이고
　　내 남동생은 정말 웃겨.
　　난 내 가족을 사랑해.

Wer bin ich?
베V어 빈 이히
나는 누구인가?

행복하세요?

Sind Sie verheiratet?

진트 / 지 / 페f어하이라테트?
~입니다 / 당신 / 결혼한?

Nein, ich bin nicht verheiratet.

나인, 이히 빈 / 니히트 / 페f어하이라테트.
아뇨, 저는 ~입니다 / 부정 / 결혼한.

Und sind Sie verheiratet?

운트 / 진트 / 지 / 페f어하이라테트?
그리고 / ~입니다 / 당신 / 결혼한?

A : 결혼하셨어요?
J : 아니요, 결혼하지 않았어요.
　　당신은 결혼했나요?

◀ **verheiratet**

'결혼한'이라는 형용사입니다. 영어로는 흔히
'married'라고 하죠.
싱글(single)은 독일어로 무엇일까요?
ledig [을래디히]입니다.

◀ **sie, Sie**

sie 와 Sie 는 대소문자의 차이가 있습니다.

　sie : 그녀, 그(것)들
　Sie : 당신, 당신들

Ja, für 5 Jahre.
야, 퓌f어 / 퓐f프f 야아레.
네, ~위해 / 5년.

Morgen ist unser Hochzeitstag.
모어겐 / 이스트 / 운저 / 호흐짜이츠탁.
내일 / ~입니다 / 우리의 / 결혼기념일.

Ich freue mich für Sie.
이히 프f로̃이에 / 미히 / 퓌f어 / 지.
저는 기쁩니다 / 나를 / ~위해 / 당신을.

Sind Sie glücklich?
진트 / 지 / 글뤽클리히?
~입니다 / 당신 / 행복한?

Ja, ich bin glücklich.
야, 이히 빈 / 글뤽클리히.
네, 저는 ~입니다 / 행복한.

A : 네, 5년 됐어요.
　　내일이 결혼기념일입니다.
J : 축하합니다.
　　행복하세요?
A : 네, 행복합니다.

◁ **Ich freue mich für Sie.**
영어로는 'I am happy for you'라는 문장과
같은 표현입니다. 이런 표현은 통째로 외워두는
것이 좋습니다.

◁ **glücklich & Glück**
glücklich는 '행복한'을 의미하는 형용사이고,
Glück은 '행운'이라는 명사입니다.
여기서 '저는 행복입니다.' Ich bin glücklich.
라고 말하고 있습니다. '저는 행운아입니다.' 는
Ich bin ein Glückskind. 입니다.

Willst du mich heiraten?
빌V스트 두 미히 하이라텐
나와 결혼해줄래?

다른 유럽어들은 어떠냐고?
프랑스어나 스페인어, 이탈리아어 등은
성 구분은 있으나 격 표시는 없어.

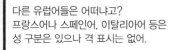

성 구분 ◎ 격 표시 ✖

또 영어의 경우는
성 구분과 격 표시 모두 없어.

내 사랑이
느껴져?

성 구분 ✖ 격 표시 ✖

그렇기 때문에 사람들은
독일어를 최고 난이도로 치는 거야.

심지어 미국의 소설가 마크 트웨인은
이런 이야기를 했어.

탐색하라.
꿈을 꿔라.
발견하라.

"영어를 배우는 데 30시간이 걸린다면
프랑스어는 30일, 독일어는 30년이
걸린다."

독보적이네.

도대체 왜 이렇게 독일어를 어렵게
만들었느냐고?

정말이지
원망도 많이
들었어.

미워···

내게도 나름의 이유가 있었어.

아무렴 그냥
그랬겠어?

먼저 격에 관해 얘기해볼까?

격

사실 한국어에도 격 표시가 있고
조사가 그 역할을 하고 있어.

격
조사

예를 들어 '나'라는 단어 뒤에 무엇을
붙여줄까?

나

+ 는 = 주격
         표시

+ 를 = 목적격
         표시

'는'을 붙여 놓으면 무조건 주격이 돼.
문장 어디에 둬도 주격인 거야.

주격

좋아 나는

나는 좋아

'를'을 붙여 놓으면 무조건 목적격이 돼.
문장 어디에 둬도 목적격인 거야.

목적격

나를 믿어

믿어 나를

한국어는 어순에 구애받지 않고 자유롭게 사용할 수 있는 언어야. 그런데 그 이유가 바로 격 표시 때문이지.

독일어도 그런 장점이 있어. 분명 원래의 어순이 있긴 하지만 다른 언어에 비해서는 확실히 어순이 자유롭다고.

이게 다 내가 독일어에 격 표시를 만들어놓았기 때문인 거야.

격 표시는 그렇다 치고, 성 구분을 만든 이유는 뭐냐고?

사실 단어에 성 구분이 있다는 건 우리나라의 학습자들은 특히 이해하기 어려운 개념이야.

세상에, 벌꿀은 남성 명사이고 꿀벌은 여성 명사라니 이게 도대체 무슨 소리야?

이건 한국·중국·일본 등 아시아 사람들에게는 너무나 생소한 개념인데

신기하게도 유럽 지역에서는 오히려 성 구분을 하지 않는 언어를 찾아보기가 어려울 정도야.

그중 영어는 정말 예외적인 경우인 거고.

이건 독일어 조상님의 조상님쯤 되는 언어에서부터 나타나는 특징이거든.

혹시 라틴어라고 들어봤니? 라틴어는 독일어의 작은 할아버지쯤 되는 언어인데

일상생활에서는 이제 누구도 쓰지 않지만, 아직도 바티칸 같은 곳에선 미사를 볼 때 사용하고 있어.

LA~
LA~
LATIN~

유럽 지역에서는 좀 알아주는 말이었는데, 이 라틴어를 만든 게 바로 나야.

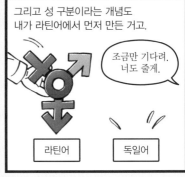

그리고 성 구분이라는 개념도 내가 라틴어에서 먼저 만든 거고.

조금만 기다려, 너도 줄게.

라틴어   독일어

오래전 이야기라 기억은 가물가물하지만

그런 일이 있었지….

라틴어에서 '성 구분'이란 개념을 만들게 된 계기에 관해 얘기해 줄게.

송 우 송

라틴어

가자, 라거!

과거로 가볼까?

중동에 다녀온 요정이 사막에서 모래를 가져왔어.

들고 오느라 어깨 나가는 줄 알았다니까.

중동표 청결 모래

우리는 그 모래를 사용해서 처음으로 남자 화장실과 여자 화장실을 지었어.

단정한   단정한

그런데 장난꾸러기 요정이 화장실에 붙은 성별 기호를 떼서 달아나 버렸지.

단정한   단정한

크크큭….

어휴, 정말 혼란의 카오스였어.

단정한   단정한

어디가 어디야….

그래서 우리는 성별 기호를 '단정한'이란 형용사 안에 새겨 넣기로 했어.

안 되겠다. 기호가 없어도 괜찮도록,

글자에 표시하자!

단정환

여자 화장실에 별도의 표시를 해주고 나니 다들 화장실을 잘 찾아가더군.

급하다 급해~

sauber   saubere

그날의 충격 때문에 요정들은 형용사를 2가지 모양으로 쓰기 시작했어.

형용사를 남성 전용과 여성 전용으로 나누는 습관이 생긴 거지.

형용사는 명사를 꾸미는 역할을 하는데

꾸미는 역할의 형용사에다가 성 구분을 해준다는 거야. 명사는 그냥 두는 거고.

쉽게 말하자면 '단정한 요정'이라고 말할 때

'단정한'은 형용사고 '요정'은 명사야. 그래서 형용사인 '단정한'의 모양만 바뀌게 된다는 거지.

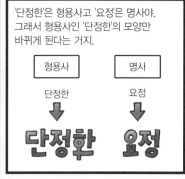

아무튼 이렇게 모든 형용사를 남성 전용과 여성 전용으로 나눴어.

그러던 어느 날….

요정 하나가 신에게 커다란 바위를 선물 받았는데

'커다란 바위'라고 표현하려다가 멈칫한 거야.

바위는 남자일까, 여자일까?

그걸 모르니 남성 형용사도, 여성 형용사도 붙여줄 수 없었어.

➡️ 만화는 110쪽에서 계속 이어집니다.

02

명사의 성, 수, 격을 따른다!
관사

Ein Mann
한 소년

Eine Frau
한 소녀

독일어의 특성 ① '성·수 구분'

남성,여성, 중성

동영상 강의

독일어에서 말하는 '성·수 구분'이란 뭘까요? 우선 '수'부터 살펴보겠습니다. '수'는 명사의 단수형과 복수형을 이야기합니다.
영어에서 단수형과 복수형을 만들기란 쉽습니다. 보통 끝에 's'를 붙여주죠.

book   books

하지만 독일어의 복수형은 좀 더 복잡합니다.

Buch   Bücher

뒷부분에 er, en 등 어미를 붙여 준다거나, 모음 A나 U 따위에 움라우트를 붙여서 복수 형태를 만들어 줍니다. 결국, 단어를 암기할 때 복수도 함께 암기해버려야 한다는 이야기입니다.

이번엔 '성'에 대해 배워보겠습니다. '성'이란 쉽게 말하자면 명사 내부의 팀입니다. 독일어에는 수많은 명사들이 있지만, 이 모든 명사는 남성팀, 여성팀, 중성팀 중에 하나에 속해 있습니다.

아빠, 삼촌, 할아버지 등이 남성팀으로 구분되는 것은 당연합니다. 엄마, 이모, 할머니 등이 여성팀인 것도 당연합니다. 그런데 놀라운 것은 책상이나 연필 등의 명사들도 팀에 속해 있다는 것입니다. 팀에 속해있지 않은, 다시 말해 성을 구분하지 않는 명사는 하나도 없습니다.

Vater [파f터]
남성 명사 : 아버지

Mutter [뭍터]
여성 명사 : 어머니

Kind [킨트]
중성 명사 : 아이,어린이

Bleistift [블라이슈티f트]
남성 명사 : 연필

Tür [튀어]
여성 명사 : 문

Fenster [펜f스터]
중성 명사 : 창문

읽어 보세요
명사의 복수형 만들기

독일어 명사의 단수형과 복수형은 매우 불규칙적입니다. 어디로 튈지 모른다고나 할까요?

der Stuhl, die Stühle   의자, 의자들
das Haus, die Häuser   집, 집들
die Blume, die Blumen   꽃, 꽃들

하지만 이렇게 불규칙한 독일어의 명사의 단수형과 복수형에도 가만히 들여다보면 어느 정도의 규칙이 있습니다.

읽어 보세요
명사의 모양을 보면 성을 구분할 수 있을까?

명사의 성은 우선 모조리 외워야 하는 것입니다. 하지만 말처럼 쉽지는 않죠. 그래서 준비했습니다. 모양만 딱 보고 남성, 여성, 중성 명사를 구분하는 팁 6가지!

1 '**ge-**' 로 시작하면 60% 이상은 중성 명사
  ‣ **Ge**schäft [게쉐프f트] 상점
  ‣ **Ge**schlecht [게슐래히트] 성(gender)

2 '**-er**' 로 끝나면 70% 이상은 남성 명사
  ‣ Koff**er** [코퍼f] 트렁크,여행용 가방
  ‣ Vat**er** [파f터] 아버지
  ‣ Brud**er** [브루더] 남자형제

3 '**-ee**'로 끝나면 80% 이상은 남성 명사
  ‣ Schn**ee** [슈내에] 눈 (날씨현상)
  ‣ Kaff**ee** [카페f에] 카페

4 '**-sion**', '**-tion**', '**-ion**'로 끝나면 100% 여성 명사
  ‣ Nat**ion** [나치온] 국가
  ‣ Lekt**ion** [ㄹ렉찌온] 강의,섹션

5 '**-ung**' 로 끝나면 90% 여성 명사
  ‣ Üb**ung** [위붕] 연습,훈련

6 '**-e**' 로 끝나면 70% 여성 명사
  ‣ Klass**e** [클라쎄] 학년,반

명사의 의미를 보면 성을 구분할 수 있을까?

정답은 '아니오' 입니다.

남성 명사를 아무리 열심히 들여다봐도 남성인 이유를 발견하기 어렵습니다. 여성 명사도 마찬가지고요. 명사 대부분이 그렇습니다.
그래서 남성 명사는 남성형 관사와 함께, 여성 명사는 여성형 관사와 함께 통째로 외워버리는 것이 가장 좋습니다.

그러나 간혹 약간의 경향성을 갖는 명사들이 있어서 아래에 소개합니다.

1. 남자들은 남성, 여자들은 여성

너무 당연합니다. 아빠·할아버지·삼촌은 남성이고, 엄마, 할머니, 이모는 여성인 식이죠.
한 가지 기억해야 할 예외가 있다면 '소녀'라는 명사가 중성이라는 점입니다.

2. 시간에 관한 표현 대부분 남성

봄, 여름, 가을, 겨울과 같이 사계절을 나타내는 명사들, 1월, 2월, 3월과 같이 12달을
나타내는 명사들, 월, 화, 수, 목과 같이 요일 나타내는 명사들 모두 남성입니다.
오전, 오후, 저녁을 나타내는 명사들 역시 남성입니다. 하지만 밤은 여성이고,
시와 분도 여성 명사입니다.

3. 술의 종류는 모두 남성

술은 남성들만 마셔야 한다고 생각했던 걸까요? 재미있는 것은 술의 종류 중에서 맥주만은
남성이 아닌 중성이라는 것입니다. 물은 중성인데요, 맥주를 물처럼 마셔서 맥주도 중성이
라고 하는 걸까요?

4. 모든 직업에는 남성형도 있고 여성형도 있다

마치 영어의 '웨이터'와 '웨이트리스'처럼 말이죠. '엑터'와 '엑트리스'도 있군요.
영어에서는 몇 개의 직업만이 이처럼 나뉘어 있습니다.
하지만 독일어에서는 모든 직업에 대해 남성형 이름과 여성형 이름이 있습니다.

5. 두 개의 명사가 합쳐진 명사는 뒤에 있는 명사의 성을 따른다

이를 복합 명사라고 하는데요, 복합 명사에는 명사가 둘이기 때문에,
헷갈리지 않도록 마지막 명사의 성을 따르기로 정해져 있습니다.
예를 들어 '전화+번호'라는 명사가 있다면 이 중 '번호'의 성을 따르는 식이죠.

6. 새로 발견된 명사는 중성

명사의 성은 오래전부터 전해 내려온 일종의 전통과 같은 것입니다. 누가 정했는지도,
왜 그렇게 정했는지도 알 수 없죠. 그래서 현대에 새로 등장한 명사는 대부분 중성입니다.
예를 들어 금, 은, 동, 철과 같은 성분들, 그리고 외래어와 신조어들도 대부분 중성으로 정해집니다.

7. 동사를 변형해 만든 명사는 중성

'먹다'가 동사라면 '먹기'는 명사입니다.
이런 식으로 만들어지는 명사는 모두 중성입니다.
일종의 '발견된 명사'이기 때문이죠.

동영상 강의

한눈에 배운다!
독일어의 특성 ② '격 표시'

주어
목적어

명사의 성·수 구분은 유럽어에 공통으로 등장하는 개념입니다. 그런데 독일어에는 추가로 **'명사의 격 표시'**라는 개념이 등장합니다. 명사는 문장에 참 많이 쓰이는데, '격'은 문장 내에서 어떻게 표시될까요? '나'라는 명사로 예를 들어보겠습니다.

나는	**1격**	[주격]
나의	**2격**	[소유격]
나에게	**3격**	[간접목적격]
나를	**4격**	[목적격]

위 4가지 '격 표시'를 통해, 명사는 문장 속에서 역할을 갖게 됩니다. 다시 말해 '격'이란 명사의 쓰임새입니다. 어떤가요? 어려울 것 없죠? 이번에는 감자를 예로 들어보겠습니다.

감자는	**1격**	[주격]
감자의	**2격**	[소유격]
감자에게	**3격**	[간접목적격]
감자를	**4격**	[목적격]

이렇게 해서 우리는 명사의 성·수 구분과 격 표시를 모두 배웠습니다. 이번에는 이들의 조합이 만들어내는 '경우의 수'에 대해 생각해 보겠습니다. 성·수 구분도 4가지이고, 격 표시도 4가지입니다. 따라서 문장 속에 사용된 **명사에는 16가지 종류**가 있습니다.

TIP

<< 더 알아 봅시다   **be + 명사는 왜 1격인가?**

be 동사를 사용하는 경우 be 동사 앞뒤의 명사는 결국 동격이기 때문입니다.

> 나는 경찰이야.
> 나 = 경찰
> 나 : 1격
> 경찰 : 1격

<< 더 알아 봅시다   **문장이 아닐 땐 몇 격?**

실제로 언어를 사용할 땐 꼭 완성된 문장만을 사용하게 되지는 않습니다.

앗! 저 차!

이렇게 명사가 포함된 구에서는 몇 격을 사용해야 할까요? 이럴 땐 정확한 격을 알 수 없으므로 1격을 사용합니다.

그런데 다음과 같이 격을 알 수 있는 경우도 있습니다.

> A : 저 차를 훔치자.
>
> B : 저 차?

성·수 구분과 격 표시에 따라 달라지는 모든 것

1. 명사 자신의 형태가 변화합니다.

명사가 2격으로 쓰였을 때, 3격 복수로 쓰였을 때 다음과 같이 달라집니다.

명사 2격	복수 3격
des Mann**es** (남성 2격)	den Kind**ern**
des Kind**es** (중성 2격)	den Freund**en**
* 여성 2격은 명사 변화 없음	* 단어의 끝이 n인 경우 변화 없음

2. 명사의 성, 수에 따라 명사에 붙여주는 관사도 여러가지가 있습니다.

관사란 영어로 예를 들면 the와 a를 말하는데요,
특정한 사람이나 사물을 지칭하는 the에 해당하는 독일어는
성, 수에 따라 다음과 같이 나뉩니다.

 남성 단수 **der** [데어]
 여성 단수 **die** [디]
 중성 단수 **das** [다스]
 복수 **die** [디]

3. 명사의 격에 따라 붙여주는 관사와 형용사도 여러가지가 있습니다.

형용사에 대해서는 이 책의 후반부에 다루기로 했으니
우선 관사에 대해 살펴보겠습니다.
관사란 영어로 예를 들면 the와 a를 말하는데요.
the에 해당하는 독일어에는 다음과 같이 격을 표시해줍니다.

1격 남성 단수 **der** [데어]
2격 남성 단수 **des** [데스]
3격 남성 단수 **dem** [뎀]
4격 남성 단수 **den** [덴]

예를 들어 하나의 문장 안에 4개의 명사가 있다면 다음과 같은 일이 생길 수 있습니다.

> 그 남자는 그 남자의 그 친구에게 그 사과를 주었다.
> 1격   2격   3격   4격
>
> Der Mann des Mannes gibt dem Freund den Apfel.
>
> [데어 만 데스 만네스 깁트 뎀 프로인트 덴 앞펠]

* 마침 하나의 문장 안에 4개의 명사가 있고, 마침 4개 명사의 성은 모두 남성이지만,
마침 4개 명사의 격은 모두 서로 다르고, 마침 모든 명사에 정관사가 필요한 문장.

성·수 구분과 격 표시에 따라 달라지는 모든 것

4. **명사의, 성,수 구분에 따라 명사에 붙여주는 형용사도 여러 가지 입니다.**

모든 형용사가 그렇다는 것은 아닙니다.
1단원에서 배운 형용사들처럼 Sein 동사 뒤에 붙는 형용사들은
다음과 같이 형용사의 원형을 사용하면 됩니다.

나는 키가 작아. 주어 동사 형용사 원형
Ich bin klein

하지만 형용사는 명사의 바로 옆에서 명사를 꾸미는 역할도 합니다.
이때 형용사는 명사의 성·수에 따라 여러 가지로 변화합니다.

나는 작은 아이야. 주어 동사 관사 + 형용사 명사
Ich bin ein kleines Kind

44가지 변형

이와 같이 명사를 꾸미는 형용사는 매우 복잡하기 때문에
이 책의 후반부에 배우도록 하겠습니다.

5. 몇몇 동사들은 의미상 1격 명사와 어울리는데도
무조건 3격 명사(3격 관사)를 사용합니다.
몇몇 동사들은 의미상 4격 명사와 어울리는데도
무조건 3격 명사(3격 관사)를 사용합니다.
이 책에서는 이들 두 내용 중 두 번째 내용만 다룰 예정입니다.

6. 전치사는 항상 명사 앞에 사용됩니다. 그 사이에 종종 관사나 형용사도 들어가게 되죠.
그런데 이때 각각의 전치사마다 3격 관사와 사용될지,
4격 관사와 사용될지가 이미 정해져 있습니다.
다시 말해, 어떤 전치사는 3격 관사와 사용되어야 하고,
어떤 전치사는 4격 관사와 사용되어야 하는 것이죠.
몇몇 전치사는 관사가 3격이냐, 4격이냐에 따라 전치사의 의미가 달라집니다.

집 안에 | 집으로
전치사 관사 명사 | 전치사 관사 명사
in dem Haus | in das Haus

✎ 다음 문장의 밑줄 친 부분에 격을 표시해보세요.

우리말로 연습

영어로 연습

1 나는 너를 사랑해.

1 I love you.

2 나는 소년이다.

2 I am a boy.

3 나는 너의 친구야.

3 I am your friend.

4 나의 아들은 그의 고양이를 좋아해.

4 My son likes his cat.

5 너의 어머니는 나의 어머니시다.

5 Your mother is my mother.

6 나에게 말해.

6 Tell me.

한눈에 배운다!
정관사 Vs 부정관사

정확하면 정관사

동영상 강의

관사는 명사 앞에 붙이는 것으로 일종의 형용사입니다.
관사에는 다음의 두 종류가 있습니다.

정관사 │ 영어의 the에 해당

정확하게 가리킬 때 사용합니다. 다시 말해, 가리키는 대상이나 대상의 범위가
명확할 때 사용합니다. 이를테면...

1 당신도 아는 그것.
2 방금 전 언급했던 그것.
3 하나밖에 없는 것.
4 하나도 빠짐없이 전부.

부정관사 │ 영어의 a에 해당

부정확하게 가리킬 때 사용합니다. 다시 말해, 가리키는 대상이나 대상의 범위가
명확하지 않을 때 사용합니다. 이를테면...

1 듣는 이가 모르는 것.
2 처음 언급하는 것.
3 아무거나 상관없는 것.
4 아무렇게나 정해도 되는 일부분.

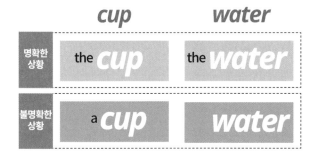

불확실한 상황일 때 '컵'에는 부정관사를 사용했지만, '물'에는 부정관사를 사용
하지 않았습니다. '물'은 셀 수 없는 사물이기 때문입니다.

읽어
보세요

**관사를 완벽하게
외우려 하지 마세요.**

정관사와 부정관사, 무관사 이렇게 세 가지를
정확하게 구분하는 것도 매우 어렵습니다.
그런데 정관사의 수만 16가지라니요? 게
다가 부정관사의 수도 12가지가 등장할
예정입니다. 관사가 복잡한 유럽어들 중에
서도 가장 복잡한 것이 독일어입니다. 그
래서 그런지 정말 많은 분들이 이 지점에
서 독일어를 포기하게 됩니다. 관사를 외
우느라 독일어를 말하는 즐거움은 느껴보
지도 못한 채 말이죠. 이 책을 보는 여러분
은 절대로 이 관사들을 암기하려 들지 않
기를 바랍니다. 여기에는 다음과 같은 이
유가 있습니다.

1 독일 사람도 관사를 완벽하게 사용
하는 것을 힘들어합니다.

2 관사를 혼동해 사용해도, 의사소통에
는 대부분 지장이 없습니다.

3 특히 정관사 16개 내에서 혼동해 사
용하는 경우에도 의사소통에는 전혀 지
장이 없습니다.

4 정관사 16개, 부정관사 12개, 무관사
중에서 정작 자주 사용되는 관사는 몇
개밖에 되지 않습니다. 그러므로 예문을
통해 통째로 자연스럽게 익히게 될 것입
니다.

5 모든 관사는 명사 앞에만 사용합니
다. 그런데 대화 중 가장 많이 사용되는
명사는 '나, 너, 이것, 저것' 등의 대명사
들입니다. 그런데 정작 이 대명사들에는
관사가 사용되지 않습니다.

이번에는 정관사, 부정관사, 무관사를 선택하는 과정을 표로 만들어 이해해 보도록 하겠습니다.

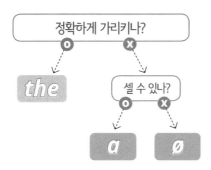

이번에는 세 가지 종류의 관사를 영역으로 표시해보았습니다.
역시 가장 중요한 기준은 '정확하게 가리키나'입니다.

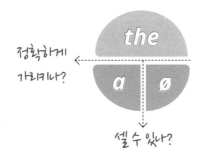

이번에는 관사에 대한 한 줄 요약입니다.

정확하게 가리킬 때 : 정관사
부정확하게 가리킬 때 : 부정관사

 관사가 어려운 이유

많은 분이 관사 붙이기를 어려워 합니다. 그래서 그 이유를 정리해 보았습니다.

1 언어는 원래 말하는 사람 마음대로 말하게 되어있습니다. 하지만 관사는 내 마음대로가 아닌 문법에 정해진 대로 배워서 말해야 합니다.

2 관사의 논리를 이해할 때는 무관사의 존재가 매우 중요합니다. 하지만 이를 무시하고 가르치거나 배우면 관사는 한없이 어려워 집니다.

3 '컵'은 셀 수 있고 '물'은 셀 수 없습니다. 그렇다면 '사랑'이나 '경험'은 어떤가요? 명사 중에는 셀 수 있는지가 불분명한 것들이 많이 있습니다.

 왕초보의 관사 학습 목표

관사가 너무 어렵다는 분들은 독일어를 포기해야 할까요? 아닙니다. 다음은 이러한 분들이 관사 공부에 관해 목표로 해야 할 것들입니다.

1 정관사가 어떻게 16개가 되는지 이해하는 정도

2 예문을 읽다가 '이렇게 생긴 것들이 정관사, 이렇게 생긴 것들이 부정관사로구나' 하고 구분하는 정도

3 예문을 읽다가 '이런 이유로 정관사를, 이런 이유로 부정관사를 사용했구나' 하고 느끼는 정도

한눈에 배운다!
영어는 The, 독일어는?

특정한 것에 붙는 관사

동영상 강의

TIP

앞서 배웠듯이 영어의 명사는 성을 구분하지 않지만, 독일어의 명사는 성을 3가지로 구분합니다. 따라서 성 구분에 따라 다음과 같이 조금씩 변화된 관사를 사용합니다. 그리고 복수일 때도 별도의 관사를 사용합니다. 이렇게 정관사는 4가지로 나뉘고, 다시 한 번 격 표시에 따라 4개로 나누어집니다. 다시 말해 16개의 정관사가 생기는 것입니다.

<< 읽어 보세요 독일어 관사의 장점

독일어의 정관사는 무려 16개입니다. 이렇게 정관사가 많으면 머리도 복잡하고 외우기도 힘든 것은 당연합니다. 그런데 혹시 장점도 있을까요? 당연히 있습니다. 어떤 문장이든 관사만 보면 어느 단어가 주어이고 어느 단어가 목적어인지 쉽게 구분할 수 있다는 장점이죠. 관사가 명사의 예고편 역할을 해 주는 셈이네요. 역시 세상일에는 다 양면이 있기 마련이죠?

t h e 정관사

특정한 사람 / 사물을 지칭할 때

<< 읽어 보세요 가산명사, 불가산명사

'셀 수 있는 것'이란 문법 용어로 '가산명사'라고도 합니다. 다음 예시를 보면서 가산명사와 불가산명사의 차이를 느껴보세요.

▶ 가산명사 : 사람, 책, 연필
▶ 불가산명사 : 물, 공기, 음식, 사랑, 추위

한눈에 배운다!
영어는 A, 독일어는?

불특정한 것에 붙는 관사

동영상 강의

영어에서는 '아무거나 하나'를 뜻할 때, 명사 앞에 **부정관사** a(an)가 붙지요? 독일어도 마찬가지입니다. 하지만 앞에서 배웠듯이 명사에는 남성, 여성, 중성이 있으므로 명사의 성·수 구분에 따라 관사를 다르게 붙인답니다. 따라서 명사를 익힐 때 성별은 물론 관사까지 무조건 통째로 외우는 것이 가장 간단한 방법입니다. 정관사가 16개 세트인 반면 부정관사는 12종 세트입니다. 왜 그럴까요? 복수의 경우는 부정관사 없이 무관사로 사용되기 때문입니다.

a 부정관사

아무거나 / 일반적인 것을 지칭할 때

TIP

《 더 알아
봅시다 **독일어의 복합 명사**

우리말의 합성어처럼, 독일어에도 두 개 이상의 명사가 합쳐져 한 단어로 되는 것들이 있습니다. '복합 명사'라고 부르는데요, 이 경우 가장 마지막에 붙는 단어가 복합 명사의 성별을 결정합니다.

여성 명사

남성 명사 + 여성 명사
[복 합 명 사]

👤 der Sommer [데어 좀머] 여름

👤 die Zeit [디 짜이트] 시간

👥 die Sommerzeit
[디 좀머짜이트]   썸머타임

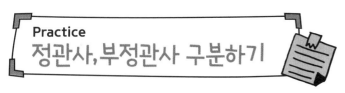

 부정관사에만 동그라미 치세요.

dem

das

der die dem

eines der den der

den

einem die ein des

einem die eine einer

die des

einen das

eines ein eine

der

einer

 아래의 빈칸을 채워 정관사, 부정관사 표를 만들어 보세요.

정관사표

부정관사표

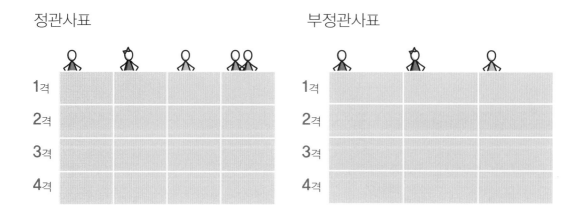

Practice
관사를 선택하는 과정

따라 말하기

독일어의 관사는 28개, 관사가 없는 경우도 있으니 경우의 수는 29개군요.
29개의 경우의 수 중에서 하나를 선택해야 합니다.
이 과정은 3단계로 나눌 수 있는데요, 연습 삼아 한 단계씩 함께 따라가 보도록 하겠습니다.

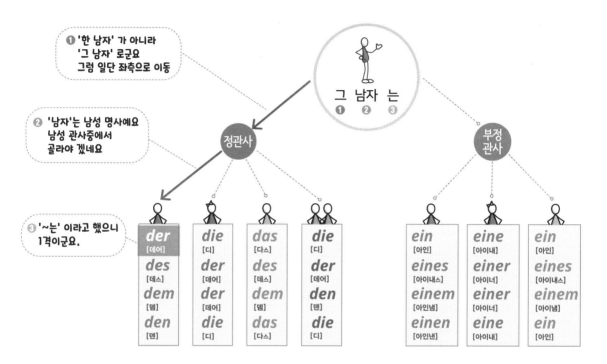

❶ '한 남자' 가 아니라
'그 남자' 로군요
그럼 일단 좌측으로 이동

❷ '남자'는 남성 명사예요
남성 관사중에서
골라야 겠네요

❸ '~는' 이라고 했으니
1격이군요.

그 남자 는
❶ ❷ ❸

정관사 / 부정관사

der [데어]	die [디]	das [다스]	die [디]	ein [아인]	eine [아이내]	ein [아인]
des [데스]	der [데어]	des [데스]	der [데어]	eines [아이내스]	einer [아이너]	eines [아이내스]
dem [뎀]	der [데어]	dem [뎀]	den [덴]	einem [아이넴]	einer [아이너]	einem [아이넴]
den [덴]	die [디]	das [다스]	die [디]	einen [아이넨]	eine [아이내]	ein [아인]

위 과정을 참고하여 빈칸 안에 관사와 명사를 써넣어 보세요.

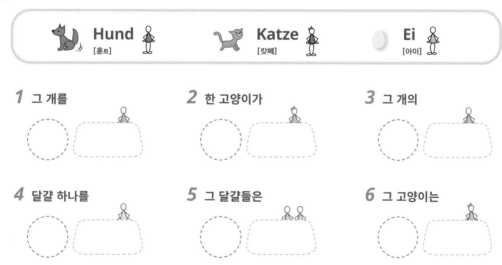

🐕 **Hund** [훈트] 🐈 **Katze** [캇쩨] ⚪ **Ei** [아이]

1 그 개를

2 한 고양이가

3 그 개의

4 달걀 하나를

5 그 달걀들은

6 그 고양이는

정답입니다! ❶ Den Hund ❷ Eine Katze ❸ Des Hundes ❹ Ein Ei ❺ Die Eier ❻ Die Katze

Practice
관사 고르기 연습

 빈칸 안에 관사와 명사를 써넣어 보세요.

🐕 **Hund** 👤 [훈트] **Hunde** 👥 [훈데]	🐈 **Katze** 👤 [캇쩨] **Katzen** 👥 [캇쩬]	⬭ **Ei** 👤 [아이] **Eier** 👥 [아이어]

1 그 개는

2 그 고양이는

3 그 달걀의

4 한 개는

5 하나의 달걀을

6 한 개가

7 한 고양이의

8 한 고양이에게

9 한 개에게

10 그 고양이들을

11 그 달걀은

12 그 고양이들에게

13 그 개들에게

14 그 달걀들을

15 그 고양이가

16 그 개가

17 그 개들은

18 그 고양이에게

정답입니다! ❶ Der Hund ❷ Die Katze ❸ Des Eies ❹ Ein Hund ❺ Ein Ei ❻ Ein Hund
❼ Einer Katze ❽ Einer Katze ❾ Einem Hund ❿ Die Katzen ⓫ Das Ei ⓬ Den Katzen
⓭ Den Hunden ⓮ Die Eier ⓯ Die Katze ⓰ Der Hund ⓱ Die Hunde ⓲ Der Katze

Practice
관사가 등장하는 문장들

 아래의 뜻에 맞추어 문장을 만들어 보세요.

1 그 웨이터는 멋있다.　　　　Der Kellner ist hübsch.

2 그 이탈리아인은 잘생겼다.

3 그 피아니스트는 매력적이다.

4 그 친구는 긍정적이다.

5 나는 한 아버지입니다.

6 그는 한 대학생입니다.

7 그 아이는 이상합니다.

8 (여)대생들은 부정적이다.
　　　　　　　　　　　　　(여)대생들
　　　　　　　　　　　　　Studentinnen [슈투덴틴낸]

9 그 (여)선생님들은 강하다.
　　　　　　　　　　　　　(여)선생들
　　　　　　　　　　　　　Lehrerinnen [을래에러린낸]

10 그녀는 그 프랑스 사람입니다.
　　　　　　　　　　　　　(여)프랑스 인
　　　　　　　　　　　　　Französin [프란쬐진]

정답입니다! ① Der Kellner ist hübsch. ② Der Italiener ist hübsch. ③ Die Pianistin ist attraktiv.
④ Der Freund ist positiv. ⑤ Ich bin ein Vater. ⑥ Er ist ein Student. ⑦ Das Kind ist merkwürdig.
⑧ Studentinnen sind negativ. ⑨ Die Lehrerinnen sind stark. ⑩ Sie ist die Französin.

독일어의 형용사는 원형과 변형이 있습니다. 어떤 경우에 원형을, 어떤 경우에 변형을 사용하게 될까요? 우리말로 예를 들어보겠습니다. '예쁜'은 형용사로 다음 두 방식으로 사용됩니다.

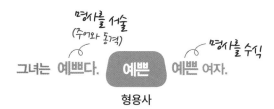

그녀는 예쁘다.   예쁜   예쁜 여자.

형용사

명사를 서술할 때 사용되는 형용사는 간단하게 원형을 사용합니다.
하지만 명사를 수식하는 경우 형용사는 명사에 맞춰 변화합니다.

▶ 그녀는 아름답다. [지 이스트 쇤]

▶ 아름다운 여자 [아이내 쇄내 프f라우]

변형이라고 해 봐야 끝에 e가 하나 붙었을 뿐입니다. 간단하죠?
여러 가지 변형이 있기는 하지만 그대로 모두 규칙적으로, 그리고 간단히 변형될 뿐입니다. 그런데 문제는 이 변형의 숫자가 44가지나 된다는 것입니다.

읽어 보세요   형용사의 44변형

형용사의 변형 수가 너무 많아 당혹스러운 분들이 많을 것입니다. 이미 관사에서 설명해 드렸듯이 이러한 규칙을 부담스러워하실 필요 없습니다. 게다가 형용사의 변화는 다들 한 끗 차이로 매우 미세합니다.

더 알아 봅시다   명사의 변화

관사, 형용사와 마찬가지로 명사 역시 문장에서 어떤 역할을 맡고 있느냐에 따라 모양이 바뀝니다.

- 복수형 3격일 땐 뒤에 항상 '-n'
  Kinder - Kindern

- 만약 명사 자체가 '-n' 으로 끝나면 변화하지 않습니다.
  Mann - Mann

10번 읽어보세요!
정관사 + 형용사 변화

관사와 형용사에 관한 **모든 문제는 '명사'**로 부터 **시작**합니다.

아래의 예시는 Mann이 남성이기 때문에 이에 맞는 관사와 형용사가 사용되었다는 것을 나타냅니다.

관사와 형용사는 명사의 **성·수 구분**과 **격 표시**에 맞추어 하나의 set처럼 변화합니다.

남성용 관사   남성용 형용사   남성 명사

der gute Mann
그   좋은   남자

정관사 + 형용사 + 명사
정관사 강변화 / 형용사 약변화

	명사가 남성일 때	명사가 여성일 때	명사가 중성일 때	명사가 복수일 때
1격 주격	**der gute** Mann 그 좋은 남자는	**die gute** Frau 그 좋은 여자는	**das gute** Kind 그 좋은 아이는	**die guten** Kinder 그 좋은 아이들은
2격 소유격	**des guten** Mannes 그 좋은 남자의	**der guten** Frau 그 좋은 여자의	**des guten** Kindes 그 좋은 아이의	**der guten** Kinder 그 좋은 아이들의
3격 간접목적격	**dem guten** Mann 그 좋은 남자에게	**der guten** Frau 그 좋은 여자에게	**dem guten** Kind 그 좋은 아이에게	**den guten** Kindern 그 좋은 아이들에게
4격 목적격	**den guten** Mann 그 좋은 남자를	**die gute** Frau 그 좋은 여자를	**das gute** Kind 그 좋은 아이를	**die guten** Kinder 그 좋은 아이들을

발음도우미

· **Mann** [만]   · **Frau** [프라우]   · **Kind** [킨트]   · **Kinder** [킨더]

· **gut** [구트]   · **gute** [구테]   · **guten** [구텐]   · **guter** [구터]   · **gutes** [구테스]

Practice
정관사 + 형용사 변화

 아래의 빈칸을 채우세요, 이때 관사와 형용사는 명사의 성·수와 격 표시에 따라 사용하세요.

1 그 좋은 남자는 ....

2 그 좋은 여자의 ....

3 그 좋은 아이에게 ....

4 그 좋은 아이들을 ....

5 그 좋은 아이들은 ....

6 그 좋은 아이의 ....

7 그 좋은 여자에게 ....

8 그 좋은 남자를 ....

9 그 좋은 남자의 ....

10 그 좋은 아이들의 ....

11 그 좋은 남자에게 ....

12 그 좋은 아이들에게 ....

13 그 좋은 여자는 ....

14 그 좋은 아이는 ....

15 그 좋은 여자를 ....

16 그 좋은 아이를 ....

위 과정을 참고하여 빈칸 안에 형용사를 써넣어 보세요.

	👤 명사가 남성일 때	👤 명사가 여성일 때	👤 명사가 중성일 때	👥 명사가 복수일 때
1격 주격	*der kleine* **Hund** 그 작은 개는	*die _____* **Katze** 그 작은 고양이는	*das _____* **Kaninchen** 그 작은 토끼는	*die _____* **Hunde** 그 작은 개들은
2격 소유격	*des _____* **Hundes** 그 작은 개의	*der _____* **Katze** 그 작은 고양이의	*des _____* **Kaninchens** 그 작은 토끼의	*der _____* **Hunde** 그 작은 개들의
3격 간접목적격	*dem _____* **Hund** 그 작은 개에게	*der _____* **Katze** 그 작은 고양이에게	*dem _____* **Kaninchen** 그 작은 토끼에게	*den _____* **Hunden** 그 작은 개들에게
4격 목적격	*den _____* **Hund** 그 작은 개를	*die _____* **Katze** 그 작은 고양이를	*das _____* **Kaninchen** 그 작은 토끼를	*die _____* **Hunde** 그 작은 개들을

정답입니다! ① der gute Mann ② der guten Frau ③ dem guten Kind ④ die guten Kinder ⑤ die guten Kinder
⑥ des guten Kindes ⑦ der guten Frau ⑧ den guten Mann ⑨ des guten Mannes
⑩ der guten Kinder ⑪ dem guten Mann ⑫ den guten Kindern ⑬ die gute Frau
⑭ das gute Kind ⑮ die gute Frau ⑯ das gute Kind

부정관사 + 형용사 변화

따라 말하기

관사와 형용사에 관한 모든 문제는 '명사'로 부터 시작합니다.
아래의 예시는 Mann이 남성이기 때문에 이에 맞는 관사와 형용사가 사용되었다는 것을 나타냅니다.
관사와 형용사는 명사의 성 · 수 구분과 격 표시 에 맞추어 하나의 set처럼 변화합니다.

남성용 관사　남성용 형용사　　　남성 명사

ein guter Mann
한　　　좋은　　　　　남자

부정관사 + 형용사 + 명사

부정관사 강변화 / 형용사 약변화

	명사가 남성일 때	명사가 여성일 때	명사가 중성일 때	명사가 복수일 때
1격 주격	**ein guter** Mann 한 좋은 남자는	**eine gute** Frau 한 좋은 여자는	**ein gutes** Kind 한 좋은 아이는	**die guten** Kinder 그 좋은 아이들은
2격 소유격	**eines guten** Mannes 한 좋은 남자의	**einer guten** Frau 한 좋은 여자의	**eines guten** Kindes 한 좋은 아이의	**der guten** Kinder 그 좋은 아이들의
3격 간접목적격	**einem guten** Mann 한 좋은 남자에게	**einer guten** Frau 한 좋은 여자에게	**einem guten** Kind 한 좋은 아이에게	**den guten** Kindern 그 좋은 아이들에게
4격 목적격	**einen guten** Mann 한 좋은 남자를	**eine gute** Frau 한 좋은 여자를	**ein gutes** Kind 한 좋은 아이를	**die guten** Kinder 그 좋은 아이들을

발음도우미

- **Mann** [만]　**Frau** [프라우]　**Kind** [킨트]
- **gut** [구트]　**gute** [구테]　**guten** [구텐]　**guter** [구터]　**gutes** [구테스]

Practice
부정관사 + 형용사 변화

따라 말하기

 아래의 빈칸을 채우세요, 이때 관사와 형용사는 명사의 성·수와 격 표시에 따라 사용하세요.

1 한 좋은 남자는 _____

2 한 좋은 남자의 _____

3 한 좋은 남자에게 _____

4 한 좋은 남자를 _____

5 한 좋은 여자는 _____

6 한 좋은 여자의 _____

7 한 좋은 여자에게 _____

8 한 좋은 여자를 _____

9 한 좋은 아이는 _____

10 한 좋은 아이의 _____

11 한 좋은 아이에게 _____

12 한 좋은 아이를 _____

위 과정을 참고하여 빈칸 안에 형용사를 써넣어 보세요.

	명사가 남성일 때	명사가 여성일 때	명사가 중성일 때
1격 주격	*ein kleiner* **Hund** 한 작은 개는	*eine* _____ **Katze** 한 작은 고양이는	*ein* _____ **Kaninchen** 한 작은 토끼는
2격 소유격	*eines* _____ **Hundes** 한 작은 개의	*einer* _____ **Katze** 한 작은 고양이의	*eines* _____ **Kaninchens** 한 작은 토끼의
3격 간접목적격	*einem* _____ **Hund** 한 작은 개에게	*einer* _____ **Katze** 한 작은 고양이에게	*einem* _____ **Kaninchen** 한 작은 토끼에게
4격 목적격	*einen* _____ **Hund** 한 작은 개를	*eine* _____ **Katze** 한 작은 고양이를	*ein* _____ **Kaninchen** 한 작은 토끼를

정답입니다! **1** ein guter Mann **2** eines guten Mannes **3** einem guten Mann **4** einen guten Mann
5 eine gute Frau **6** einer guten Frau **7** einer guten Frau **8** eine gute Frau **9** ein gutes Kind
10 eines guten Kindes **11** einem guten Kind **12** ein gutes Kind

관사가 없을 때 형용사 변화

형용사에 관한 **모든 문제는 '명사'로 부터 시작**합니다.
아래의 예시는 Bier가 중성이기 때문에 이에 맞는 형용사가 사용되었다는 것을 나타냅니다.
형용사는 명사의 **성 · 수 구분과 격 표시**에 맞추어 하나의 set처럼 변화합니다.

중성 형용사   중성 명사

gut*es* **Bier**
좋은   맥주는

무관사 + 형용사 + 명사
형용사 강변화

	명사가 남성일 때	명사가 여성일 때	명사가 중성일 때	명사가 복수일 때
1격 주격	**köstlich*er*** *Wein* 맛있는 와인은	**groß*e*** *Angst* 큰 두려움은	**gut*es*** *Bier* 좋은 맥주는	**viel*e*** *Weine* 많은 와인들은
2격 소유격	**köstlich*en*** *Weines* 맛있는 와인의	**groß*er*** *Angst* 큰 두려움의	**gut*en*** *Biers* 좋은 맥주의	**viel*er*** *Weine* 많은 와인들의
3격 간접목적격	**köstlich*em*** *Wein* 맛있는 와인에게	**groß*er*** *Angst* 큰 두려움에게	**gut*em*** *Bier* 좋은 맥주에게	**viel*en*** *Weinen* 많은 와인들에게
4격 목적격	**köstlich*en*** *Wein* 맛있는 와인을	**groß*e*** *Angst* 큰 두려움을	**gut*es*** *Bier* 좋은 맥주를	**viel*e*** *Weine* 많은 와인들을

발음도우미

· ***Wein*** [바ᵛ인]   · ***Angst*** [앙스트]   · ***Bier*** [비어]
· ***köstlich*** [쾨스틀리히]   · ***groß*** [그로오쓰]   · ***viele*** [피ᶠ일래]

Practice
관사가 없을 때 형용사 변화

 아래의 빈칸을 채우세요, 이때 관사와 형용사는 명사의 성·수 구분과 격 표시에 따라 사용하세요.

1 맛있는 와인은	**2** 좋은 맥주는
3 맛있는 와인의	**4** 좋은 맥주의
5 맛있는 와인에게	**6** 좋은 맥주에게
7 맛있는 와인을	**8** 좋은 맥주를
9 큰 두려움은	**10** 많은 와인들은
11 큰 두려움의	**12** 많은 와인들의
13 큰 두려움에게	**14** 많은 와인들에게
15 큰 두려움을	**16** 많은 와인들을

위 과정을 참고하여 빈칸 안에 형용사를 써넣어 보세요.

	명사가 남성일 때	명사가 여성일 때	명사가 중성일 때	명사가 복수일 때
1격 주격	___ *Alkohol* 맛있는 술은	___ *Liebe* 큰 사랑은	___ *Wasser* 좋은 물은	___ *Alkohole* 많은 술들은
2격 소유격	___ *Alkohols* 맛있는 술의	___ *Liebe* 큰 사랑의	___ *Wassers* 좋은 물의	___ *Alkohole* 많은 술들의
3격 간접목적격	___ *Alkohol* 맛있는 술에게	___ *Liebe* 큰 사랑에게	___ *Wasser* 좋은 물에게	___ *Alkoholen* 많은 술들에게
4격 목적격	___ *Alkohol* 맛있는 술을	___ *Liebe* 큰 사랑을	___ *Wasser* 좋은 물을	___ *Alkohole* 많은 술들을

정답입니다!
1 köstlicher Wein **2** gutes Bier **3** köstlichen Weines **4** guten Biers **5** köstlichem Wein **6** gutem Bier **7** köstlichen Wein **8** gutes Bier **9** große Angst **10** viele Weine **11** großer Angst **12** vieler Weine **13** großer Angst **14** vielen Weinen **15** große Angst **16** viele Weine

Practice
형용사의 변화들

 아래의 빈칸을 채우세요, 이때 관사와 형용사는 명사의 성·수 구분과 격 표시에 따라 사용하세요.

1 그 좋은 남자의

2 그 좋은 여자는

3 그 좋은 아이들은

----

4 그 좋은 남자를

5 좋은 맥주는

6 한 좋은 남자는

----

7 한 좋은 아이는

8 좋은 아이들은

9 많은 와인들은

----

10 많은 와인들의

11 좋은 맥주를

12 큰 두려움은

----

13 한 작은 개는

14 한 작은 고양이에게

15 한 작은 토끼를

----

16 큰 두려움의

17 그 작은 고양이에게

18 그 좋은 여자를

----

19 큰 두려움을

20 맛있는 와인을

21 한 좋은 아이를

----

22 그 작은 고양이는

23 그 작은 아이는

24 그 작은 고양이를

정답입니다! **1** Des guten Mannes **2** Die gute Frau **3** Die guten Kinder **4** Den guten Mann **5** Gutes Bier
6 Ein guter Mann **7** Ein gutes Kind **8** Gute Kinder **9** Viele Weine **10** Vieler Weine **11** Gutes Bier
12 Große Angst **13** Ein kleiner Hund **14** Einer kleinen Katze **15** Ein kleines Kaninchen
16 Großer Angst **17** Der kleinen Katze **18** Die gute Frau **19** Große Angst **20** Köstlichen Wein
21 Ein gutes Kind **22** Die kleine Katze **23** Das kleine Kind **24** Die kleine Katze

 4격을 활용하여 문장을 만들어 보세요.

1 나는 그 좋은 남자를 사랑한다.　Ich　liebe　den guten Mann

2 나는 그 예쁜 여자를 사랑한다.　Ich　liebe

3 나는 맛있는 와인을 사랑한다.　Ich　liebe

4 나는 좋은 맥주를 사랑한다.　Ich　liebe

5 나는 착한 아이들을 사랑한다.　Ich　liebe

6 나는 오래된 와인들을 사랑한다.　Ich　liebe

7 나는 한 강한 남자를 사랑한다.　Ich　liebe

8 나는 그 작은 토끼를 사랑한다.　Ich　liebe

9 나는 한 작은 개를 사랑한다.　Ich　liebe

10 나는 그 매력있는 여자를 사랑한다.　Ich　liebe

정답입니다! **1** den guten Mann. **2** die schöne Frau. **3** köstlichen Wein. **4** gutes Bier. **5** gute Kinder.
6 alte Weine. **7** einen starken Mann. **8** das kleine Kaninchen. **9** einen kleinen Hund.
10 die attraktive Frau.

Practice
관사가 등장하는 문장들

 아래의 뜻에 맞추어 문장을 만들어 보세요.

1 그 좋은 남자는 건강하다.   Der gute Mann ist gesund.

2 그 귀여운 아이들은 재미있다.

3 그 뚱뚱한 여자는 아프다.

4 그 좋은 아이들은 뚱뚱하다.

5 한 이상한 아이는 부정적이다.

6 한 작은 토끼는 귀엽다.

7 한 작은 개는 말랐다.

8 오래된 와인은 맛있다.

9 큰 두려움은 부정적이다.

10 (맛이) 강한 맥주는 좋다.

정답입니다!
1 Der gute Mann ist gesund. 2 Die süßen(niedlichen) Kinder sind lustig.
3 Die fette Frau ist krank. 4 Die guten Kinder sind fett. 5 Ein merkwürdiges Kind ist negativ.
6 Ein kleines Kaninchen ist süß(niedlich). 7 Ein kleiner Hund ist schlank.
8 Alter Wein ist köstlich. 9 Große Angst ist negativ. 10 Starkes Bier ist gut.

1 커피 한잔 할래?

Magst du warmen Kaffee?
막스트 / 두 / 바V아맨 / 카페f에?
원하다 / 너 / 따뜻한 / 커피를?

Ja, bitte.
야, 빝테.
응, 부탁해.

Magst du Zucker im Kaffee?
막스트 / 두 / 쭈커 / 임 / 카페f에?
원하다 / 너 / 설탕을 / ～안에 / 커피?

Ja, zwei Löffel bitte.
야, 쯔바V이 / 을뢰펠f / 빝테.
응, 2 / 숟가락들 / 부탁해.

Magst du ein bisschen Kuchen?
막스트 / 두 / 아인 / 비쓰히엔 / 쿠헨?
원하다 / 너 / 하나의 / 조금 / 케이크를?

Ich habe einen süßen Kuchen.
이히 / 하베 / 아이낸 / 쒸쎈 / 쿠헨.
나 / 가지고 있다 / 하나의 / 달콤한 / 케이크를.

L : 따뜻한 커피 마실래?
M : 응, 좋지.
L : 설탕 넣어?
M : 응, 두 숟가락 넣어줘.
L : 케이크 먹을래?
　　달콤한 케이크 있는데.

Mögen (Magst)
'좋아하다'라는 뜻도 있지만, '원하다'라는 뜻도 가지고 있는 동사입니다.

Kaffee
독일은 미국에 이어 세계에서 두 번째로 커피를 많이 수입하는 나라입니다. 독일 사람들이 많이 먹는 커피는 파리 제어 (휘핑크림, 각설탕, 럼), 아이스 카페 (아이스크림, 휘핑크림, 초콜릿 칩) 등이 있습니다. 그리고 비엔나커피는 오스트리아 커피입니다. 정작 오스트리아 사람들은 **Kaffee Melange** [카페f에 멜랑쥐]라고 부릅니다.

Löffel
숟가락, 스푼이라는 뜻을 가진 명사입니다. 복수일 때도 똑같은 스펠링을 사용합니다. 숫자 2와 같이 사용하여 두 숟가락이라고 말하고 있군요.

Ich mag einen Käsekuchen.
이히 막 아이낸 캐제쿠헨
치즈 케이크를 원해.

Nein danke,
der Kaffee ist schon süß genug.

나인 / 당케,
데어 카페f에 / 이스트 / 숀 / 쒸쓰 / 게눅.
아니 / 고마워,
그 커피는 / ~이다 / 벌써 / 단 / 충분히.

Okay. Trinken wir draußen.

오케이. 트링켄 / 비v어 / 드라우쎈.
응. 마시다 / 우리 / 밖에.

Die Aussicht ist wunderbar.

디 아우스지히트 / 이스트 / 분v더바.
그 경치 / ~이다 / 훌륭한.

Machen wir das.

마헨 / 비v어 / 다스.
하다 / 우리 / 그것.

M : 커피가 달아서 괜찮아.
L : 알겠어. 밖에서 마시자.
　　경치가 매우 아름다워.
M : 그러자.

---

2 너는 무엇을 가졌니?

Was hast du im Rucksack?

바v스 / 하스트 / 두 / 임 / 룩작?
무엇 / 가지고 있다 / 너 / ~안에 / 가방?

Ich habe eine Federtasche,
ein paar Bücher, Hefte und···

이히 하베 / 아이내 / 페f더타쉐,
아인 파아 / 뷔히여 / 헤프f테 / 운트···
나는 가지고 있다 / 하나의 / 필통을,
한 쌍의 / 책들을 / 공책들 / 그리고···

F : 가방에 뭐가 들었어?
C : 필통 하나, 책 몇 권, 공책 몇 권, 그리고···

TIP

Nein danke
'No thank you'와 같은 의미의 표현입니다.
발음도 비슷하죠?

Machen wir das
'그러자'라는 표현입니다. 영어에는 **Let's do it** 이라는 표현이 있죠. 독일어에서는 **Lass uns** 라고 합니다. 혹은 평서문의 문장에서 **인칭대 명사와 동사의 자리를 바꿔** 주는 것으로도 '~ 하자' 라는 의미가 됩니다.

Rucksack (남성)
배낭, 책가방 따위를 의미합니다. 여성들이 들고 다니는 핸드백은 Tasche[타쉐] 라고 합니다.

eine Federtashce
독일어의 **부정관사** 'ein, eine, eines, einer, einem'은 영어의 'a'와 같다고 보시면 됩니다. 하지만 영어와 다르게 독일어의 부정관사는 여러 가지 모양이 있습니다.

Ich mag lesen.
이히 막 을래젠
읽는 것을 좋아해요.

CARLOS

die Deutschhausaufgabe,
디 도잇취하우스아우프f가베,
그 독일어 숙제를,

den Hausschlüssel
덴 하우스슐뤼쎌 /
그 집 열쇠를 /

und das Familienfoto.
운트 / 다스 파f밀리엔포f토.
그리고 / 그 가족사진을.

FELIX

Was hast du in der Federtasche?
바V스 / 하스트 / 두 / 인 / 데어 페f더타쉐?
무엇을 / 가지고 있다 / 너 / ~안에 / 그 필통?

CARLOS

Ich habe ein paar Stifte und Bleistifte,
이히 하베 / 아인 파아 / 슈티프f테 / 운트 / 블라이슈티프f테,
나는 가지고 있다 / 한 쌍의 / 볼펜들을 / 그리고 / 연필들을,

einen Radierer, einen Markierstift
아이낸 라디어러, 아이낸 마키어슈티프f트
하나의 지우개를, 하나의 형광펜을

und den Füllfeder meines Vaters.
운트 / 덴 퓔f페f더 / 마이내스 파터스.
그리고 / 그 만년필을 / 나의 아버지의.

Was hast du im Rucksack?
바V스 / 하스트 / 두 / 임 / 룩작?
무엇을 / 가지고 있다 / 너 / ~안에 / 가방?

C : 독일어 숙제,
　　우리 집 열쇠
　　그리고 가족사진 한 장이 들어 있어.
F : 네 필통에는 뭐가 들었어?
C : 볼펜 몇 개, 연필 몇 개,
　　지우개 하나, 형광펜 한 개
　　그리고 아버지의 만년필이 들어 있어.
　　네 가방에는 뭐가 들었어?

Haben
hast는 'haben가지고 있다'의 2인칭 단수형 입니다. 이 단어를 가지고 여자친구가 있는지 없는지 물어볼 수 있겠네요.

Hast du eine Freundin?
[하스트 두 아이내 프f로인딘?]

Was hast du~?
'Was hast du ~?' 넌 무엇을 가지고 있니? 라는 표현 입니다. 영어로 표현하면 **'What do you have ~?'** 이겠군요. 독일어는 영어 와 달리 do 같은 조동사가 필요 없습니다. 의 문사(영어의 what/who등)만 있으면 의문문 이 됩니다.

Vater & Vaters
영어에서 's'를 사용하면 '소유'를 나타냅니다. 독일어도 마찬가지로 s를 붙여 '소유'를 나타 냅니다. 다만 **어퍼스트로피(')**는 사용하지 않 습니다.

Ich habe einen Stift, ein Buch und ein Heft.

이히 하베 / 아이낸 슈티프f트,
아인 부흐 / 운트 / 아인 헤프f트.
나는 가지고 있다 / 하나의 볼펜을,
하나의 책을 / 그리고 / 하나의 공책을.

Das war es?

다스 / 바v아 / 에스?
그것 / 이였다 / 그것?

Ja, ich habe nur einen Unterricht.

야, 이히 하베 / 누어 / 아이낸 운터리히트.
응, 나는 가지고 있다 / 오직 / 하나의 수업.

F : 볼펜 하나, 책 한 권 그리고 공책 한 권이 들어 있어.
C : 그게 다야?
F : 응, 오늘 수업이 하나뿐이라서.

3 네, 저도 장 보고 있어요.

Guten Tag, Herr Josef, gehen Sie einkaufen?

구텐 탁, 헤어 요세프f,
게에엔 / 지 / 아인카우펜f?
좋은 날, 요세프 씨 (남성이름),
가다 / 당신 / 장보다?

Guten Tag, Frau Müller. Ja, der Kühlschrank ist leer.

구텐 탁, 프f라v우 뮐러.
야, 데어 퀼슈랑크 / 이스트 / 을래어.
좋은 날, 뮐러 씨 (여성이름).
네, 그 냉장고는 / ～이다 / 비어있는.

M : 안녕하세요, 요세프 씨, 장 보러 가세요?
J : 안녕하세요. 뮐러 씨, 네, 냉장고가 비었어요.

TIP

Das war es?
'그것이 다였니?(Was that it?)'라는 뜻으로
편안하게 **Das war's?** [다스 바v아스?]라고
사용하기도 합니다.

> ***Ich habe heute keinen Unterricht.***
> 이히 하베 호이테 카이낸 운터리히트
> 나는 오늘 수업이 없어!

Herr & Frau
영어에서 **Mr, Mrs**처럼 상대방의 호칭을 이야기
하는 것입니다.
이 뒤에는 항상 **Nachname**[나흐나매] :
성(Surname) 을 붙여줍니다.

Frau Müller
독일인 성씨중 가장 친근한 성입니다.
Müller는 '방앗간 주인'이라는 뜻을 가지고
있는데, 독일에는 이와 같이 직업과 관련된
성씨들이 많습니다.
많이 알려진 소설 '좀머씨 이야기'의
Sommer는 여름을 의미합니다.

Gehen Sie auch einkaufen?
게에엔 / 지 / 아우흐 / 아인카우펜f?
가다 / 당신 / 역시 / 장보다?

Ja, ich kaufe auch jetzt ein.
야, 이히 / 카우페f / 아우흐 / 옛쯔트 / 아인.
네, 나 / 장을 보다 분리동사 / 역시 / 지금 / 분리전철

Was brauchen Sie?
바ⱽ스 / 브라우헨 / 지?
무엇을 / 필요로 하다 / 당신?

Tomate, Salat, Obst und...
토마테, 잘라트, 옵스트 / 운트…
토마토, 샐러드, 과일 / 그리고…

Zucker, eine Flasche Milch
쭈커, 아이내 플f라쉐 / 밀히
설탕, 하나의 병 / 우유

und Rindfleisch.
운트 / 린트플f라이쉬.
그리고 / 소고기.

Ich brauche Kartoffel
이히 브라우헤 / 카토펠f /
나는 필요로 하다 / 감자 /

und frisches Hühnerfleisch.
운트 / 프f리쉐스 휘너플f라이쉬.
그리고 / 신선한 닭고기.

M : 요세프 씨도 장 보세요?
J : 네, 저도 장 보고 있어요.
M : 무엇이 필요하세요?
J : 저는 토마토, 상추, 과일, 그리고...
　　설탕, 우유 한 병 그리고 소고기요.
M : 저는 감자와 신선한 닭고기가 필요해서 왔어요.

Pfand [프판f트]
페트병에 담겨있는 물을 살 때, 진열대에 페트
병값이 따로 표기되어있습니다. 이유는 물을
다 마신 후 페트병을 반납하면 그 금액을 돌려
주기 때문입니다. 환경보호를 위해 독일의 다
수의 지역에서 시행되고 있는 제도입니다.

~한 병
eine Flasche~ = a bottle of~

Was esse ich am Abend?
바ⱽ스 에쎄 이히 암 아벤트
저녁에 뭐 먹지?

 Sie kochen heute Abend mit Hühnerfleisch und Kartoffeln?

지 / 코헨 / 호이테 / 아벤ㅌ /
밑 / 휘너플f라이쉬 / 운ㅌ / 카토펠f른?
당신 / 요리하다 / 오늘 / 저녁 /
～와 함께 / 닭고기 / 그리고 / 감자들?

Ich wünsche Ihnen einen schönen Abend.

이히 뷘V쉐 / 이낸 /
아이낸 쉐낸 아벤ㅌ.
나는 바라다 / 당신에게 /
하나의 좋은 저녁을.

 Danke, Ihnen auch!

당케, 이낸 / 아우ㅎ!
감사합니다, 당신에게 / 역시!

J : 오늘 저녁에 닭고기와 감자로 요리하시겠네요?
　　즐거운 저녁 시간 보내시기를 바랍니다.
M : 감사합니다, 당신도요!

4 무엇을 타고 출근하세요?

 Fahren Sie mit dem Auto zur Arbeit?

파f아렌 / 지 / 밑 / 뎀 아우토 / 쭈어 / 아바이트?
타고 간다 / 당신 / ～와 함께 / 그 자동차 / ～로 / 일?

 Nein, ich fahre nicht mit dem Auto.

나인, 이히 / 파f아레 / 니히트 / 밑 / 뎀 아우토.
아니요, 나 / 타고 간다 / 부정 / ～와 함께 / 그 자동차.

 N : 자동차 타고 출근하세요?
J : 아니요, 자동차 타고 출근하지 않습니다.

 TIP

저녁과 저녁 식사

Morgen : 아침 [모어겐]
Frühstück : 아침 식사 [프f휘슈튁]

Nachmittag : 오후 [나흐밑탁]
Mittagessen : 점심 식사 [밑탁에쎈]

Abend : 저녁 [아벤ㅌ]
Abendessen : 저녁 식사 [아벤ㅌ에쎈]

**zu der Arbeit (zur Arbeit)
= 일하러 (to the work)**

Zu는 영어에서 **to**에 해당하는 **전치사**로 사람이 가는 **방향이나 시간**을 표현할 때 주로 사용됩니다. 독일어의 전치사에는 격이 있습니다. 하지만 전치사마다 보통 사용되는 격이 있어 매번 따져가면서 사용할 필요는 없습니다. **Zu**는 항상 3격 명사와 함께 사용됩니다.

fahren

fahren이라는 **동사**는 실생활에 많이 듣게 되는 동사입니다. 왜냐하면, 자전거, 오토바이, 자동차, 버스 따위를 '**타고 가는 것**' 과 '**직접 운전하고 가는 것**'을 구분하지 않고 사용하기 때문입니다.

Haben Sie kein Auto?
하벤 / 지 / 카인 / 아우토?
가지고 있다 / 당신 / [부정] / 자동차를?

Ich habe ein Auto,
이히 / 하베 / 아인 아우토,
나 / 가지고 있다 / 하나의 자동차를,

aber ich fahre mit dem Bus.
아버 / 이히 / 파ᶠ아레 / 밑 / 뎀 부스.
하지만 / 나 / 타고 가다 / ~와 함께 / 그 버스.

Ist der Bus nicht unbequem?
이스트 / 데어 부스 / 니히트 / 운베크벰ᵛ?
~이다 / 그 버스는 / [부정] / 불편한?

Nein, der Bus ist bequem.
나인, 데어 부스 / 이스트 / 베크벰ᵛ.
아니요, 그 버스는 / ~이다 / 편한.

Ich fahre oft mit der U-Bahn.
이히 / 파ᶠ아레 / 오ᶠ프트 / 밑 / 데어 우바안.
나 / 타고 가다 / 자주 / ~함께 / 그 지하철과.

Ich mag die U-Bahn nicht.
이히 / 막 / 디 우바안ᵛ 니히트.
나 / 좋아하다 / 그 지하철을 / [부정]

N : 자동차가 없으신가요?
J : 자동차는 있지만,
　　버스를 탑니다.
N : 버스 불편하지 않으세요?
J : 아니요, 버스는 편해요.
N : 전 자주 지하철을 타고 다닙니다.
J : 전 지하철을 안 좋아해요.

◀ **Autobahn**
'아우토반'이라는 말을 들어보셨지요? 독일의 **자동차 전용 고속도로**입니다. 정식 명칭은 Reichs Autobahn인데요. 권장속도 시속 130km로 굉장히 빨리 달릴 수 있는 고속도로입니다. 이 고속도로는 점점 길어져서 오늘날에는 1만 1,000km 라는 엄청난 규모에 이릅니다. Autobahn은 자동차의 Auto와 길이라는 뜻의 Bahn이 합쳐져서 만들어진 이름으로 알려져 있습니다.

◀ **unbequem & bequem**
bequem : 편한 (comfortable)
unbequem : 불편한 (uncomfortable)

◀ **U-Bahn, Straßenbahn**
U-Bahn은 지하철입니다.
그리고 **Straßenbahn**[슈트라쎈바안]은 트램입니다.

Ich fahre mit dem Bus zur Schule.
이히 파ᶠ아레 밑 뎀 부스 쭈어 슈울레.
나는 학교에 버스를 타고 갑니다.

 Warum?

바V룸?

왜?

 Zu viele Menschen fahren

쭈 / 피f일래 맨쉔 / 파f아렌̃ /

너무 / 많은 사람들은 / 타고 가다 /

mit der U-Bahn.

밑 / 데어 우바안.

~와 함께 / 그 지하철.

Die U-Bahn ist unbequem.

디 우바안 / 이스트 / 운베크벰V.

그 지하철은 / ~이다 / 불편한

 Sie haben recht.

지 / 하벤 / 레̃히트.

당신은 / 가지고 있다 / 옳은.

Die U-Bahn ist manchmal

디 우바안 / 이스트 / 만히말 /

그 지하철은 / ~이다 / 가끔

sehr unbequem.

제어 운베크벰V.

많이 불편한.

N : 왜요?

J : 너무 많은 사람이 지하철을 타고 다니거든요.

　　지하철은 불편해요.

N : 당신 말이 맞아요

　　지하철은 가끔 정말 불편해요.

◀ **viel**

영어에서 '**많은**'을 나타내는 단어는 **many**와 **much**입니다.

Many people : 가산명사

Much money : 불가산 명사

독일어는 이 **두 경우 모두 viel**이 대신합니다.

Viele Menschen (many people)

Viel Geld (much money)

다만 다른 독일어 형용사들과 마찬가지로 **성·수를 구분하고 격을 표시**해줍니다.

◀ **Sie haben recht!**

'**당신이 옳다!**'라고 말하면 영어로는 '**You are right!**'이라고 합니다. 하지만, 독일어에서는 특이하게 '**have**'의 의미를 가진 '**haben**'을 써서 **표현합니다.**

5 독일에는 알프스가 있어요.

 YOOMIN

Woher kommen Sie?
보V헤어 / 콤맨 / 지?
어디 / 오다 / 당신 ?

 VIKOTR

Ich komme aus Deutschland.
이히 / 콤매 / 아우스 / 도이칠란트.
나 / 오다 / ~에서 / 독일.

Und Sie?
운트 지?
그리고 당신?

 YOOMIN

Ich komme aus Korea.
이히 / 콤매 / 아우스 / 코레아.
나 / 오다 / ~에서 / 한국.

Was für ein Land ist Deutschland?
바V스 퓌어 아인 / 을란트 / 이스트 / 도이칠란트?
어떤 종류의 / 나라 / ~이다 / 독일?

 VIKOTR

Deutschland ist viel größer als Korea.
도이칠란트 / 이스트 / 피f일 / 그뢰써 / 알스 / 코레아.
독일 / ~이다 / 많이 / 더 큰 / ~보다 / 한국.

 YOOMIN

Deutschland ist sehr groß.
도이칠란트 / 이스트 / 제어 그로오쓰.
독일 / ~이다 / 매우 큰.

Y : 어느 나라에서 오셨어요?
V : 저는 독일에서 왔습니다.
　　당신은 어디에서 오셨어요?
Y : 저는 한국에서 왔습니다.
　　독일은 어떤 나라인가요?
V : 독일은 한국보다 훨씬 큽니다.
Y : 독일은 정말 크군요.

woher
'어디서(from where)'의 뜻을 가지고 있습니다. 의문사들은 이처럼 전치사와 결합해서 사용하는 경우가 많습니다.

aus
영어로 'from'에 해당하는 전치사입니다. '~에서', '~로부터'의 뜻을 가지고 있습니다.

Was für ein
'어떤 종류의(What kind of)'라는 표현입니다. 뒤에 나오는 명사가 복수일 때는 부정관사 'ein'없이 말합니다.

VIKOTR

Ja, Deutschland ist ein großes Land.
야, 도이칠란트 / 이스트 / 아인 그로오쎄스 을란트.
네, 독일 / ~이다 / 하나의 큰 나라.

Wir haben Alpen im Süden.
비V어 / 하벤 / 알펜 / 임 / 쉬덴.
우리 / 가지고 있다 / 알프스를 / ~안에 / 남쪽.

YOOMIN

Es gibt auch viele Berge in Korea.
에스 깁트 / 아우흐 / 피f일래 베어게 / 인 / 코레아.
~있다 / 역시 / 많은 산들이 / ~안에 / 한국.

Auch in Seoul.
아우흐 / 인 / 세오울.
역시 / ~안에 / 서울.

VIKOTR

Deutschland hat auch viele Berge.
도이칠란트 / 하트 / 아우흐 / 피f일래 베어게.
독일 / 가지고 있다 / 역시 / 많은 산들을.

Viele davon sind auf Alpen.
피f일래 / 다폰f / 진트 / 아우프f / 알펜.
많은 / 그중에 / ~이다 / ~위에 / 알프스.

V : 네, 독일은 큰 나라입니다
저희는 남쪽에 알프스를 갖고 있습니다.
Y : 한국에도 산이 많습니다.
서울에도요.
V : 독일에도 산이 많습니다.
그중에 대부분은 알프스에 있습니다.

TIP

Es gibt = 있다 (there is)
Es gibt 뒤에는 항상 4격이 사용됩니다.

Es gibt ein Buch (= There is a book)

davon : 그중에 (of them)

Fluss Rhein oder Donau?
플f루쓰 라인 오더 도나우
라인강 아니면 도나우강?

그래, 미처 생각지 못했던 문제를
만나게 된 거지.

이럴수가...

요정들은 며칠 밤을 새워가며 회의를 했고

그냥 사물도
성별을 나누자!

그러다가
나중에 큰일
날 거 같은데.

그 많은 사물들을
전부 나누자고?
제정신이야?

그렇게 회의한 결과….

나 이제
퇴근해...

놀라지 말고
잘 들어?

세상에 있는 모든 사물을 남성과 여성으로 나눠주기로 해 버렸어!

와글

시끌

엄청난
대작업이었어!

참! 직업은
쉽게 전부
남자로 할게!

껏날개

사물에 남성과 여성을 어떻게 정하느냐고?

기준이
뭘까?

그래서 그냥 아무렇게나 정해버렸어.
미안해, 앞으로 고생 좀 할 거야.

헤헷!

아무렇게나 분류했다곤 하지만,
분류를 마치고 나니 꽤 뿌듯했어.

새로운 단어가 생기니까 요정들도 괜히
새로운 말을 한 번씩 써보고 싶어서
서로에게 말을 붙이더군.

너의 눈빛은
고요한
호수 같아.

네 목소리는
달콤한 설탕
같아.

정말 기분 좋은 일이었지. 그래서 앞으로
내가 만드는 언어에 '성 구분'만큼은 꼭
있었으면 좋겠다고 생각했어.

다음에도
성 구분을
넣자!

뿌듯

다시 시간을
흐르게 해볼까?

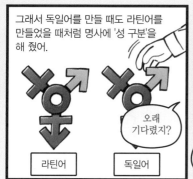

그래서 독일어를 만들 때도 라틴어를 만들었을 때처럼 명사에 '성 구분'을 해 줬어.

오래 기다렸지?

라틴어

독일어

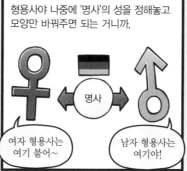

형용사야 나중에 '명사'의 성을 정해놓고 모양만 바꿔주면 되는 거니까.

명사

여자 형용사는 여기 붙어~

남자 형용사는 여기야!

일단 명사부터 빠르게 정리하기 시작했어.

그러던 어느 날 또 다른 문제가 발생했어.

청천벽력같은 소리지

직업 역시 명사이므로 외우기 편하라고 다 남성으로 결정해 버렸는데

구두장이

대장장이

요리사

경호원

어느 날 어떤 여자 요리사 요정이 울면서 나를 찾아온 거야.

저는 남자가 아니예요!

요정들은 다시 회의를 열었지. 이때 회의는 정말 장난 아니었어.

그러게, 내가 뭐랬어!

이건 또 어떻게 처리해야 하는 거야….

큰일 났댔지!

으아….

그리고 결국 어떤 결론을 냈냐 하면… 직업과 신분에 관한 명사에 여성형을 만들어 주기로 했어.

Koch   요리사   Köchin

직업

그래서 남성형 명사는 원래 있던 걸 그냥 그대로 쓰고

Kellner

여성형 명사를 만들 때 남성형 명사에 'in'을 붙여주기로 했지.

Kellner**in**

이런 식으로….

경찰 Polizist
경찰 Polizistin
교사 Professor
교사 Professorin
요리사 Koch
요리사 Köchin
경호원 Leibwächter
경호원 Leibwächterin

나누는 작업은 힘들었지만
완성된 걸 보니 뿌듯했지 뭐야.

크, 이제 살 것 같다~

건배~

그렇게 내가 자신의 문제해결 능력에
감복하고 있던 어느 날….

역시 난 짱이~

옆집 강아지도 나를 찾아와서
울기 시작했어.

저도 여자인데요.

사실 나는 모든 강아지를 남성으로
정해놨었어.

대체 무슨 자신감이었대?

강아지뿐만 아니라 모든 동물에게는
성별이 정해져 있었어. 실제의 성과는
아무런 상관없이 말이지.

그래서 모든 코끼리는 남성이고,
모든 기린은 여성인 식이었지.

너네는 모두 여자.

너네는 모두 남자.

사실 어쩔 수 없었던 게, 동물의 겉모습을
대강 봐서는 성별을 알 수가 없잖아?

더 이상 자세한 설명은 생략한다.

나 편하자고 그랬던 거라 좀
미안해지더라고.

Sorry….

특히 사자에겐 정말 미안하더라고….

우리가 똑같아 보여?

누가 봐도 다른데….

그래서 성별을 모르는 경우에는
종에 따라 미리 정해둔 대로 부르지만

성별을 아는 경우에는 그에 맞춰
부르기로 했어.

이제야 드뎌….

신에게 욕을 먹어가며 동물의 성까지도 성 구분을 해줬더니

여기에 요정 회의에서 발언권도 없는 새파란 아기 요정들이 반기를 들고 일어난 게 아니겠어?

이의 있소!

우리 요정들은 어느 정도 자라기 전까지는 성별을 알 수 없어.

이건 사실 사람도 마찬가지야. 포대기에 싸인 갓난아이의 성별을 무슨 수로 맞추겠어

부모님 말고는 아무도 모르지~

그러나 아기 요정들은 자신들의 앞길을 막지 말아 달라며 특별한 표현을 요구했어.

맞춤 표현을 요구하는 바이다!

그렇소~

옳소~

불만이 있으면 미리 말을 하던가! 요정 머리 아프게.

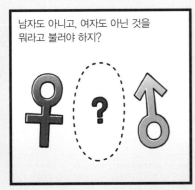

남자도 아니고, 여자도 아닌 것을 뭐라고 불러야 하지?

우리는 고민 끝에 중성명사라는 걸 만들게 됐어.

중성명사

그래서 아기는 중성명사야.

대표적인 중성명사지!

응애

그리고 기존에 있던 남성과 여성 명사 중에서도 금속같이 성별을 붙이기 너무하다 싶은 건

이 애매한 것들 어쩌할꼬...

다시 중성으로 분류하고 신의 승인을 얻었어.

금속

[중성]

문제가 되었던 바위도 중성명사로 분류되었어.

승인

신은 너무 피곤했던 나머지 이제 더 이상 어떤 일이 발생해도 바꾸지 않기로 약속했지.

약속~

➡ 만화는 146쪽에서 계속 이어집니다.

03

6가지 모양의
일반 동사

**Gleiche Socken,
andere Farben.**
같은 양말, 다른 색깔.

동영상 강의

지금까지 우리는 Sein 동사에 대해 공부했습니다. 이제부터는 일반동사에 대해서 알아보겠습니다. Sein 동사는 무엇과 무엇이 '똑같다'는 의미입니다. 반면 누군가의 행동을 나타낼 때는 수 백 개의 일반동사 중 하나를 골라서 사용합니다.

'똑같다' 의 의미

Sein 동사

수천 가지 의미

일반동사

영어의 일반동사는 원형과 3인칭 단수형뿐입니다.

does
3인칭
단수형

do
원형

하지만 독일어의 일반동사는 원형이 따로 있고
주어에 따라 6가지로 변화합니다.

1인칭
복수형

1인칭
단수형

2인칭
단수형

원형

3인칭
복수형

2인칭
복수형

3인칭
단수형

동사 하나 외우기도 힘든데 7개씩 함께 외우기는 더 힘들겠죠? 하지만 다행히도 동사 변화에는 일정한 패턴이 있으므로 조금만 익숙해지면 그리 어렵게 느껴지지 않을 것입니다. 다음 페이지에서 계속 보시죠.

TIP

읽어
보세요

동사 변화에 대한 조언 1
마음을 비우세요

이 단원에서 우리는 동사가 6가지로 변화하는 내용에 대해 배우고 있습니다. 하지만 사실 이 6가지 변화는 현재형에 국한된 이야기입니다. 동사에는 현재형 외에도 **과거형, 과거 분사형 등 여러 가지 형태가 있고, 이 형태마다 다시 주어에 따른 6가지 변화가 일어납니다.** 독일어만 그런 것이 아닙니다. 영어를 제외한 다른 유럽어들 대부분 동사가 수십 가지로 변화합니다. 그러므로 이 모든 변화를 외우려 드는 것은 좋지 않습니다. 우선 현재형, 그중에서도 자주 사용되는 주어, 그중에서도 대략의 변화 스타일을 익혀두는 것 정도를 목표로 해야겠습니다.

읽어
보세요

동사 변화에 대한 조언 2
원형만 알아도 좋습니다

원형만 알아도 의사소통에는 문제가 없습니다. 만약 당장 독일어로 대화하고 싶다거나, 완벽한 독일어에 대한 욕심이 없다거나, 암기에 자신이 없다거나 하는 분들은 과감히 모든 동사 변형을 내려놓고 원형만 암기하셔도 좋습니다. 동사 변형이 필요해지면 그때 외우는 것도 늦지 않으니까요. 또, 이렇게 하는 편이 지쳐서 포기하는 것보다는 좋은 선택입니다.

한눈에 배운다!
규칙 변화 동사

en으로
끝난다

일반동사는 규칙변화 동사와 불규칙변화 동사로 나뉩니다.

동사
- Sein 동사
- 일반동사
  - 규칙 동사 ✓
  - 불규칙 동사

독일어의 모든 동사는 n으로 끝납니다. 그중 규칙적으로 변화하는 동사도 있고 아닌 동사도 있습니다. 일단 규칙 동사를 배워보겠습니다.

trinken [트링켄] 마시다

Ich	trinke	트링케
Du	trinkst	트링크스트
Er / Sie / Es	trinkt	트링크트
Wir	trinken	트링켄
Ihr	trinkt	트링크트
Sie	trinken	트링켄

마시다 · 물

| Ich | trinke | Wasser |

이 단원에서 우리는 '주어 + 동사 + 목적어'의 형식을 배웁니다. 여기서 주어는 1격이고, 목적어는 4격이 됩니다. 따라서 이 단원에서는 1격 명사와 4격 명사만 등장하게 됩니다.

1격 · 4격

| 주어 | 동사 | 목적어 |

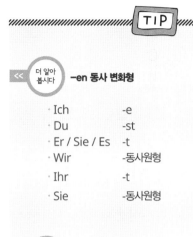

TIP

<< 더 알아 봅시다 **-en 동사 변화형**

· Ich	-e
· Du	-st
· Er / Sie / Es	-t
· Wir	-동사원형
· Ihr	-t
· Sie	-동사원형

<< 읽어 보세요 <u>동사 변화에 대한 조언 3</u>
단수형만 외우세요

1인칭, 2인칭, 3인칭 중에서 가장 많이 쓰이는 것은 무엇일까요? 대화에서건 글에서건 이들 셋은 거의 비슷한 비율로 사용됩니다. 그럼 단수와 복수는 어떨까요? 단수형은 복수형에 비해 몇 배 이상 자주 쓰입니다. 어차피 사용하기 위해 배우는 언어라면 자주 쓰이는 것부터 확실하게 정복하는 것이 현명한 선택 아닐까요? 또, 빈번히 사용하지 않으면 암기를 해 두어도 쉽게 잊히곤 하니까 말이죠.

<< 읽어 보세요 <u>동사 변화에 관한 조언 4</u>
한 걸음씩 완벽하게

혹시, 이 많은 동사의 이 많은 변화를 어떻게 모조리 외우냐고 생각하고 계시는가요? 그렇다면 생각하시는 것보다는 어렵지 않다고 말씀드리고 싶습니다. 물론 처음에는 어렵죠. 동사 20개 외울 때까지는 그렇습니다. 하지만 그 이후에는 원형의 모양만 딱 봐도 '변형은 이렇겠구나!' 하고 짐작할 수 있게 됩니다. 규칙 변화 동사들만 그런 것이 아닙니다. 불규칙 변화하는 동사들 역시 표로 정리하기는 어려운 규칙성을 느낄 수 있습니다. 대신 조건이 한 가지 있습니다. 그것은 역시 조급해하지 않고 하나씩 꼼꼼하게 외워나가는 것이겠죠?

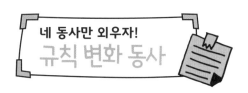

네 동사만 외우자!
규칙 변화 동사

따라 말하기

brauchen [브라우헨] 필요하다

Ich	brauche	브라우헤
Du	brauchst	브라우흐스트
Er/ Sie / Es	braucht	브라우흐트
Wir	brauchen	브라우헨
Ihr	braucht	브라우흐트
Sie	brauchen	브라우헨

lernen [을래어낸] 배우다

Ich	lerne	을래어내
Du	lernst	을래언스트
Er/ Sie / Es	lernt	을래언트
Wir	lernen	을래어낸
Ihr	lernt	을래언트
Sie	lernen	을래어낸

hassen [하쎈] 싫어하다

Ich	hasse	하쎄
Du	hasst	하쓰트
Er/ Sie / Es	hasst	하쓰트
Wir	hassen	하쎈
Ihr	hasst	하쓰트
Sie	hassen	하쎈

betrachten [베트라흐텐] 지켜보다

Ich	betrachte	베트라흐테
Du	betrachtest	베트라흐테스트
Er/ Sie / Es	betrachtet	베트라흐테트
Wir	betrachten	베트라흐텐
Ihr	betrachtet	베트라흐테트
Sie	betrachten	베트라흐텐

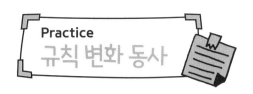

 앞에서 배운 동사를 활용하여 문장을 만들어 보세요.

1 나는 시간을 필요로 해.

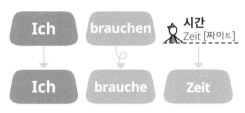

Ich | brauchen | 시간 Zeit [짜이트]

Ich | brauche | Zeit

2 그들은 별들을 지켜봐.

Sie | betrachten | 별들 Sterne [슈테어내]

3 나는 한국어를 배워.

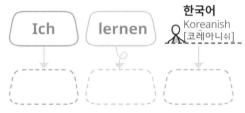

Ich | lernen | 한국어 Koreanish [코레아니쉬]

4 나는 바나나를 싫어해.

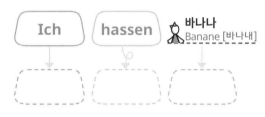

Ich | hassen | 바나나 Banane [바나내]

5 그녀는 책 한 권을 필요로 해.

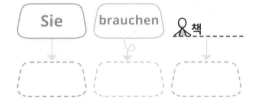

Sie | brauchen | 책

6 나는 독일어를 배워.

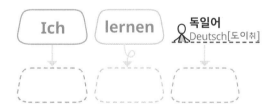

Ich | lernen | 독일어 Deutsch [도이췌]

7 그녀는 한 친구를 필요로 해.

Sie | brauchen | 친구 Freund [프f로인트]

·정답입니다!

1 Ich brauche Zeit.
2 Sie betrachten Sterne.
3 Ich lerne Koreanisch.
4 Ich hasse Banane.
5 Sie braucht ein Buch.
6 Ich lerne Deutsch.
7 Sie braucht einen Freund.

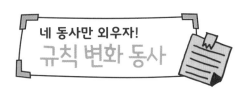

네 동사만 외우자!
규칙 변화 동사

따라 말하기

öffnen [왜프f낸] 열다

Ich	öffne	왜프f내
Du	öffnest	왜프f내스트
Er/ Sie / Es	öffnet	왜프f내트
Wir	öffnen	왜프f낸
Ihr	öffnet	왜프f내트
Sie	öffnen	왜프f낸

lieben [울리이벤] 사랑하다

Ich	liebe	울리이베
Du	liebst	울리입스트
Er/ Sie / Es	liebt	울리입트
Wir	lieben	울리이벤
Ihr	liebt	울리입트
Sie	lieben	울리이벤

kaufen [카우펜f] 사다

Ich	kaufe	카우페f
Du	kaufst	카우프f스트
Er/ Sie / Es	kauft	카우프f트
Wir	kaufen	카우펜f
Ihr	kauft	카우프f트
Sie	kaufen	카우펜f

verkaufen [페f어카우펜f] 팔다

Ich	verkaufe	페f어카우페f
Du	verkaufst	페f어카우프f스트
Er/ Sie / Es	verkauft	페f어카우프f트
Wir	verkaufen	페f어카우펜f
Ihr	verkauft	페f어카우프f트
Sie	verkaufen	페f어카우펜f

 앞에서 배운 동사를 활용하여 문장을 만들어 보세요.

1 나는 동물들을 사랑해.

2 그녀는 사과들을 팔아.

3 그들은 사과들을 사.

4 그는 그 문을 열어.

5 우리는 음악을 사랑해.

6 나는 그 상자를 열어.

7 그녀들은 옷들을 팔아.

정답입니다!

1 Ich liebe Tiere.
2 Sie verkauft Äpfel.
3 Sie kaufen Äpfel.
4 Er öffnet die Tür.
5 Wir lieben Musik.
6 Ich öffne die Box.
7 Sie verkaufen Kleider.

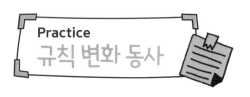

Practice

규칙 변화 동사

따라 말하기

 앞에서 배운 동사를 활용하여 문장을 만들어 보세요.

1 그들은 옷이 필요해.　Sie brauchen Kleidung. ✎　**옷(의복)**
Kleidung [클라이둥]

2 그들은 물을 필요로 해.

3 우리는 예술을 사랑해.　**예술**
Kunst [쿤스트]

4 우리는 그 과일들을 팔아.　**과일들**
Früchte [푸f뤼히테]

5 나는 체리 하나를 사.　**체리**
Kirsche [키으쉐]

6 나는 그 친구를 미워해.　**친구**
Freund [프f로인트]

7 그녀는 그 창문을 열어.

8 그녀는 한 남자를 사랑해.

9 나는 물을 마셔.

10 우리는 맥주를 마셔.　**맥주**
Bier [비어]

정답입니다! 1 Sie brauchen Kleidung. 2 Sie brauchen Wasser. 3 Wir lieben Kunst.
4 Wir verkaufen die Früchte. 5 Ich kaufe eine Kirsche. 6 Ich hasse den Freund.
7 Sie öffnet das Fenster. 8 Sie liebt einen Mann. 9 Ich trinke Wasser. 10 Wir trinken Bier.

한눈에 배운다!
불규칙 변화 동사

'나, 너' 변화만 외우자

독일어의 불규칙 동사 대부분은 불규칙이라 해도 규칙동사와 거의 비슷하게 변화합니다. 예를 들면 a에 ä(움라우트)가 붙어 발음과 모양새가 살짝 바뀌거나 e가 i로 바뀌는 정도에 불과하죠. 게다가 변화하는 인칭이 거의 일정해서 오히려 불규칙 변화 동사가 더 외우기 쉽다는 사람들도 있습니다. 여기서 좋은 소식 하나가 있습니다. 불규칙 동사이든 규칙 동사이든 1인칭 복수인 Wir뒤에 붙는 동사와 3인칭 복수 중 Sie에 해당하는 동사는 항상 원형을 그대로 사용합니다.

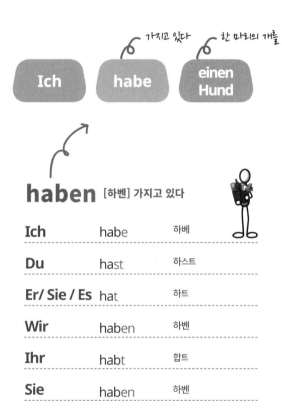

가지고 있다 · 한 마리의 개를

Ich — **habe** — **einen Hund**

haben [하벤] 가지고 있다

Ich	habe	하베
Du	hast	하스트
Er/ Sie / Es	hat	하트
Wir	haben	하벤
Ihr	habt	합트
Sie	haben	하벤

TIP

<< 읽어 보세요 **동사의 불규칙 변화의 종류**

불규칙 동사들은 보통 단수 2인칭(너)과 3인칭(그, 그녀)에 해당하는 변화만 불규칙적으로 변화합니다.

그리고 불규칙 동사에도 어느 정도 패턴이 있습니다. 어떤 불규칙 동사는 단수 2, 3인칭에서 a가 ä로 바뀝니다. 또 어떤 불규칙 동사는 단수 2, 3인칭에서 e가 i 혹은 ie로 바뀝니다. 이러한 변화에 대해서는 다음 페이지를 살펴보며 발견해보시기 바랍니다.

<< 더 알아 봅시다 **영어의 to 독일어의 zu**

영어의 **to**처럼 독일어의 **zu**는 '어디를 향해서 간다'는 의미의 전치사입니다. **zu**는 항상 3격이 활용되는 전치사입니다.

to school = zu der Schule

하지만 보통은 **zu der** 를 줄여서 **zur** 로 사용합니다.

zu der Schule = zur Schule

학교는 여성 명사였으니 남성 명사일 경우는 **zu + dem = zum** 이 되겠네요.

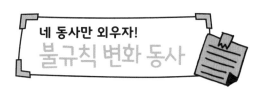

네 동사만 외우자!
불규칙 변화 동사

따라 말하기

essen [에쎈] 먹다

Ich	esse	에쎄
Du	isst	이쓰트
Er / Sie / Es	isst	이쓰트
Wir	essen	에쎈
Ihr	esst	에쓰트
Sie	essen	에쎈

mögen [뫼겐] 좋아하다

Ich	mag	막
Du	magst	막스트
Er / Sie / Es	mag	막
Wir	mögen	뫼겐
Ihr	mögt	뫼트
Sie	mögen	뫼겐

treffen [트레f펜] 만나다

Ich	treffe	트레페f
Du	triffst	트리프f스트
Er / Sie / Es	trifft	트리프f트
Wir	treffen	트레펜f
Ihr	trefft	트레프f트
Sie	treffen	트레펜f

geben [게벤] 주다

Ich	gebe	게베
Du	gibst	깁스트
Er / Sie / Es	gibt	깁트
Wir	geben	게벤
Ihr	gebt	겝트
Sie	geben	게벤

따라 말하기

 앞에서 배운 동사를 활용하여 문장을 만들어 보세요.

1 나는 점심을 먹어.

Ich | essen | 점심
Mittag[밑탁]

Ich | esse | zu Mittag

2 우리는 케이크를 좋아해.

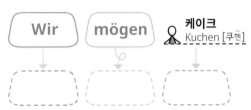

Wir | mögen | 케이크
Kuchen [쿠헨]

3 나는 그 친구를 만나.

Ich | treffen | 친구

4 우리는 사탕들을 줘.

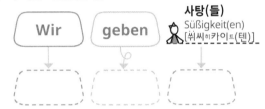

Wir | geben | 사탕(들)
Süßigkeit(en)
[쒸씨히카이트(텐)]

5 그들은 저녁을 먹어.

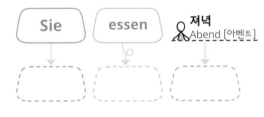

Sie | essen | 저녁
Abend [아벤트]

6 나는 그 책을 가지고 있어.

Ich | haben | 책

7 그녀들은 그 케이크를 먹어.

Sie | essen | 케이크

· 정답입니다!·
1 Ich esse zu Mittag.
2 Wir mögen Kuchen.
3 Ich treffe den Freund.
4 Wir geben Süßigkeiten.
5 Sie essen zu Abend.
6 Ich habe das Buch.
7 Sie essen den Kuchen.

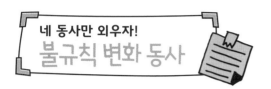

네 동사만 외우자!
불규칙 변화 동사

따라 말하기

waschen [바ᵛ쉔] 씻다

Ich	wasche	바ᵛ쉐
Du	wäschst	배ᵛ슈스트
Er/ Sie / Es	wäscht	배ᵛ슈트
Wir	waschen	바ᵛ쉔
Ihr	wascht	바ᵛ슈트
Sie	waschen	바ᵛ쉔

sprechen [슈프레히엔] (청중에게) 말하다.

Ich	spreche	슈프레히에
Du	sprichst	슈프리히스트
Er/ Sie / Es	spricht	슈프리히트
Wir	sprechen	슈프레히엔
Ihr	sprecht	슈프레히트
Sie	sprechen	슈프레히엔

lesen [을래젠] 읽다

Ich	lese	을래제
Du	liest	을리이스트
Er/ Sie / Es	liest	을리이스트
Wir	lesen	을래젠
Ihr	lest	을래스트
Sie	lesen	을래젠

fahren [파f아렌] 운전하다

Ich	fahre	파f아레
Du	fährst	페f아스트
Er/ Sie / Es	fährt	페f아트
Wir	fahren	파f아렌
Ihr	fahrt	파f아트
Sie	fahren	파f아렌

Practice
불규칙 변화 동사

따라 말하기

 앞에서 배운 동사를 활용하여, 다음 문장들을 독일어로 옮겨 적어 보세요.

1 그녀는 그 강아지를 씻겨.　　　Sie wäscht den Hund.

2 나는 운전해.

3 나는 말해.

4 나는 그 책을 읽어.

5 우리는 그 책을 읽어.

6 우리는 말해.

7 우리는 그 아버지를 사랑해.

8 그들은 그 어머니를 사랑해.

9 우리는 운전해.

10 그는 말해.

• 정답입니다!• 🔟 Sie wäscht den Hund. 🔟 Ich fahre. 🔟 Ich spreche. 🔟 Ich lese das Buch. 🔟 Wir lesen das Buch
🔟 Wir sprechen. 🔟 Wir lieben den Vater. 🔟 Sie lieben die Mutter. 🔟 Wir fahren. 🔟 Er spricht.

부정문을 만드는 방법은 1단원에서도 이미 배운 바 있습니다. nicht[니히트]를 이용하는 방법이었죠. 이제 부정문을 전반적으로 배워보려고 합니다. 논리가 복잡한 단원이기 때문에 천천히 여러 번 읽으셔야 합니다. 자, 이제 시작해볼까요? nicht의 기본 위치는 다음 두 곳입니다.

nicht

1 다음과 같이 형용사가 사용된 문장에선 Be동사 뒤에 둡니다.

주어 Ich / sein동사 bin / nicht / 형용사 glücklich

▶ 나는 행복하지 않아. [이히 빈 니히트 글뤽클리히]

2 다음과 같이 정관사가 사용된 문장에선 문장 뒤에 둡니다.

주어 Ich / 일반동사 habe / 정관사+명사 das Geld / nicht

▶ 나는 그 돈이 없어. [이히 하베 다스 겔트 니히트]

그런데 참으로 신기하게도 독일어에는 부정문을 만들어주는 kein[카인]이라는 부정관사가 있습니다. kein을 사용하면 저절로 부정문이 되는 것이죠. 대신 원래 쓰려던 부정관사는 물론 nicht도 사용할 필요가 없게 됩니다. 원래의 부정관사와 kein 부정관사를 비교해볼까요?

ein
긍정문 부정관사

kein
부정문 부정관사

만약 누군가 이 kein에 이름을 붙여준다면 '부정문을 만드는 부정관사' 정도가 될 것입니다. 부정문을 만들며 동시에 부정관사 역할도 하니까 말입니다. 그건 그렇고, 이 관사는 언제 사용할까요? 다음 표를 보시면 이해가 쉽습니다. 우선 정관사일 때에는 맨 뒤에 nicht를 사용해야 합니다. kein을 사용할 수 있는 경우는 부정관사나 무관사 앞입니다. 부정관사와 무관사는 사실 하나의 공통점이 있습니다. 바로 정관사를 사용하지 않았다는 점입니다. 다시 말해 가리키는 대상이 특정하지 않다는 점입니다. 이제 그 공통점에 한 가지를 더 추가해야겠습니다. kein을 사용한다는 것 말입니다.

TIP

더 알아 봅시다 >> **nicht 는 부사**

이로써 nicht[니히트]에 대한 설명은 끝났습니다. 어떤가요? 질문이 생기지 않나요? 여러분을 대신해 제가 질문을 해보겠습니다.

1 sein + 형용사가 아니라 sein + 명사일 때는 어떻게 하나?

2 정관사가 아니라 부정관사, 혹은 무관사가 쓰인 명사일 때는 어떻게 하나?

이 두 질문에 대한 대답은 'nicht를 사용하지 않는다'입니다. 그렇다면 독일어에는 부정문을 만드는 방법이 nicht를 사용하는 것 말고도 다른 방법이 있겠군요? 영어에서 부정문을 만들 때 사용하는 not, no 등이 모두 부사이듯이, nicht도 역시 부사입니다.

부사 **Not, No**

부사 **Nicht**

1 정관사일 때 ▶ 나는 <u>그</u> 책을 가지고 있지 않아.

주어 **Ich** / 일반동사 **habe** / 정관사+명사 **das Buch** / *nicht*

2 부정관사일 때 ▶ 나는 책을 가지고 있지 않아.

주어 **Ich** / 일반동사 **habe** / *kein* / 명사 **Buch**

3 무관사일 때 ▶ 나는 책들을 가지고 있지 않아.

주어 **Ich** / 일반동사 **habe** / *keine* / 명사 **Bücher**

주의할 것은 kein역시 부정관사이기 때문에 원래의 부정관사와 함께 사용할 일이 없다는 것입니다. 다시 말해 원래 부정관사가 있었든지 없었든지 간에 차이가 없어지는 것이죠. 그래서 최종적인 모습은 다음 둘 중 하나가 됩니다.

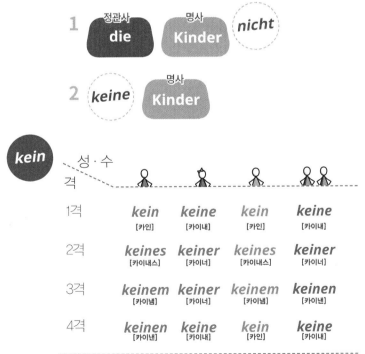

1 정관사 **die** / 명사 **Kinder** / *nicht*

2 *keine* / 명사 **Kinder**

kein

성·수 격	☺	☺	☺	☺☺
1격	**kein** [카인]	**keine** [카이내]	**kein** [카인]	**keine** [카이내]
2격	**keines** [카이내스]	**keiner** [카이너]	**keines** [카이내스]	**keiner** [카이너]
3격	**keinem** [카이넴]	**keiner** [카이너]	**keinem** [카이넴]	**keinen** [카이낸]
4격	**keinen** [카이낸]	**keine** [카이내]	**kein** [카인]	**keine** [카이내]

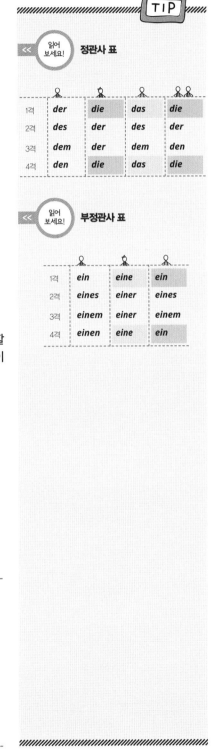

읽어 보세요! **정관사 표**

	☺	☺	☺	☺☺
1격	*der*	*die*	*das*	*die*
2격	*des*	*der*	*des*	*der*
3격	*dem*	*der*	*dem*	*den*
4격	*den*	*die*	*das*	*die*

읽어 보세요! **부정관사 표**

	☺	☺	☺
1격	*ein*	*eine*	*ein*
2격	*eines*	*einer*	*eines*
3격	*einem*	*einer*	*einem*
4격	*einen*	*eine*	*ein*

 다음 품사를 보고 부정문을 만들때, kein 혹은 nicht 자리를 찾아 넣어 보세요.

1 주어 ( ) 동사 ( ) 정관사+명사 ( )

2 주어 ( ) 동사 ( ) 명사

3 주어 ( ) sein 동사 ( ) 형용사 ( )

4 주어 ( ) 동사 ( ) 부정관사+명사 ( )

다음 문장을 보고 부정문을 만들때, kein 혹은 nicht 자리를 찾아 문장을 완성시키세요.

1 Ich ( ) bin ( ) glücklich ( )

2 Ich ( ) habe ( ) das Geld ( )

3 Ich ( ) mag ( ) Kinder

4 Ich ( ) mag ( ) Bier ( )

Practice
일반동사 부정문

 앞에서 배운 동사들을 활용하여 부정문을 만들어 보세요.

1 나는 강하지 않아.

Ich bin nicht stark.

2 나는 그 과일을 좋아하지 않아.

과일
Frucht[푸f루흐트]

3 나는 과일들을 좋아하지 않아.

4 나는 주스를 좋아하지 않아.

주스
Saft [자프f트]

5 나는 작지 않아.

작은
klein [클라인]

6 너는 크지 않아.

큰
groß [그로오쓰]

7 우리는 그 아이들을 좋아하지 않아.

8 우리는 아이들을 좋아하지 않아.

9 우리는 맥주를 좋아하지 않아.

10 나는 돈을 가지고 있지 않아.

• 정답입니다! • ① Ich bin nicht stark. ② Ich mag die Frucht nicht. ③ Ich mag keine Früchte.
④ Ich mag keinen Saft. ⑤ Ich bin nicht klein. ⑥ Du bist nicht groß.
⑦ Wir mögen die Kinder nicht. ⑧ Wir mögen keine Kinder. ⑨ Wir mögen kein Bier.
⑩ Ich habe kein Geld.

 앞에서 배운 동사들을 활용하여 부정문을 만들어 보세요.

1 나는 행복하지 않아.　　Ich bin nicht glücklich.

2 나는 아이들을 사랑하지 않아.

3 나는 그 아이를 사랑하지 않아.

4 나는 그 옷을 필요로 하지 않아.

옷(의복)
Kleidung [클라이둥]

5 나는 옷을 필요로 하지 않아.

6 나는 물을 필요로 하지 않아.

7 너는 그 돈을 필요로 하지 않아.

8 나는 커피를 마시지 않아.

커피
Kaffee [카페f에]

9 나는 그 커피를 마시지 않아.

10 우리는 과일들을 좋아하지 않아.

정답입니다! ① Ich bin nicht glücklich. ② Ich liebe keine Kinder. ③ Ich liebe das Kind nicht. ④ Ich brauche die Kleidung nicht. ⑤ Ich brauche keine Kleidung. ⑥ Ich brauche kein Wasser. ⑦ Du brauchst das Geld nicht. ⑧ Ich trinke keinen Kaffee. ⑨ Ich trinke den Kaffee nicht. ⑩ Wir mögen keine Früchte.

132

 1단원에서 Sein동사의 의문문을 만드는 법을 배웠습니다.
일반동사의 의문문을 만들 때도 주어와 동사의 위치만 바꾸면 됩니다.

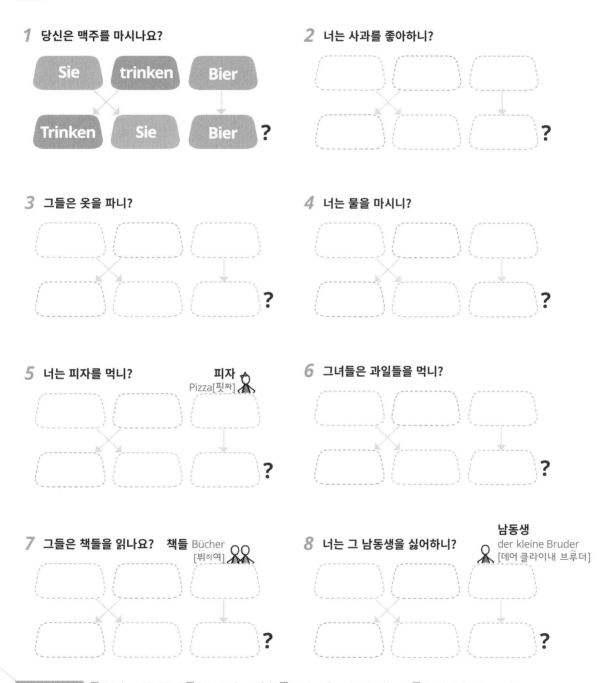

1 당신은 맥주를 마시나요?

Sie   trinken   Bier

Trinken   Sie   Bier ?

2 너는 사과를 좋아하니?

?

3 그들은 옷을 파니?

?

4 너는 물을 마시니?

?

5 너는 피자를 먹니?   피자 Pizza[핏짜]

?

6 그녀들은 과일들을 먹니?

?

7 그들은 책들을 읽나요?   책들 Bücher [뷔히여]

?

8 너는 그 남동생을 싫어하니?   남동생 der kleine Bruder [데어 클라이내 브루더]

?

정답입니다! 1 Trinken Sie Bier? 2 Magst du Apfel? 3 Verkaufen sie Kleidung? 4 Trinkst du Wasser?
5 Isst du Pizza? 6 Essen sie Früchte? 7 Lesen sie Bücher? 8 Hasst du den kleinen Bruder?

접속사는 문장이나 절 앞에서 이야기의 방향을 미리 암시하는 역할을 합니다.
이러한 접속사는 대부분 언어에서 그저 문장이나 절 앞에 붙여주면 됩니다.
하지만 독일어는 특이하게 접속사로 인해 그 뒤의 문장이나 절의 어순이 바뀝니다.
다음은 각각의 접속사들이 그 뒤의 어순을 어떻게 바꾸는지 보여주는 표입니다.

▶ 그리고 나는 네가 싫어.

▶ 아니면 내가 너를 싫어해?

▶ 그러나 나는 네가 싫어.

▶ 왜냐하면 나는 네가 싫어.

▶ 만약 내가 너를 싫어한다면

▶ 그래서 나는 네가 싫어.

TIP

절이란 무엇인가요?

읽어보세요

절을 이해하기 위해서는 우선 문장을 이해해야 합니다. 문장이란 주어와 동사로 이루어진 단위입니다. 문장 뒤에는 마침표나 물음표 등이 찍혀서 구분을 쉽게 하죠. 그런데 간혹 문장이 다른 더 큰 문장 속에 포함되는 경우가 있습니다. 예를 들어 보겠습니다.

나는 너를 사랑해.
문장

나는 너를 사랑하지만, 우리 헤어져.
절

접속사란 무엇인가요?

읽어보세요

접속사는 말 그대로 두 가지를 이어주는 역할을 합니다. 단어와 단어를 이어주는 경우는 다음과 같습니다.

‣ **Cola** und **Pizza**
‣ **Cola** oder **Kaffee**

절과 절을 이어주는 경우는 다음과 같습니다.

Ich liebe dich, aber ich hasse dich
나는 너를 사랑해. 하지만 나는 너를 싫어해.

접속사 앞에는 쉼표를

읽어보세요

대부분의 접속사 앞에는 쉼표를 붙여줍니다. 이번 단원에서 배우는 'und'와 'oder'를 제외한 aber, weil, wenn, deshalb는 항상 접속사 앞에 쉼표 ','를 붙여줍니다.

Practice
접속사

 앞에서 배운 동사를 활용하여, 다음 문장들을 독일어로 옮겨 적어 보세요.

1 그 강아지는 깨끗하고 그 고양이는 더럽다.　Der Hund ist sauber und die Katze ist schmutzig.

2 너 물 마셔 아니면 주스?

3 그는 잘생겼지만 재미없어.

4 우리는 나이가 들었지만 건강해.

5 그 친구(남자)는 긍정적이기 때문에 매력 있어.

6 나는 아프기 때문에 먹지 않아.

7 그 남자가 잘생겼으면 만날 거야.

8 그 와인이 맛있으면 살 거야.

9 우리는 젊어, 그래서 강해.

10 너는 예뻐, 그래서 사랑해.

정답입니다! **1** Der Hund ist sauber und die Katze ist schmutzig. **2** Trinkst du Wasser oder (trinkst du) Saft?
3 Er ist hübsch, aber (er ist) langweilig. **4** Wir sind alt, aber (wir sind) gesund. **5** Der Freund ist
attraktiv, weil er positiv ist. **6** Ich esse nicht, weil ich krank bin. **7** Ich treffe den Mann, wenn er
hübsch ist. **8** Ich kaufe den Wein, wenn er köstlich ist. **9** Wir sind jung, deshalb sind wir stark.
10 Du bist schön, deshalb liebe ich dich.

1 너도 나도 사과를 좋아해.

MARIA

Ich mag Äpfel.
이히 / 막 / 앺펠ᶠ.
나 / 좋아하다 / 사과들.

Magst du Äpfel?
막스트 / 두 / 앺펠ᶠ?
좋아하다 / 너 / 사과들?

SOPHIE

Ja, Ich mag auch Äpfel.
야, 이히 / 막 / 아우흐 / 앺펠ᶠ.
응, 나 / 좋아하다 / 또한 / 사과들.

MARIA

Wir mögen Äpfel.
비ᵛ어 / 뫼겐 / 앺펠ᶠ.
우리 / 좋아하다 / 사과들.

Robert mag keine Äpfel.
로베어트 / 막 / 카이내 / 앺펠ᶠ.
로베르트 [남성이름] / 좋아하다 / [부정] / 사과들을.

SOPHIE

Carmen mag auch keine Äpfel.
카멘 / 막 / 아우흐 / 카이내 / 앺펠ᶠ.
카르멘 [여성이름] / 좋아하다 / 또한 / [부정] / 사과들을.

MARIA

Sie mögen keine Äpfel.
지 / 뫼겐 / 카이내 / 앺펠ᶠ.
그들 / 좋아하다 / [부정] / 사과들을.

M : 나는 사과를 좋아해.
   넌 사과를 좋아하니?
S : 응, 나도 사과를 좋아해.
M : 우리는 사과를 좋아해.
   로베르트는 사과를 좋아하지 않아.
S : 카르멘도 사과를 좋아하지 않아.
M : 그들은 사과를 좋아하지 않아.

Apfel & Äpfel
독일어 명사의 복수형을 만드는 방법은 단어마다 다릅니다.
영어는 명사의 뒤에 s만 붙이면 복수가 되지만, 독일어는 어미에 **er, en**을 붙이기도 합니다.
또, 때로는 'Apfel [사과]'가 'Äpfel [사과들]'이 되듯이 이미 있는 모음 위에 움라우트를 붙여 복수형을 만들기도 합니다.

Frucht [푸ᶠ루흐트] **과일**
바나나 : Banane [바나내]
오렌지 : Orange [오랑줴]
파인애플 : Ananas [아나나스]
멜론 : Melone [멜로내]
수박 : Wassermelone [바ᵛ써멜로내]
딸기 : Erdbeere [에어드베어레]
포도 : Traube [트라우베]
복숭아 : Pfirsich [프피ᶠ어지히]

Ich mag Apfel.
이히 막 앺펠ᶠ
나는 사과를 좋아해.

2 너 주말에 뭐 해?

VIKOTR

Was machst du am Samstag?
바V스 / 마흐스트 / 두 / 암 잠스탁?
무엇 / 하다 / 너 / 그 토요일에?

LUKA

Am Samstag habe ich ein Date mit der Freundin.
암 잠스탁 / 하베 /
이히 / 아인 데이트 / 밑 / 데어 프f로인딘.
그 토요일에 / 가지고 있다 /
나 / 하나의 데이트를 / ~와 함께 / 그 여자친구.

VIKOTR

Und am Sonntag?
운트 / 암 조온탁?
그러면 / 그 일요일은?

LUKA

Am Sonntag fahre ich Fahrrad.
암 조온탁 / 파f아레 / 이히 / 파f아라t트.
그 일요일에 / 타다 / 나 / 자전거를.

Was machst du am Samstag?
바V스 / 마흐스트 / 두 / 암 잠스탁?
무엇 / 하는가 / 너 / 그 토요일에?

VIKOTR

Am Samstag bin ich bei einer Party.
암 잠스탁 / 빈 / 이히 / 바이 / 아이너 파아티.
그 토요일에 / ~이다 / 나 / ~에 / 하나의 파티.

V : 너 토요일에 뭐 해?
L : 토요일에는 여자친구랑 데이트가 있어.
V : 일요일에는?
L : 일요일에는 자전거를 타
　　너 이번 토요일에 뭐해?
V : 토요일에는 파티에 갈 거야.

an + dem = am
보통 전치사와 관사는 줄여서 한 단어로 사용합니다. 하지만 이 교재에서는 되도록 따로 분리해서 표시하고 있습니다.
전치사 'an'은 '~옆에'라는 뜻도 있지만 여기서는 시간을 나타내는 명사와 함께 사용되고 있습니다.

Wochentage [보V헨타게] **요일**
월요일 : Montag [몬탁]
화요일 : Dienstag [디인스탁]
수요일 : Mittwoch [밑트보V흐]
목요일 : Donnerstag [도너스탁]
금요일 : Freitag [프f라이탁]
토요일 : Samstag [잠스탁]
일요일 : Sonntag [조온탁]

Ich mag Fahrrad fahren.
이히 막 파f아라트 파f아렌
나는 자전거 타는 것을 좋아해.

Und was machst du am Sonntag?

운트 / 바V스 / 마흐스트 / 두 / 암 조온탁?
그리고 / 무엇 / 하다 / 너 / 그 일요일에?

Ich werde am Sonntag

이히 / 베V어데 / 암 조온탁 /
나 / 할 것이다 / 그 일요일에 /

zu Hause bleiben.

쭈 하우제 / 블라이벤.
집에 / 머물다.

Ich werde Videospiele spielen.

이히 / 베V어데 / 비V디오슈피일래 / 슈피일랜.
나 / 할 것이다 / 비디오 게임들을 / 놀다.

Schönes Wochenende, viel Spaß!

쇄내스 / 보V헨엔데, 피f일 슈파쓰!
좋은 / 주말, 많은 즐거움!

Schönes Wochenende,

쇄내스 / 보V헨엔데,
좋은 / 주말,

wir sehen uns nächste Woche!

비V어 / 제에엔 / 운스 / 내히스테 보V헤!
우리 / 보다 / 우리를 / 다음 주!

L : 일요일은 뭐해?
V : 일요일에는 집에 있을 거야.
　　비디오 게임을 할 거야.
L : 즐거운 주말 보내, 재미있게 놀아!
V : 즐거운 주말 보내, 다음 주에 보자!

fortgehen

fortgehen[포f어트게에엔] 동사는 '떠나가다, 계속되다' 라는 뜻을 갖고있지만 친구들 사이에서는 '놀러가자! 파티하자!' 라는 뜻으로 많이 사용되고 있습니다.

Gehen wir fort! [게에엔 비V어 포f어트!]
: 우리 파티하러 가자!

Videospiele

앞에서 배운 복합 명사입니다.
Video[비V디오] '영상'이라는 중성 명사와 Spiel[슈피일] '놀이'라는 중성 명사가 합쳐져 Videospiel[비V디오슈피일]은 중성 명사가 되었습니다.

viel Spaß!

'즐겁게 보내 (have fun!)'라는 뜻이네요.
헤어질 때 할 수 있는 인사 몇 가지를 알아 봅시다.

Ciao! [차오]
: 안녕 (Bye)

Auf Wiedersehen [아우프f 비V더제에엔]
: 안녕히 가세요 (Good bye)

Tschüss! [취쓰!]
: 안녕 (bye)

Wir feiern bei mir zu Hause!
비V어 파f이언 바이 미어 쭈 하우제
우리는 나의 집에서 파티 할 거야!

3 저는 밥을 좋아합니다.

 Mögen Sie Reis?
뫼겐 / 지 / 라이스?
좋아하다 / 당신 / 쌀?

 Ja, ich liebe Reis.
야, / 이히 올리이베 / 라이스.
네, / 나는 사랑하다 / 쌀.

Ich esse immer Reis, weil
이히 / 에쎄 / 임머 / 라이스, / 바V일 /
나 / 먹다 / 항상 / 쌀, / 왜냐하면 /

ich immer zu Hause koreanisch esse.
이히 / 임머 / 쭈 하우제 / 코레아니쉬 / 에쎄.
나 / 항상 / 집에서 / 한국식으로 / 먹다.

Mögen Sie Reis?
뫼겐 / 지 / 라이스?
좋아하다 / 당신 / 쌀?

 Ja, ich liebe Reis,
야, / 이히 올리이베 / 라이스,
네, / 나는 사랑하다 / 쌀,

aber ich esse ihn selten.
아버 / 이히 에쎄 / 인 / 셀텐.
하지만 / 나는 먹다 / 그것을 / 드물게.

T : 쌀밥을 좋아하세요?
H : 네 그럼요, 저는 쌀밥을 매우 좋아합니다.
　　저는 집에서 한식을 먹기 때문에 언제나 밥을 먹습니다.
　　당신은 쌀밥을 좋아하세요?
T : 네, 좋아하지만 드물게 먹습니다.

weil
'왜냐하면(because)'이라는 접속사가 등장하면
동사는 맨 뒤로 이동합니다.

빈도부사

immer [임머]
: **항상** (always)

häufig [호이피f히]
: **자주** (often)

gewöhnlich [게뵌V올리히]
: **보통** (usually)

manchmal [만히말]
: **때때로** (sometimes)

selten [셀텐]
: **드물게** (rarely)

nie [니이]
: **결코~않다** (never)

Das ist Bibimbap.
다스 이스트 비빔밥
이것은 비빔밥입니다.

Ich esse oft Wurst,
이히 / 에쎄 / 오ㅍf트 / 부V어스트,
나 / 먹다 / 자주 / 소시지를,

weil ich deutsche Küche liebe.
바V일 / 이히 / 도이췌 퀴히에 / 올리이베.
왜냐하면 / 나 / 독일 요리 / 사랑하다.

Können Sie gut kochen?
쾬낸 / 지 / 구트 / 코헨̃?
할 수 있다 / 당신 / 잘 / 요리하다?

Nein, ich kann noch nicht gut kochen.
나인, 이히 / 칸 / 노흐̃ / 니히트 / 구트 / 코헨̃.
아니요, 나 / 할 수 있다 / 아직 / 부정 / 잘 / 요리하다.

Aber ich mag Kochen.
아버 / 이히 / 막 / 코헨̃.
하지만 / 나 / 좋아하다 / 요리하는 것.

Meine Mutter ist eine Köchin.
마이내 뭍터 / 이스트 / 아이내 쾨히인.
나의 어머니는 / ~이다 / 하나의 요리사(여성).

T : 저는 독일 음식을 사랑하기 때문에 소시지를 자주 먹습니다.
　　요리 잘하세요?
H : 아니요, 저는 아직 요리를 잘 못 합니다.
　　하지만 요리를 좋아합니다.
　　제 어머니는 요리사이십니다.

◀ **Köchin [쾨히인] (여성)**
독일어의 모든 명사에는 성이 있습니다. 그런데 명사에 성을 정하다 보니 직업을 나타내는 명사의 경우에는 조금 곤란해졌습니다. 남녀 모두 그 직업을 가질 수 있기 때문이죠.
그래서 직업을 나타내는 명사들은 남성형과 여성형이 모두 있습니다. 위 대화를 보면 어머니가 요리사이기 때문에 'Köchin'이라고 말했지만, 만약 아버지가 요리사였다면 'Koch'[코흐]가 됐을 것입니다.

4 쇼핑하러 갈래?

Hallo, ist Hans da?
할로, / 이스트 / 한스 / 다?
여보세요, / ~이다 / 한스 [남성이름] / 여기?

Ich bin Sophie.
이히 빈 /소피.
나는 ~이다 / 소피 [여성이름].

Hallo Sophie. Wie geht es dir?
할로 소피f. 비v / 게에트 / 에스 / 디어?
안녕 소피 [여성이름]. 어떻게 / 가다 / 그것 / 너에게?

Mir geht es gut, danke.
미어 / 게에트 에스 구트, 당케.
나에게 / 잘 지내다, 고맙다.

Hast du am Samstag Zeit?
하스트 / 두 / 암 잠스탁 / 짜이트?
가지고 있다 / 너 / 그 토요일에 / 시간을?

Ja, ich habe Zeit. Warum?
야, 이히 하베 / 짜이트. 바v룸?
응, 나는 가지고 있다 / 시간. 왜?

Ich gehe ins Kaufhaus einkaufen.
이히 게에 / 인스 카우프f하우스 / 아인카우펜f.
나는 가다 / 백화점으로 / 쇼핑하다.

Ich habe keine Sommerkleidung.
이히 / 하베 / 카이내 / 좀머클라이둥.
나는 / 가지고 있다 [부정] / 여름옷을.

S : 여보세요, 한스니? 나야 소피.
H : 어 안녕 소피. 잘 지냈어?
S : 매우 잘 지내고 있지, 고마워.
　　토요일에 시간 있어?
H : 응 시간 있어. 무슨 일이야?
S : 백화점에 가서 쇼핑하려고. 여름옷이 없거든.

wie geht es dir?
'어떻게 지내세요?(How are you)'라는 의미의 표현입니다. 안부를 물을 때 오고 갈 수 있는 표현 몇 가지를 배워 보겠습니다.

Danke, sehr gut! [당케, 제어 구트]
: 매우 좋아

Gut, danke [구트, 당케]
: 좋아

Es geht [에스 게에트]
: 그럭저럭

Solala [솔랄라]
: 그냥 그래

Nicht so gut [니히트 소 구트]
: 좋지 않아

전치사 in은 3격, 4격 둘 다 자주 사용된다!
• ~를 향해서 : in + 4격
• ~ 안에 : in + 3격
Kaufhaus(백화점)은 중성 명사이고, 백화점을 향해서 가고 있습니다. 전치사 in과 중성4격 관사인 das를 사용하면 되겠군요.
in das는 ins로 줄여서 자주 사용됩니다.

> **Ich liebe Einkaufen!**
> 이히 츨리이뻐 아인카우펜f
> 나는 쇼핑하는 것을 너무 좋아해.

Magst du mitkommen?

막스트 / 두 / 밑콤맨?
원하다 / 너 / 함께 오다?

Sehr gut.

제어 구트.
아주 좋은.

Ich habe auch keine Sommerkleidung.

이히 하베 / 아우흐 / 카이내 / 좀머클라이둥.
나는 가지고 있다 / 또한 / [부정] / 여름옷을.

Gehen wir zusammen.

게에엔 / 비V어 / 쭈잠맨.
가자 / 우리 / 같이.

Am Samstag, vor dem Kaufhaus um 14:00 Uhr. Passt das?

암 잠스탁, 포f어 / 뎀 카우프f하우스 /
움 / 피f어첸 우어. 파쓰트 다스?
그 토요일에, ~앞에서 / 그 백화점 /
~에 / 오후 2시. 괜찮다?

Okay, dann sehen wir uns am Samstag.

오케이, 단 / 제에엔 / 비V어 운스 / 암 잠스탁.
그래, 그러면 / 보다 / 우린 우리를 / 그 토요일에.

Bis Samstag!

비스 / 잠스탁!
~까지 / 토요일!

S : 같이 쇼핑하러 갈래?
H : 잘됐네, 나도 여름옷이 없거든.
　　같이 가자.
S : 토요일 오후 2시 백화점 앞에서 만나자, 어때?
H : 좋아, 그럼 토요일에 보자.
S : 그래, 토요일에 봐!

Jahreszeit [야레스짜이트] **계절**
봄 : Frühling [프f뤼올링]
여름 : Sommer [좀머]
가을 : Herbst [헤업스트]
겨울 : Winter [빈V터]

Gehen wir
'같이 가자(Let's go)'라는 의미의 표현이네요.

그러면 (dann) [단]
이 접속사가 등장하면 해당 문장의 동사 위치가 인칭대명사 앞으로 이동합니다.

bis + 시간
다음에 언제 만나는지 서로가 아는 상황일 때에는 'bis + 시간'을 사용합니다.
또, 헤어지는 인사에도 bis를 사용합니다.

Bis morgen! [비스 모어겐]
: 내일 봐!

Bis Sonntag! [비스 조온탁]
: 일요일에 봐!

Bis Februar [비스 페f브루아]
: 2월에 봐!

5 애완동물 키우니?

 CARLOTTA
Hast du ein Haustier?
하스트 / 두 / 아인 하우스티어?
가지고 있다 / 너 / 하나의 애완동물을?

 KAROLINA
Ja, ich habe einen Hund.
야, 이히 하베 / 아이낸 훈트.
응, 나는 가지고 있다 / 하나의 개.

Er ist ein Pudel.
에어 이스트 / 아인 푸델.
그는 ～이다 / 하나의 푸들.

 CARLOTTA
Wie süß! Wie alt ist er?
비V / 쒸쓰! 비V 알트 / 이스트 / 에어?
얼마나 / 귀여운! 몇 살 / ～이다 / 그는?

 KAROLINA
Er ist 4 Jahre alt.
에어 이스트 / 피f어 야아ㄹ레 알트.
그는 ～이다 / 네 살.

Magst du Hunde?
막스트 / 두 / 훈데?
좋아하다 / 너 / 개들을?

C : 너 애완동물 키우니?
K : 응, 나는 개를 한 마리 키워.
　　푸들이야.
C : 엄청 귀엽겠다! 몇 살이야?
K : 네 살이야.
　　개들 좋아해?

Wie alt sind Sie? [비V 알트 진트 지]
'당신은 몇 살인가요?(How old are you?)'
독일어도 영어와 똑같은 어순을 사용합니다. 'Wie alt ist er? (How old is he?)'
라고 말하고 있는데요.
남성 인칭대명사 'er'를 사용해서 개의 나이를 묻고 있습니다.

sein동사
나이를 말할 때는 sein동사를 사용합니다.

인칭대명사 + sein 동사 + 숫자 + Jahre alt
저는 25살 입니다.
= **Ich bin 25** [핀f프f운쯔반V찌히] **Jahre alt.**

그 아기는 1살 입니다.
= **Das Baby ist 1** [아인] **Jahr alt.**

Ich mag die Nilpferde.
이히 막 디 닐프페어f데
나는 하마들을 좋아해.

Ja, Ich mag Hunde,

야, 이히 막 / 훈데,
응, 나는 좋아하다 / 개들,

aber ich bevorzuge Katzen.

아버 / 이히 베포f어쭈게 / 캇쩬.
하지만 / 나는 선호하다 / 고양이들.

Ich habe eine Siamkatze.

이히 하베 / 아이내 시암캇쩨.
나는 가지고 있다 / 하나의 샴고양이를.

Er ist 8 Jahre alt.

에어 이스ㅌ / 아흐ㅌ 야아레 알ㅌ.
그는 ~이다 ∨ 여덟 살.

Siamkatzen sind so hübsch!

시암캇쩬 진ㅌ / 소 / 휩쉬!
샴고양이들은 ~이다 / 아주 / 잘생긴!

C : 응, 개도 좋아하는데 나는 고양이가 더 좋아.
　　나는 샴고양이 한 마리를 키워.
　　여덟 살이야.
K : 샴고양이 정말 멋있어!

◁ **aber, und**

'aber[아버] 하지만', 'und[운트] 그리고'
등의 몇몇 접속사들은 주어+동사+목적어의
순서를 변화시키지 않고 그대로 사용됩니다.

반면에 'deshalb[데스할브] 그래서',
'dann[단] 그러면' 같은 부사적 접속사들은
동사와 인칭대명사의 자리를 바꿉니다.

Ich mag die fische.
이히 막 디 피f쉐.
나는 물고기들이 좋아.

6 그래서 너한테 사귀자고 한 거야.

 Magst du mit mir zusammen sein?
VIKOTR
막스트 / 두 / 밑 미어 / 쭈잠맨 / 자인?
원하다 / 너 / 나와 함께 / 같이 / ~있다?

 Hast du ein Auto?
LINDA
하스트 / 두 / 아인 아우토?
가지고 있다 / 너 / 하나의 자동차를?

 Nein, ich habe kein Auto.
VIKOTR
나인, 이히 하베 / 카인 / 아우토.
아니, 나는 가지고 있다 / 부정 / 자동차를.

 Hast du Geld?
LINDA
하스트 / 두 / 겔트?
가지고 있다 / 너 / 돈을?

 Nein, ich habe kein Geld.
VIKOTR
나인, 이히 하베 / 카인 / 겔트.
아니, 나는 가지고 있다 / 부정 / 돈을.

 Und du willst mein Freund sein?
LINDA
운트 / 두 / 빌V스트 / 마인 프f로인트 / 자인?
그런데 / 너 / 하고 싶다 / 나의 남자친구 / ~이다?

 Ja, weil wir gleich sind.
VIKOTR
야, 바V일 / 비V어 / 글라이히 / 진트.
응, 왜냐하면 / 우리 / 같은 / ~이다.

V : 나랑 사귈래?
L : 자동차 있어?
V : 아니, 자동차 없어.
L : 돈은 있어?
V : 아니, 돈 없는데?
L : 그런데 내 남자친구가 되고 싶은 거야?
V : 응, 왜냐하면 우리는 같잖아.

zusammen sein
'같이 있다'라고 직역할 수 있지만, 보통은
'사귀다'라는 표현으로 많이 사용됩니다.

유럽의 자동차
유럽에서는 수동 기어를 사용하는 자동차가
훨씬 많습니다.
수동 기어 자동차와 자동 기어 자동차에 관한
표현을 배워볼까요?

수동 기어 자동차
: Auto mit Gangschaltung
[아우토 밑 강샬퉁]

자동 기어 자동차
: Auto mit Automatik
[아우토 밑 아우토마틱]

아이고, 그런데 분류 작업이 어찌나 고단했던지 심각한 문제가 발생했어.

아니, 이게 대체 뭐야?!

세상에, 어떤 바보가 소녀를 '중성'으로 만들어놓은 거야!

난, 난 아니야….

소녀 [중성]

소녀들은 매일매일 울면서 등교를 거부했어. 요정 학교가 마비될 지경이었지.

이게 뭐야~!

그러나 신은 모든 게 귀찮다며 고개를 저을 뿐 끝내 소녀들의 요구를 받아들이지 않았어.

이제 더 바꾸지 않기로 했으니까 안돼!

소녀 [여성]

지금에 와서는 나도 어떻게 할 수 없는 부분이니까 여러분이 이해해줬으면 해.

지금까지 우리는 명사의 성이 어떻게 생겨났는지 알아보았어!

명사의 성은 정말이지 복잡해 보이지만… 전부 이유가 있다는 걸 이제 알겠지?

어쩔 수 없었기

명사에 성이 있다는 걸 알게 된 학생들은 내게 종종 이런 질문을 해.

명사의 성을 쉽게 외울 수 있는 규칙 같은 건 없나요?

이제 확실하게 말해주어야 할 것 같아.

충격받을까 봐 말을 못 했어.

명사의 성별은 정말이지 암기하는 수밖에 없어.

이걸 언제 다 외우냐….

학생들이 쉽게 빠지는 함정 중의 하나가 규칙을 찾으면 암기할 양이 줄어든다고 생각하는 거야.

규칙을 찾아야 해!

이건 어느 정도 맞는 말이지만 규칙에 예외가 없을 때의 얘기야.

아쉽지만 안 통해….

언어에 대한 규칙에는 특히 예외가 많아.

결국 예외는 예외라고 외우고 예외가 아닌 것은 예외가 아니라고 외워야 하는 거지.

그래도 규칙을 찾고 싶다고? 그렇다면 별수 없지. 내가 도와주는 수밖에.

하나의 단어 속에는 우리가 성별을 추측해볼 수 있는 2가지 증거가 있는데 바로 단어의 의미와 모양이야!

그럼 단어의 의미에 관한 얘기부터 해볼까?

아빠가 수염을 다듬고 있군.

맞아, 수염은 남성명사야.

부엌에서 요리하는 엄마의 모습이 보이는군.

그래, 부엌과 요리는 여성명사야.

물론 집안일과 여성을 연결해 생각하는 것은 지금의 관점으로는 올바르지 않지만 언어가 그렇게 되어있는 걸 어쩌겠어. 그렇지?

하지만 이런 식으로 구분해도 그다지 많이 맞출 수는 없어.

147

수염은 남성명사인데, 수염을 깎는 일인 '면도'는 여성명사야.

그러니 명사의 성에 있어서 절대적인 규칙은 없다는 생각으로 접근해야 해!

그런 면에서 한 가지 더 이야기해줄게.

남자는 남성명사이고, 여자는 여성명사 였지. 그렇다면 '사람'의 성별은 뭘까?

사람은 중성명사야.

코스모스라는 꽃은 중성명사지만

그냥 '꽃'은 여성명사야. '식물' 역시 여성명사지.

코스모스가 꽃이며 식물이라고 해서 여성 명사일 거라고 생각해선 안된다는 거지.

따라서 상위개념과 하위개념을 잘 구분해서 외워야만 해.

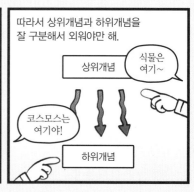

그럼 이제 단어의 모양을 통해 성별을 추측하는 방법을 알아볼까?

아래의 단어들을 살펴볼까? 어떤 공통점이 보이지 않니?

e로 끝나는 단어는 대부분 여성명사야!

148

그리고 단어의 첫머리에서도
성이 드러나는 경우가 있는데

마지막과
처음이 중요해!

ge로 시작하는 단어는 거의 남성이야!

독일어에서는 단어의 처음과 끝을 보면
성별을 대략 짐작할 수 있어.

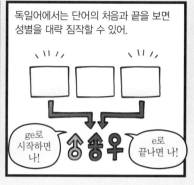

ge로
시작하면
나!

e로
끝나면 나!

그리고 외래어의 경우 70%가량이
중성이야!

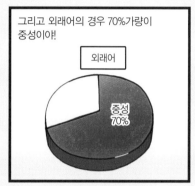

외래어

중성
70%

독일어에는 지금 매우 많은 영어 단어가
유입되고 있기 때문에

독일어

외래어

흡입하네,
흡입해.

어딘가 익숙한데 독일어 단어 같지는
않다면 중성으로 한번 말해보는 거지!

자, 이제 얄팍한 수는 잊어버리고
한 단어 한 단어 정면으로 암기하는 방법
을 생각해보자.

암

기

외우는 데에도 현명한 방법이 있고
현명하지 않은 방법이 있어.

"테이블 남성. 테이블 남성…."
바로 이렇게 외우는 게
현명하지 않은 방법이야.

= tisch 테이블 (남성)

그럼 현명한 방법이 뭐냐고?

나는
smart~

독일어

남성 명사에는 남성을 등장시키고

산을
오르는 남성

여성 명사에는 여성을 등장시켜.

지도를
보는 여성

➡ 만화는 186쪽에서 계속 이어집니다.

04

대명사 &
소유 형용사

지시대명사 Das

지시형용사 두 가지

나를, 너를, 우리를

목적어가 대명사일 때 부정문

나에게, 너에게, 우리에게

4격 같은데 3격을 쓰는 경우

나의, 너의, 우리의

Ich liebe das.
나는 이것들을 사랑해.

한눈에 배운다!
지시대명사 Das

영어로 This

동영상 강의

영어의 This와 That은 이것, 저것을 가리킬 때 사용합니다.
이러한 대명사들을 '지시대명사'라고 부릅니다.

지시대명사 중에 만능 키라고 할 수 있는 das를 배워보도록 하겠습니다.
das는 다음 4개의 의미를 모두 가지고 있습니다.

Das
이것, 이것들
저것, 저것들

TIP

<< 더 알아 봅시다 **지시대명사로도 사용하는 인칭대명사들**

인칭대명사 중
Er [에어] 👤
Sie [지] 👤
Es [에스] 👤
는 지시대명사로도 사용됩니다.

이들이 인칭대명사로 사용될 때는 말하는 대상의 성별에 따라서 Er, Sie, Es를 사용합니다. 말하고 있는 것의 성을 모르는 경우에는 중성의 Es를 사용하시면 됩니다.

단수와 복수는 동사에 의해 구분됩니다.

이것은 좋다:
(this)
Das **ist** **gut**

저것은 좋다:
(that)
Das **ist** **gut**

이것들은 좋다:
(these)
Das **sind** **gut**

저것들은 좋다:
(those)
Das **sind** **gut**

<< 읽어 보세요! **이것은, 저것은...**

A: Das ist Wasser und das ist Alkohol.
B: Ja? Das sind nicht gleich?
A: Nein, das sind nicht gleich.
   Wasser ist das und Alkohol ist das.

A: 이것은 물이고 저것은 알코올이야.
B: 응? 이것들이 같지 않다고?
A: 아니, 같지 않아. 물은 이것, 알코올은 이것이야.

 빈칸을 채워 보세요.

1 이것은 빵이야.

( ) ( ) **ein Brot**

2 이것은 사실이야.

( ) ( ) [바ᵛ아] **wahr**

3 이것은 전부야.

( ) ( ) [알래스] **alles**

4 그것은 고양이야.

( ) ( ) **eine Katze**

5 이것은 사랑이야.

( ) ( ) **Liebe**

6 그것은 창문이야.

( ) ( ) **ein Fenster**

7 이것들은 어려워.

( ) ( ) **schwer**

8 그것들은 창문이야.

( ) ( ) **Fenster**

9 이것들은 과일이야.

( ) ( ) **Früchte**

10 그것들은 동물들이야.

( ) ( ) **Tiere**

11 나는 이것들을 싫어해.

( ) **hasse** ( )

12 나는 이것들을 사랑해.

( ) **liebe** ( )

13 나는 이것과 그것을 싫어해.

( ) **hasse** ( ) **und** ( )

지시형용사 두 가지

동영상 강의

> ## This one, That one,
> ## This book, That book

영어에서 **지시대명사**는 위와 같이 뒤따르는 명사를 꾸며주는 형용사의 역할을 하기도 합니다. 대명사로 쓰일 때나 형용사로 쓰일 때나 모양은 똑같고요.
영어와 달리, 독일어에서는 지시대명사와 지시형용사의 모양이 서로 다릅니다.
독일어의 지시형용사 두 가지를 간단하게 표로 알아보겠습니다.

dieser [디이저] 이 ~

주격 이 ○○는　　　1격

dieser [디이저]	*diese* [디이제]	*dieses* [디이제스]	*diese* [디이제]
dieser Hut 이 모자는	*diese Tasche* 이 가방은	*dieses Haus* 이 집은	*diese Hüte* 이 모자들은

소유격 이 ○○의　　　2격

dieses [디이제스]	*dieser* [디이저]	*dieses* [디이제스]	*dieser* [디이저]
dieses Hutes 이 모자의	*dieser Tasche* 이 가방의	*dieses Hauses* 이 집의	*dieser Hüte* 이 모자들의

간접목적격 이 ○○에게　　　3격

diesem [디이젬]	*dieser* [디이저]	*diesem* [디이젬]	*diesen* [디이젠]
diesem Hut 이 모자에게	*dieser Tasche* 이 가방에게	*diesem Haus* 이 집에게	*diesen Hüten* 이 모자들에게

목적격 이 ○○를　　　4격

diesen [디이젠]	*diese* [디이제]	*dieses* [디이제스]	*diese* [디이제]
diesen Hut 이 모자를	*diese Tasche* 이 가방을	*dieses Haus* 이 집을	*diese Hüte* 이 모자들을

▶ 이 집은 아름답다. [디이제스 하우스 이스트 쇤]

Dieses	Haus	ist	schön

강변화, 약변화, 혼합변화

독일어에서는 성·수 구분과 격 표시에 의해 여러 가지 변화가 일어납니다. 이때 변화가 심하면 '강변화한다'고 말하고, 변화가 미미하면 '약변화한다'고 말합니다.

강변화 하는 것들
1 정관사 + 형용사 + 명사
2 부정관사 + 형용사 + 명사
3 지금 배우는 dieser, jener

	♀	♂	⚲	♀♀
1격	*er*	*ie*	*as*	*ie*
2격	*es*	*er*	*es*	*er*
3격	*em*	*er*	*em*	*en*
4격	*en*	*ie*	*as*	*ie*

약변화 하는 것들
1 정관사 + 형용사 + 명사
2 부정관사 + 형용사 + 명사

	♀	♂	⚲	♀♀
1격	*e*	*e*	*e*	*en*
2격	*en*	*en*	*en*	*en*
3격	*en*	*en*	*en*	*en*
4격	*en*	*e*	*e*	*en*

Dieser는 지시형용사이자 지시대명사

Dieser는 지시형용사로도 사용되고, Das와 같은 의미의 지시대명사로도 사용됩니다.

**Dieser ist ein Hut
und diese ist eine Tasche.**
[디이저 이스트 아인 훗트
운트 디이저 이스트 아이내 타쉐]
이것은 모자이다.
그리고 이것은 가방이다.

dieser와 jener의 성, 수, 격 변화를 모두 외워서 사용하기 힘들다면,
그 대신 우리에게 좀 더 익숙한 정관사를 사용해도 똑같은 역할을 합니다.

 = **정관사**로 대체 가능

dieser와 jener는 시간을 가리키기도 합니다. 이때에도 둘의 의미가 서로
다르므로 주의해야 합니다.

(This)
dieser
근접한 미래

An **diesem** Montag
[안 디이젬 몬탁]
: 이번 월요일에

(That)
jener
과거의 한 시점

An **jenem** Montag
[안 예냄 몬탁]
: 그 월요일에

jener [예너] 저 ~

주격 저 ○○는			1격
jener [예너]	*jene* [예내]	*jenes* [예내스]	*jene* [예내]
jener Hut 저 모자는	*jene Tasche* 저 가방은	*jenes Haus* 저 집은	*jene Hüte* 저 모자들은

소유격 저 ○○의			2격
jenes [예내스]	*jener* [예너]	*jenes* [예내스]	*jener* [예너]
jenes Hutes 저 모자의	*jener Tasche* 저 가방의	*jenes Hauses* 저 집의	*jener Hüte* 저 모자들의

간접목적격 저 ○○에게			3격
jenem [예냄]	*jener* [예너]	*jenem* [예냄]	*jenen* [예낸]
jenem Hut 저 모자에게	*jener Tasche* 저 가방에게	*jenem Haus* 저 집에게	*jenen Hüten* 저 모자들에게

목적격 저 ○○를			4격
jenen [예낸]	*jene* [예내]	*jenes* [예내스]	*jene* [예내]
jenen Hut 저 모자를	*jene Tasche* 저 가방을	*jenes Haus* 저 집을	*jene Hüte* 저 모자들을

▶ 저 가방은 아름답다. [예내 타쉐 이스트 **쇤**]

Jene　**Tasche**　**ist**　**schön**

 유럽어의 특징

공통 :
주어의 성·수 구분에 따라
동사가 변화한다.

프랑스어 :
발음이 독특하고 읽기가 어렵다.
동사 변화 예측이 어렵다.

스페인어 :
Be 동사에 해당하는 동사가 두 가지다.

이탈리아어 :
스페인어와 사촌 언어. 서로 의사소통
이 가능하다.

독일어 :
관사 28개, 형용사 변형 44개

 모자, 가방, 집

Hut [훗트]
남성명사 : 모자

Tasche [타쉐]
여성명사 : (손)가방

Haus [하우스]
중성명사 : 집

 빈칸 안에 지시형용사와 명사를 써넣어 보세요.

1 이 사람 (diese) (Person)

2 이 남자 ( ) ( )

3 이 여자 ( ) ( )

4 저 사람 ( ) ( )

5 저 남자 ( ) ( )

6 저 여자 ( ) ( )

7 이 볼펜 ( ) ( )

8 저 볼펜 ( ) ( )

9 이 볼펜들 ( ) ( )

10 저 볼펜들 ( ) ( )

11 이 사진들 ( ) ( )

12 저 사진들 ( ) ( )

👤 남성 명사

Mann	남자
[만]	
Kugelschreiber	볼펜
[쿠겔슈라이버]	
Kugelschreiber	볼펜들
[쿠겔슈라이버]	

👤 여성 명사

Person	사람
[페어존]	
Personen	사람들
[페어조낸]	
Frau	여자
[프f라우]	
Frauen	여자들
[프f라우엔]	

👤 중성 명사

Foto	사진
[포f토]	
Fotos	사진들
[포f토ㅅ]	

정답입니다! ① diese Person ② dieser Mann ③ diese Frau ④ jene Person ⑤ jener Mann ⑥ jene Frau
⑦ dieser Kugelschreiber ⑧ jener Kugelschreiber ⑨ diese Kugelschreiber ⑩ jene Kugelschreiber
⑪ diese Fotos ⑫ jene Fotos

Practice
이것, 저것

따라 말하기

 빈칸을 채워 보세요.

1 이 사람은 아름답다.

◯ ◯ ◯ schön

2 이 남자는 멋있다.

◯ ◯ ◯ hübsch

3 이 여자는 강하다.

◯ ◯ ◯ stark

4 저 사람은 귀엽다.

◯ ◯ ◯ süß

5 저 남자는 한국인이다.

◯ ◯ ◯ Koreaner

6 저 여자는 독일인이다.

◯ ◯ ◯ Deutsche

7 이 볼펜은 싸다.

◯ ◯ ◯ billig

8 저 볼펜은 크다.

◯ ◯ ◯ groß

9 이 사람은 빵을 먹는다.

◯ ◯ ◯ ein Brot

10 저 사람은 사과를 먹는다.

◯ ◯ ◯ einen Apfel

11 이 사람들은 빵을 먹는다.

◯ ◯ ◯ ein Brot

12 저 여자들은 사과를 먹는다.

◯ ◯ ◯ einen Apfel

13 이 사람들은 귀엽다.

◯ ◯ ◯ süß

14 저 사람들은 한국인이다.

◯ ◯ ◯ Koreaner

정답입니다! ① Diese Person ist schön. ② Dieser Mann ist hübsch. ③ Diese Frau ist stark. ④ Jene Person ist süß.
⑤ Jener Mann ist Koreaner. ⑥ Jene Frau ist Deutsche. ⑦ Dieser Kugelschreiber ist billig.
⑧ Jener Kugelschreiber ist groß. ⑨ Diese Person isst ein Brot. ⑩ Jene Person isst einen Apfel.
⑪ Diese Personen essen ein Brot. ⑫ Jene Frauen essen einen Apfel. ⑬ Diese Personen sind süß.
⑭ Jene Personen sind Koreaner.

따라 말하기

우리말에서 '나는'과 '나를'은 다른 의미입니다. '너는'과 '너를'도 마찬가지이고요. 영어로 치면 'I'와 'me'의 차이인 것이죠. 주격으로 쓰이는 'I'와 목적격으로 쓰이는 'me'는 다릅니다. 어떻게 다른지 영어 문장으로 살펴보고, 목적격 대명사에 대해 이해해 볼까요?

나 (주격)

I love you.

You love me.

나를 (목적격)

앞에 쓰이는 '나는'의 'I'는 주격의 '나', 뒤에 쓰이는 '나를'의 'me'는 목적격의 '나'입니다. 이를 이해했다면 아래 독일어의 목적격 대명사를 알아봅시다.

TIP

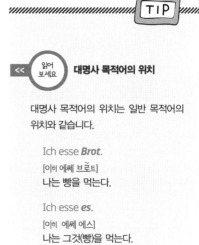

읽어 보세요   **대명사 목적어의 위치**

대명사 목적어의 위치는 일반 목적어의 위치와 같습니다.

Ich esse *Brot*.
[이히 에쎄 브로트]
나는 빵을 먹는다.

Ich esse *es*.
[이히 에쎄 에스]
나는 그것(빵)을 먹는다.

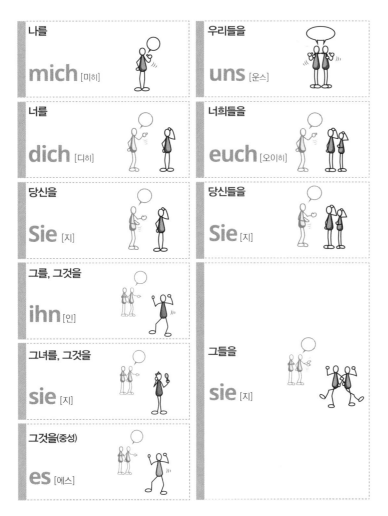

나를	우리들을
mich [미히]	uns [운스]
너를	너희들을
dich [디히]	euch [오이히]
당신을	당신들을
Sie [지]	Sie [지]
그를, 그것을	그들을
ihn [인]	sie [지]
그녀를, 그것을	
sie [지]	
그것을(중성)	
es [에스]	

Ich liebe *dich*.
이히 을리이베 디히
나는 너를 사랑해.

이 대명사들을 '4격 인칭대명사'라고 부릅니다. '격'이라는 말, 이제 익숙하시죠?

✏️ **주어진 주격 대명사를 목적격 대명사로 변화시켜 보세요.**

1. ich _____ **2.** wir _____

3. du _____ **4.** ihr _____

5. Sie _____ **6.** er _____

7. sie _____ **8.** es _____

▶ 너는 나를 사랑한다.

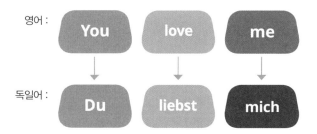

영어 : You / love / me

독일어 : Du / liebst / mich

✏️ **목적격 대명사가 쓰인 다음 문장들을 10번 읽어보세요.**

1.	나는 나를 사랑해.	**Ich liebe *mich*.**	[이히 율리이베 미히]
2.	나는 너를 사랑해.	**Ich liebe *dich*.**	[이히 율리이베 디히]
3.	나는 당신을 사랑해.	**Ich liebe *Sie*.**	[이히 율리이베 지]
4.	나는 그를 사랑해.	**Ich liebe *ihn*.**	[이히 율리이베 인]
5.	나는 그녀를 사랑해.	**Ich liebe *sie*.**	[이히 율리이베 지]
6.	나는 그것을 사랑해.(남)	**Ich liebe *ihn*.**	[이히 율리이베 인]
7.	나는 그것을 사랑해.(여)	**Ich liebe *sie*.**	[이히 율리이베 지]
8.	나는 그것을 사랑해.(중)	**Ich liebe *es*.**	[이히 율리이베 에스]
9.	나는 우리를 사랑해.	**Ich liebe *uns*.**	[이히 율리이베 운스]
10.	나는 너희들을 사랑해.	**Ich liebe *euch*.**	[이히 율리이베 오이히]
11.	나는 당신들을 사랑해	**Ich liebe *Sie*.**	[이히 율리이베 지]
12.	나는 그들을 사랑해.	**Ich liebe *sie*.**	[이히 율리이베 지]

필수 동사

kennen [캔낸] ~알다

Ich	kenne	캔내
Du	kennst	캔스트
Er/ Sie / Es	kennt	캔트
Wir	kennen	캔낸
Ihr	kennt	캔트
Sie	kennen	캔낸

Practice
나를, 너를, 우리를

따라 말하기

 빈칸을 채워 보세요.

1 나는 너를 사랑해.

Ich liebe ( )

2 너는 나를 사랑해.

Du liebst ( )

3 우리는 그를 사랑해.

Wir lieben ( )

4 그녀는 그를 사랑해.

Sie liebt ( )

5 나는 그것을 필요로 해.

Ich brauche ( )

6 그는 그것을 필요로 해.

Er braucht ( )

7 그녀는 그들을 싫어해.

Sie hasst ( )

8 우리는 그녀들을 싫어해.

Wir hassen ( )

9 나는 그것을 먹어.

Ich esse ( )

10 우리는 그것을 먹어.

Wir essen ( )

11 그들은 나를 알아.

Sie kennen ( )

12 우리는 그를 알아.

Wir kennen ( )

13 나는 그녀를 알아.

Ich kenne ( )

14 나는 그것을 알아.

Ich kenne ( )

정답입니다! ① dich ② mich ③ ihn ④ ihn ⑤ es ⑥ es ⑦ sie ⑧ sie ⑨ es ⑩ es ⑪ mich ⑫ ihn ⑬ sie ⑭ es

Practice
나를, 너를, 우리를

 앞에서 배운 목적격 대명사를 활용하여, 다음 문장들을 독일어로 옮겨 적어 보세요.

1 나는 그를 사랑해.   **Ich liebe ihn.**

2 너는 그녀를 사랑해.

3 우리는 그를 사랑해.

4 나는 그들을 알아.

5 나는 너를 알아.

6 나는 그것을(중성) 알아.

7 나는 그를 알아.

8 그는 나를 알아.

9 그는 그것을(중성) 알아.

10 우리는 그녀들을 알아.

정답입니다! ❶ Ich liebe ihn. ❷ Du liebst sie. ❸ Wir lieben ihn. ❹ Ich kenne sie. ❺ Ich kenne dich.
❻ Ich kenne es. ❼ Ich kenne ihn. ❽ Er kennt mich. ❾ Er kennt es. ❿ Wir kennen sie.

맨 뒤에
Nicht

Let's start

한눈에 배운다!
목적어가 대명사일 때 부정문

따라 말하기

'**너**는 나를 사랑해.' 라고 말하려 합니다.
이 때 목적어는 '나를' 이라는 대명사이군요.

▶ 너는 나를 사랑해. [두 울리입스트 미히]

평서문: **Du**   **liebst**   **mich**

이번에는 '너는 나를 사랑하지 않아.' 라고 말하려 합니다. 대명사가 목적어로
있을 땐 대명사 뒤에 nicht를 붙여주면 부정문이 만들어집니다.

▶ 너는 나를 사랑하지 않아. [두 울리입스트 미히 니히트]

부정문: **Du**   **liebst**   **mich**   *nicht*

평서문	부정문
나는 나를 사랑해. Ich liebe *mich*.	나는 나를 사랑하지 않아. Ich liebe *mich* nicht.
나는 너를 사랑해. Ich liebe *dich*.	나는 너를 사랑하지 않아. Ich liebe *dich* nicht.
나는 당신을 사랑해. Ich liebe *Sie*.	나는 당신을 사랑하지 않아. Ich liebe *Sie* nicht.
나는 그를 사랑해. Ich liebe *ihn*.	나는 그를 사랑하지 않아. Ich liebe *ihn* nicht.
나는 그녀를 사랑해. Ich liebe *sie*.	나는 그녀를 사랑하지 않아. Ich liebe *sie* nicht.
나는 우리를 사랑해. Ich liebe *uns*.	나는 우리를 사랑하지 않아. Ich liebe *uns* nicht.
나는 너희들을 사랑해. Ich liebe *euch*.	나는 너희들을 사랑하지 않아. Ich liebe *euch* nicht.
나는 당신들을 사랑해. Ich liebe *Sie*.	나는 당신들을 사랑하지 않아. Ich liebe *Sie* nicht.
나는 그들을 사랑해. Ich liebe *sie*.	나는 그들을 사랑하지 않아. Ich liebe *sie* nicht.

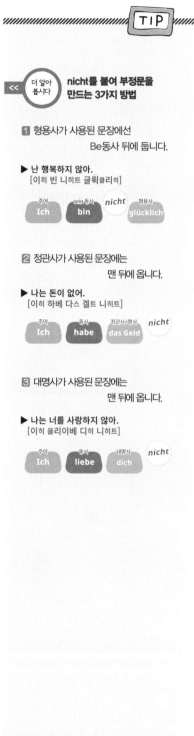

TIP

<< 더 알아
봅시다   **nicht를 붙여 부정문을
만드는 3가지 방법**

1 형용사가 사용된 문장에선
Be동사 뒤에 둡니다.

▶ **난 행복하지 않아.**
[이히 빈 니히트 글뤽클리히]

주어 **Ich**   sein동사 **bin**   *nicht*   형용사 **glücklich**

2 정관사가 사용된 문장에는
맨 뒤에 옵니다.

▶ **나는 돈이 없어.**
[이히 하베 다스 겔트 니히트]

주어 **Ich**   동사 **habe**   정관사+명사 **das Geld**   *nicht*

3 대명사가 사용된 문장에는
맨 뒤에 옵니다.

▶ **나는 너를 사랑하지 않아.**
[이히 울리이베 디히 니히트]

주어 **Ich**   동사 **liebe**   대명사 **dich**   *nicht*

162

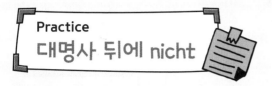

Practice
대명사 뒤에 nicht

 앞에서 배운 대명사를 활용하여, 다음 문장들을 독일어로 옮겨 적어 보세요.

1 나는 그를 사랑하지 않아.　　　Ich liebe ihn nicht.

2 너는 그녀를 사랑하지 않아.

3 우리는 그를 사랑하지 않아.

4 나는 당신들을 사랑하지 않아.

5 나는 너희들을 사랑하지 않아.

6 우리는 그것을 사랑하지 않아.

7 그들은 그녀를 사랑하지 않아.

8 그녀들은 그를 사랑하지 않아.

9 나는 그들을 사랑하지 않아.

10 너는 너를 사랑하지 않아.

정답입니다! 🔳 Ich liebe ihn nicht. 🔳 Du liebst sie nicht. 🔳 Wir lieben ihn nicht. 🔳 Ich liebe Sie nicht.
🔳 Ich liebe euch nicht. 🔳 Wir lieben es nicht. 🔳 Sie lieben sie nicht. 🔳 Sie lieben ihn nicht.
🔳 Ich liebe sie nicht. 🔳 Du liebst dich nicht.

따라 말하기

He gives me a book.
그는 나에게 책을 준다.

위의 문장에는 두 개의 목적어가 들어있습니다. '나에게'와 '책을'이 그 두 개입니다. '책을'처럼, 주어가 하는 행동의 직접적인 대상이 되는 것을 **'직접목적어'**라고 부릅니다. '나에게'처럼, 주어가 하는 행동의 영향을 받는 대상을 **'간접목적어'**라고 부릅니다. 앞에서 배운 인칭대명사들은 직접목적어로 쓰이는 인칭대명사였습니다. 이번에는 간접목적어로 쓰이는 인칭대명사들을 배워보겠습니다.

나에게	우리들에게
mir [미어]	**uns** [운스]
너에게	너희들에게
dir [디어]	**euch** [오이히]
당신에게	당신들에게
Ihnen [이낸]	**Ihnen** [이낸]
그에게, 그것에게	그들에게
ihm [임]	**ihnen** [이낸]
그녀에게	
ihr [이어]	

이 대명사들은 '3격 인칭대명사'라고 부릅니다.

TIP

더 알아
봅시다
인칭대명사의 어순

간접목적어로 쓰이는 인칭대명사 역시
동사의 바로 뒤에 자리합니다.

Er gibt mir ein Buch.

간접목적어와 직접목적어 둘 다 인칭대
명사일 경우, 직접목적어로 쓰이는 인칭
대명사를 항상 먼저 써줍니다.

필수 동사

geben [게벤] ~주다		
Ich	gebe	게베
Du	gibst	깁스트
Er/ Sie / Es	gibt	깁트
Wir	geben	게벤
Ihr	gebt	겝트
Sie	geben	게벤

sagen [자겐] ~입으로 말하다		
Ich	sage	자게
Du	sagst	작스트
Er/ Sie / Es	sagt	작트
Wir	sagen	자겐
Ihr	sagt	작트
Sie	sagen	자겐

Practice
나에게, 너에게, 우리에게

✏️ 간접목적어를 사용하여 다음 문장을 완성하세요.

1 그는 나에게 선물을 줘.

선물
[게쉥크]

⬚ ⬚ ⬚   **ein Geschenk**

2 나는 너에게 나의 비밀을 말해.

비밀
[게하임니스]

⬚ ⬚ ⬚   **mein Geheimnis**

3 나는 너에게 선물을 줘.

⬚ ⬚ ⬚   **ein Geschenk**

4 나는 당신에게 말해.

⬚ ⬚ ⬚

5 나는 당신들에게 말해.

⬚ ⬚ ⬚

6 나는 너에게 책을 줘.

⬚ ⬚ ⬚   **ein Buch**

7 그는 우리에게 독일어로 말해.

⬚ ⬚ ⬚   **auf Deutsch**

정답입니다! 1 Er gibt mir ein Geschenk. 2 Ich sage dir mein Geheimnis. 3 Ich gebe dir ein Geschenk.
4 Ich sage Ihnen. 5 Ich sage Ihnen. 6 Ich gebe dir ein Buch. 7 Er sagt uns auf Deutsch.

Practice
나에게, 너에게, 우리에게

 빈칸을 채워 보세요.

1 그것은 나에게 전부야.

전부
alles[알래스]

2 이것은 우리에게 하나의 선물이야.

3 그것은 당신들에게 좋다.

4 그들은 그녀에게 과일들을 사준다.

5 그것은 너에게 안 좋아.

6 이것들은 우리에게 전부야.

7 그는 우리에게 말해.

정답입니다! ▮ Das ist mir alles. ▮ Das ist uns ein Geschenk. ▮ Das ist Ihnen gut.
▮ Sie kaufen ihr Früchte. ▮ Das ist dir schlecht. ▮ Das sind uns alles. ▮ Er sagt uns.

한눈에 배운다!

4격 같은데 3격을 쓰는 경우

mich 말고 mir

동영상 강의

"그는 나를 돕고 있어." 라는 문장을 만들어 보려고 합니다. 위에서 배운 대로라면 4격을 사용해 '돕다'를 표현해야겠군요. 하지만 당혹스럽게도 이 경우 3격을 사용해야 합니다. 아래에서 배울 4개의 동사는 모두 3격을 사용합니다. 비록 4격처럼 보여도 말이죠.

▶ 그는 나를 돕는다. (그는 나에게 도움을 준다.) [에어 힐프f트 미어]

▶ 그녀는 나를 신뢰해. (그녀는 나에게 신뢰를 준다.)

Sie vertraut mir.

▶ 그는 나를 믿어. (그는 나에게 믿음을 준다.)

Er glaubt mir.

▶ 그녀는 나를 용서해. (그녀는 나에게 용서를 준다.)

Sie verzeiht mir.

이 단어들은 명령문하고 어울리기 때문에 이 단어들과 결합하는 명령문을 배워보도록 하겠습니다. 명령문은 주어를 생략하는 것으로 완성됩니다. 비록 주어가 없어도 동사를 보면 누구에게 하는 말인지 알 수 있습니다.

Hilf mir!　　　　　(너) 나 좀 도와줘!
Vertrau mir!　　　　(너) 나만 믿어!
Glaub mir!　　　　(너) 내 말을 믿어줘!
Verzeih mir!　　　　(너) 나를 용서해줘!

TIP

이들 4개의 동사를 외울 때 '나를 돕는다' 대신 '나에게 도움을 준다'라고 생각하면 쉽게 이들이 3격 동사라는 사실을 기억할 수 있습니다.

필수 동사

helfen [헬펜f] ~ 돕다

Ich	helfe	헬페f
Du	hilfst	힐프f스트
Er/ Sie / Es	hilft	힐프f트
Wir	helfen	헬펜f
Ihr	helft	헬프f트
Sie	helfen	헬펜f

glauben [글라우벤] ~ 믿다

Ich	glaube	글라우베
Du	glaubst	글라웁스트
Er/ Sie / Es	glaubt	글라웁트
Wir	glauben	글라우벤
Ihr	glaubt	글라웁트
Sie	glauben	글라우벤

vertrauen [페v어트라̃우엔] ~ 신뢰하다

Ich	vertraue	페v어트라우에
Du	vertraust	페v어트라우스트
Er/ Sie / Es	vertraut	페v어트라우트
Wir	vertrauen	페v어트라우엔
Ihr	vertraut	페v어트라우트
Sie	vertrauen	페v어트라우엔

verzeihen [페f어짜이엔] ~ 용서하다

Ich	verzeihe	페f어짜이에
Du	verzeihst	페f어짜이스트
Er/ Sie / Es	verzeiht	페f어짜이트
Wir	verzeihen	페f어짜이엔
Ihr	verzeiht	페f어짜이트
Sie	verzeihen	페f어짜이엔

격을 주의해야 하는 동사

 빈칸을 채워 보세요. 이 때 격 표시에 주의하세요.

1 그들은 나를 신뢰해.

( ) ( ) ( )

2 나는 너를 믿어.

( ) ( ) ( )

3 그들은 나를 도와.

( ) ( ) ( )

4 그녀는 나를 믿어.

( ) ( ) ( )

5 그녀는 나를 용서해.

( ) ( ) ( )

6 그녀는 나를 도와.

( ) ( ) ( )

7 우리는 너를 용서해.

( ) ( ) ( )

8 우리는 너를 신뢰해.

( ) ( ) ( )

9 (너) 나 좀 도와줘!

( ) ( ) !

10 (너) 나만 믿어!

( ) ( ) !

11 (너희들) 내 말을 믿어줘!

( ) ( ) !

12 (너희들) 나를 용서해줘!

( ) ( ) !

정답입니다! **1** Sie vertrauen mir. **2** Ich glaube dir. **3** Sie helfen mir. **4** Sie glaubt mir. **5** Sie verzeiht mir. **6** Sie hilft mir. **7** Wir verzeihen dir. **8** Wir vertrauen dir. **9** Hilf mir! **10** Vertrau mir! **11** Glaubt mir! **12** Verzeiht mir!

168

한눈에 배운다!
나의, 너의, 우리의

영어로
My

'내 집'을 영어로는 'my house'라고 합니다. 영어에서의 'my' 역시 형용사의 일종입니다. 보통은 '**소유 형용사**'라고 부릅니다.

$$my + 📗 = mein + 📕$$

영어와 마찬가지로 독일어에서도 '나의' 이외에 여러 가지 '소유 형용사'들이 있습니다. 아래는 인칭별 소유 형용사의 남성 단수 1격만 모은 것입니다.

나의 **mein** [마인]	우리들의 **unser** [운저]
너의 **dein** [다인]	너희들의 **euer** [오이어]
당신의 **Ihr** [이어]	당신들의 **Ihr** [이어]
그의, 그것의 **sein** [자인]	그들의 **ihr** [이어]
그녀의 **ihr** [이어]	

TIP

《 읽어
보세요

소유 형용사 = 인칭대명사 2격

인칭대명사 1격은 영어의 I, He 등에 해당하며, 첫 단원에서 배웠습니다.
인칭대명사 3, 4격은 영어의 Me, Him 등에 해당하며, 바로 앞에서 배웠습니다.
인칭대명사 2격은 영어의 My, His 등에 해당하며, '소유 형용사'라고도 부릅니다.

소유 형용사들은 성·수 구분과 격 표시에 따라 모두 각각 16가지로 변화합니다. 왼쪽에 있는 6가지 형태의 소유 형용사들은 각각 16가지로 변화하기 때문에 소유 형용사의 수는 모두 합쳐 96개에 이르는군요.

《 읽어
보세요

존대어 만들기

ihr는 원래 '그들의'를 의미합니다. 그런데 어째서 '당신의' (2인칭 존대어) Ihr로도 사용되는 것일까요?

Ihr   2인칭
ihr   3인칭

존댓말을 만드는, 다시 말해 조심스러움을 표현하는 방법에는 여러 가지가 있겠지만, 그중에 하나가 '일부러 부정확하게 말하기'입니다. 영어로 예를 들어 볼까요?

Can you?   할 수 있어?
Could you?   하실 수 있어요?

현재의 일인데도 일부러 과거형 could를 사용해 부정확하게 표현하고 있습니다. 이런 것이 바로 존대어입니다.

소유 형용사 **mein Vater**
나의 ~가   아버지

	명사가 남성일 때	명사가 여성일 때	명사가 중성일 때	명사가 복수일 때
1격 주격	**mein** Vater [마인 파터] 나의 아버지가	**meine** Mutter [마이내 물터] 나의 어머니가	**mein** Kind [마인 킨트] 나의 아이가	**meine** Kinder [마이내 킨더] 나의 아이들이
2격 소유격	**meines** Vaters [마이내스 파터스] 나의 아버지의	**meiner** Mutter [마이너 물터] 나의 어머니의	**meines** Kindes [마이내스 킨데스] 나의 아이의	**meiner** Kinder [마이너 킨더] 나의 아이들의
3격 간접목적격	**meinem** Vater [마이냄 파터] 나의 아버지에게	**meiner** Mutter [마이너 물터] 나의 어머니에게	**meinem** Kind [마이냄 킨트] 나의 아이에게	**meinen** Kindern [마이낸 킨던] 나의 아이들에게
4격 목적격	**meinen** Vater [마이낸 파터] 나의 아버지를	**meine** Mutter [마이내 물터] 나의 어머니를	**mein** Kind [마인 킨트] 나의 아이를	**meine** Kinder [마이내 킨더] 나의 아이들을

너의, 그의, 그것의

 다음의 표를 10번 읽어보세요.

너의
dein

	명사가 남성일 때	명사가 여성일 때	명사가 중성일 때	명사가 복수일 때
1격	*dein Vater* 다인 파터	*deine Mutter* 다이내 묻터	*dein Kind* 다인 킨트	*deine Kinder* 다이내 킨더
2격	*deines Vaters* 다이내스 파터스	*deiner Mutter* 다이너 묻터	*deines Kindes* 다이내스 킨데스	*deiner Kinder* 다이너 킨더
3격	*deinem Vater* 다이냄 파터	*deiner Mutter* 다이너 묻터	*deinem Kind* 다이냄 킨트	*deinen Kindern* 다이낸 킨던
4격	*deinen Vater* 다이낸 파터	*deine Mutter* 다이내 묻터	*dein Kind* 다인 킨트	*deine Kinder* 다이내 킨더

그의, 그것의
sein

	명사가 남성일 때	명사가 여성일 때	명사가 중성일 때	명사가 복수일 때
1격	*sein Vater* 자인 파터	*seine Mutter* 자이내 묻터	*sein Kind* 자인 킨트	*seine Kinder* 자이내 킨더
2격	*seines Vaters* 자이내스 파터스	*seiner Mutter* 자이너 묻터	*seines Kindes* 자이내스 킨데스	*seiner Kinder* 자이너 킨더
3격	*seinem Vater* 자이냄 파터	*seiner Mutter* 자이너 묻터	*seinem Kind* 자이냄 킨트	*seinen Kindern* 자이낸 킨던
4격	*seinen Vater* 자이낸 파터	*seine Mutter* 자이내 묻터	*sein Kind* 자인 킨트	*seine Kinder* 자이내 킨더

그녀의, 당신의
ihr, Ihr

	명사가 남성일 때	명사가 여성일 때	명사가 중성일 때	명사가 복수일 때
1격	*ihr Vater* 이어 파터	*ihre Mutter* 이어레 묻터	*ihr Kind* 이어 킨트	*ihre Kinder* 이어레 킨더
2격	*ihres Vaters* 이어레스 파터스	*ihrer Mutter* 이어러 묻터	*ihres Kindes* 이어레스 킨데스	*ihrer Kinder* 이어러 킨더
3격	*ihrem Vater* 이어렘 파터	*ihrer Mutter* 이어러 묻터	*ihrem Kind* 이어렘 킨트	*ihren Kindern* 이어렌 킨던
4격	*ihren Vater* 이어렌 파터	*ihre Mutter* 이어레 묻터	*ihr Kind* 이어 킨트	*ihre Kinder* 이어레 킨더

우리들의, 너희들의, 그들의

 다음의 표를 10번 읽어보세요.

우리들의

unser

	명사가 남성일 때	명사가 여성일 때	명사가 중성일 때	명사가 복수일 때
1격	*unser Vater* 운저 파터	*unsere Mutter* 운저레 뭍터	*unser Kind* 운저 킨트	*unsere Kinder* 운저레 킨더
2격	*unseres Vaters* 운저레스 파터스	*unserer Mutter* 운저러 뭍터	*unseres Kindes* 운저레스 킨데스	*unserer Kinder* 운저러 킨더
3격	*unserem Vater* 운저렘 파터	*unserer Mutter* 운저러 뭍터	*unserem Kind* 운저렘 킨트	*unseren Kindern* 운저렌 킨던
4격	*unseren Vater* 운저렌 파터	*unsere Mutter* 운저레 뭍터	*unser Kind* 운저 킨트	*unsere Kinder* 운저레 킨더

너희들의

euer

	명사가 남성일 때	명사가 여성일 때	명사가 중성일 때	명사가 복수일 때
1격	*euer Vater* 오이어 파터	*eure Mutter* 오이레 뭍터	*euer Kind* 오이어 킨트	*eure Kinder* 오이레 킨더
2격	*eures Vaters* 오이레스 파터스	*eurer Mutter* 오이러 뭍터	*eures Kindes* 오이레스 킨데스	*eurer Kinder* 오이러 킨더
3격	*eurem Vater* 오이렘 파터	*eurer Mutter* 오이러 뭍터	*eurem Kind* 오이렘 킨트	*euren Kindern* 오이렌 킨던
4격	*euren Vater* 오이렌 파터	*eure Mutter* 오이레 뭍터	*euer Kind* 오이어 킨트	*eure Kinder* 오이레 킨더

그들의, 그것들의
당신의, 당신들의

ihr,Ihr

	명사가 남성일 때	명사가 여성일 때	명사가 중성일 때	명사가 복수일 때
1격	*ihr Vater* 이어 파터	*ihre Mutter* 이어레 뭍터	*ihr Kind* 이어 킨트	*ihre Kinder* 이어레 킨더
2격	*ihres Vaters* 이어레스 파터스	*ihrer Mutter* 이어러 뭍터	*ihres Kindes* 이어레스 킨데스	*ihrer Kinder* 이어러 킨더
3격	*ihrem Vater* 이어렘 파터	*ihrer Mutter* 이어러 뭍터	*ihrem Kind* 이어렘 킨트	*ihren Kindern* 이어렌 킨던
4격	*ihren Vater* 이어렌 파터	*ihre Mutter* 이어레 뭍터	*ihr Kind* 이어 킨트	*ihre Kinder* 이어레 킨더

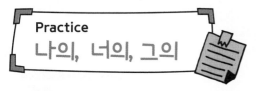

Practice
나의, 너의, 그의

 빈칸을 채우며, 소유 형용사에 익숙해지세요.

1 너의 어머니는

2 나의 아이들은

3 우리의 어머니는

4 그의 아이는

5 그녀의 아이들은

6 나의 아버지는

7 당신의 아이는

8 너희들의 아버지는

9 너의 아이가

10 너의 아이에게

11 나의 아버지를

12 우리의 아이들을

13 그의 아이들에게

14 그녀의 어머니는

정답입니다! 1 deine Mutter 2 meine Kinder 3 unsere Mutter 4 sein Kind 5 ihre Kinder 6 mein Vater
7 Ihr Kind 8 euer Vater 9 dein Kind 10 deinem Kind 11 meinen Vater 12 unsere Kinder
13 seinen Kindern 14 ihre Mutter

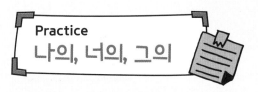

 소유 형용사 변형에 주의하여 문장을 만드세요.

1 나의 어머니는 선생님이다. 　　Meine Mutter ist Lehrerin.

2 나의 아버지는 한국 사람이다.

3 나는 아이들에게 말한다.

놀다
spielen [슈피일랜]

4 나의 고양이가 논다.

5 너의 어머니가 너를 필요로 한다.

6 나는 그의 아이들을 좋아한다.

7 우리의 어머니는 강하다.

8 당신의 고양이는 이상하다.

9 나의 어머니에게 준다.

10 너의 아이들은 예쁘다.

정답입니다! ⬛1 Meine Mutter ist Lehrerin. ⬛2 Mein Vater ist Koreaner. ⬛3 Ich sage Kindern.
⬛4 Meine Katze spielt. ⬛5 Deine Mutter braucht dich. ⬛6 Ich mag seine Kinder.
⬛7 Unsere Mutter ist stark. ⬛8 Ihre Katze ist merkwürdig. ⬛9 Ich gebe meiner Mutter.
⬛10 Deine Kinder sind schön.

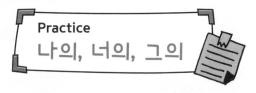

Practice
나의, 너의, 그의

따라 말하기

 소유 형용사 변형에 주의하여 문장을 만드세요.

1 이것은 나의 책이다.   Das ist mein Buch. ✎

_____

2 이것은 나의 자동차이다.

_____

3 이것은 너의 전화기이다.

전화기
Telefon[텔레폰ᶠ] 👤

_____

4 이 책은 너의 이야기이다.

이야기
Geschichte[게쉬히테] 👤

_____

5 이 사람은 너의 가족이다.

_____

6 나의 어머니는 너를 싫어한다.

_____

7 이 사람들은 너의 가족을 사랑한다.

_____

8 너의 어머니는 나에게 음식을 준다.

음식
Essen[에쎈] 👤

9 나는 그의 볼펜을 사용한다.

사용하다
verwenden
[페ᵛ어벤ᵛ덴]

_____

10 그녀는 나의 핸드폰을 사용한다.

핸드폰
Handy[핸디] 👤

_____

정답입니다! ❶ Das ist mein Buch. ❷ Das ist mein Auto. ❸ Das ist dein Telefon. ❹ Dieses Buch ist deine Geschichte. ❺ Diese Person ist deine Familie. ❻ Meine Mutter hasst dich. ❼ Diese Personen lieben deine Familie. ❽ Deine Mutter gibt mir Essen. ❾ Ich verwende seinen Kugelschreiber. ❿ Sie verwendet mein Handy.

1 류겐 섬에서 만나기로 했어.

CARLOTTA
Mama, wo ist meine Sonnenbrille?
맘마, 보ᵛ / 이스ㅌ / 마이내 존낸브릴래?
엄마, 어디 / ~이다 / 나의 선글라스?

MÜLLER
Deine Sonnenbrille ist da, auf dem Tisch.
다이내 존낸브릴래 / 이스ㅌ / 다,
아우ㅍf / 뎀 티쉬.
너의 선글라스 / ~이다 / 저기,
~위에 / 그 책상.

CARLOTTA
Wo sind unsere Flugtickets?
보ᵛ / 진ㅌ / 운저레 플f룩티켓츠?
어디 / ~이다 / 우리의 비행기 표들?

MÜLLER
Dein Vater hat Tickets und restliches Reisegepäck.
다인 파f터 / 하ㅌ / 티켓츠 /
운ㅌ / 레스틀리히에스 / 라이제게팩ㅋ.
너의 아버지가 / 가지고 있다 / 표들 /
그리고 / 나머지 / 짐.

CARLOTTA
Kommen deine Freundinnen zum Flughafen?
콤맨 / 다이내 프f로인딘낸 /
쭘 / 플f룩하펜f?
오다 / 당신(엄마)의 친구들(여성) /
~로 / 공항?

MÜLLER
Wir sehen uns auf der Rügen Insel.
비ᵛ어 / 제에엔 / 운스 / 아우ㅍf / 데어 뤼겐 인셀.
우리 / 보다 / 우리를 / ~위에 / 그 류겐 섬.

C : 엄마, 내 선글라스 어디에 있어?
M : 네 선글라스 저기 있잖아, 네 책상 위에.
C : 우리 비행기 표는 어디에 있어?
M : 표랑 나머지 짐들은 아빠가 가지고 있어.
C : 엄마 친구분들은 공항으로 와?
M : 류겐 섬에서 만나기로 했어.

남자친구, 여자친구, 친구들
남자친구 : **Freund** [프f로인ㅌ]
여자친구 : **Freundin** [프f로인딘]

남자 사람 친구들 : **Freunde** [프f로인데]
여자 사람 친구들 : **Freundinnen** [프f로인딘낸]

장소에 따른 전치사
섬, 산 : **auf** (영어의 on)
도시, 나라 : **in** (영어의 in)
바다 : **am** (영어의 at)

Juhu! Ferien!
유후! 페f리엔!
야호! 방학이다!

2 나의 책이야.

Hey! Jenes Buch ist meines.
헤이! 예내스 부흐 / 이스트 / 마이내스.
어이! 그 책 / ~이다 / 나의 것.

Ist dieses Buch deines?
이스트 / 디이제스 부흐 / 다이내스?
~이다 / 이 책 / 너의 것?

Ja, meines.
야, 마이내스.
응, 나의 것.

Du lügst.
두 / 율릭스트.
너 / 거짓말하다.

Das ist keine Lüge, sondern die Wahrheit! Das ist mein Buch.
다스 / 이스트 / 카이내 / 율뤼게, 존던 /
디 바v아하이트! 다스 이스트 / 마인 부흐.
이것 / ~이다 [부정] / 거짓말, 아니라 /
그 진실! 이것은 ~이다 / 나의 책.

Wie kannst du sicher sein?
비v / 칸스트 / 두 / 지히여 / 자인?
어떻게 / 할 수 있다 / 너 / 확신 / ~이다?

Mein Name steht auf der ersten Seite des Buches.
마인 나매 / 슈테에트 / 아우프f /
데어 에어스텐 자이테 / 데스 부헤스.
나의 이름 / 서다 / ~위에 /
그 첫 번째 장 / 그 책의.

J1 : 어이! 그 책은 내 거야.
J2 : 이 책이 네 거라고?
J1 : 응, 내 거라니까.
J2 : 거짓말.
J1 : 거짓말 아니야! 진짜라니까! 이것은 내 책이야.
J2 : 네 건지 어떻게 확신해?
J1 : 첫 장에 내 이름이 적혀 있거든.

TIP

나의 것 meines
나의 것 : meines, meiner, meine, meins
너의 것 : deines, deiner, deine, deins

lügen
ich lüge [율뤼겐]	: 나는 거짓말하다
du lügst [율릭스트]	: 너는 거짓말하다
er lügt [율릭스트]	: 그는 거짓말하다
wir lügen [율뤼겐]	: 우리는 거짓말하다
ihr lügt [율릭스트]	: 당신은 거짓말하다
sie lügen [율뤼겐]	: 그들은 거짓말하다

접속사 sondern
'그렇지 않고, 그것과는 달리'라는 뜻의 접속사입니다.

erste Seite des Buches
'책의 첫 번째 장 (frist page of the book)'
이라는 의미입니다. '첫 번째'를 뜻하는 erste는
형용사이기 때문에 격 표시에 따라 ersten이
되었습니다.

Zeig mir.
짜익 / 미어.
보이다 / 나에게.

Schau mal.
샤우 / 말.
봐 / 한번.

Ist dein Name Jon?
이스트 / 다인 나매 / 욘?
~이다 / 너의 이름 / 욘 남성이름?

Ja. Siehst du das?
야. 지이스트 / 두 / 다스?
응. 보다 / 너 / 이것을?

Es gibt ein Problem.
Mein Name ist auch Jon.
에스 / 깁트 / 아인 프로블램.
마인 나매 / 이스트 / 아우흐 / 욘.
그것 / 주다 / 하나의 문제를.
나의 이름 / ~이다 / 역시 / 욘 남성이름.

Was?
바V스?
무엇?

Bist du sicher?
Ich glaube, das ist mein Buch.
비스트 / 두 / 지히여?
이히 글라우베, 다스 이스트 / 마인 부흐.
~이다 / 너 / 확실한?
나는 믿는다, 이것이 ~이다 / 나의 책.

J2 : 보여줘 봐.
J1 : 한번 보자.
J2 : 네 이름이 욘이니?
J1 : 응. 그것 봐.
J2 : 문제가 있어. 내 이름도 욘이야.
J1 : 뭐라고?
J2 : 이게 네 것인 게 확실해? 내가 볼 땐 이건 내 책이야.

Nimms einfach mit.
님스 아인파f흐 밑.
그냥 네가 가져.

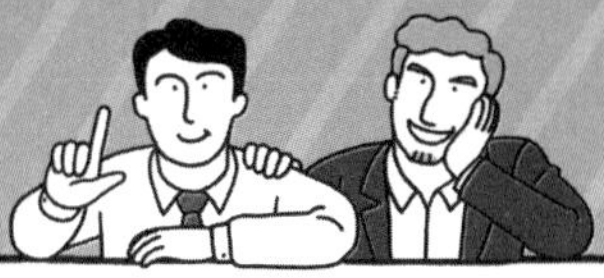

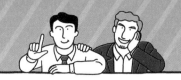

3 가방을 집에 두고 왔어.

LENA
Kannst du mir dein Buch ausleihen?
칸스트 / 두 / 미어 / 다인 부흐 / 아우슬라이엔?
할 수 있다 / 너 / 나에게 / 너의 책을 / 빌려주다?

MAGDALENA
Hast du dein Buch nicht?
하스트 / 두 / 다인 부흐 / 니히트?
갖고 있다 / 너 / 너의 책을 / 부정?

LENA
Nein, mein Buch ist zu Hause.
나인, 마인 부흐 / 이스트 / 쭈 하우제.
아니, 나의 책은 / ~있다 / 집에.

Kannst du mir deinen Rotstift ausleihen?
칸스트 / 두 / 미어 / 다이낸 롯슈티프f트 / 아우슬라이엔?
할 수 있다 / 너 / 나에게 / 너의 빨간 볼펜을 / 빌려주다?

MAGDALENA
Hast du deinen Rotstift nicht?
하스트 / 두 / 다이낸 롯슈티프f트 / 니히트?
가지고 있다 / 너 / 너의 빨간 볼펜을 / 부정?

LENA
Nein, er ist zu Hause.
나인, 에어 / 이스트 / 쭈 하우제.
아니, 그것 / ~있다 / 내 집에.

Sind diese deine Papierblätter?
진트 / 디이제 / 다이내 파피이어블랱터?
~이다 / 이것들 / 너의 종이들?

Kann ich ein paar haben?
칸 / 이히 / 아인 파아 / 하벤?
할 수 있다 / 나 / 하나의 쌍의 / 가지다?

L : 네 책 좀 빌려줄 수 있어?
M : 네 책 없어?
L : 응, 내 책은 집에 있어.
네 빨간색 볼펜 빌려줄 수 있어?
M : 네 빨간색 볼펜 없어?
L : 응, 그것은 집에 있어.
이것들은 네 종이니?
내가 몇 장 가져가도 돼?

TIP

ausleihen과 leihen
두 단어 모두 **빌리다, 빌려주다**라는 의미를 가진 동사입니다. 둘 중 어떤 동사를 써도 대부분 무관합니다. 하지만 **ausleihen이 빈도가 더 높게 쓰이고, leihen은 추상적인 것들**에도 적용 가능합니다.

나의 목소리를 빌려주다.
Ich leihe meine Stimme.

Farben [파f아벤] **색들**
검은색 : schwarz [슈바v아쯔]
흰색 : weiß [바v이쓰]
회색 : grau [그라우]
빨간색 : rot [로트]
주황색 : orange [오랑줴]
노란색 : gelb [겔브]
초록색 : grün [그륀]
파란색 : blau [블라우]
남색 : marineblau [마린블라우]
보라색 : lila [을릴라]
분홍색 : rosa [로자]
갈색 : braun [브라운]

색들은 형용사이기 때문에 성 · 수 구분과 격 표시를 갖습니다.

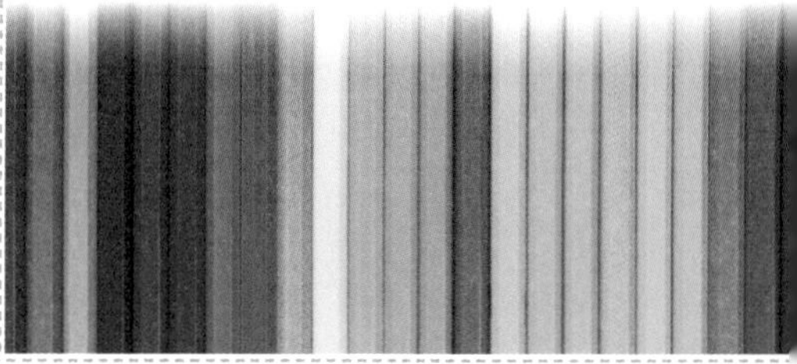

Du nervst mich!

두 / 내어프^f스트 / 미히!
너 / 귀찮게 하다 / 나를!

Wo sind deine Sachen?

보ᵛ / 진트 / 다이내 자헨?
어디 / ~있다 / 너의 물건들은?

Meine Sachen sind zu Hause.

마이내 자헨 / 진트 / 쭈 하우제.
나의 물건들은 / ~있다 / 집에.

Meine Tasche ist zu Hause.

마이내 타쉐 / 이스트 / 쭈 하우제.
내 가방은 / ~있다 / 집에.

M : 귀찮게 구네!
　　네 소지품은 다 어디에 있어?
L : 내 소지품은 다 집에 있어.
　　내 가방은 집에 있어.

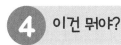

Was ist das?

바ᵛ스 / 이스트 / 다스?
무엇 / ~이다 / 그것?

Das ist meine Gitarre.

다스 이스트 / 마이내 기타레.
이것은 ~이다 / 나의 기타.

Berühr meine Gitarre nicht!

베뤼어 / 마이내 기타레 / 니히트!
만져 / 나의 기타 / 부정 !

M : 그게 뭐야?
W : 그건 내 기타야.
　　내 기타 만지지 마!

Frag nicht so oft!
프락 니히트 조 오프트!
그렇게 자꾸 물어보지 마!

기타 이외의 악기들은 어떻게 말할까요?

피아노 : Piano [피아노] (중성)
　　　　 : Klavier [클라비어] (중성)

첼로 : Cello [첼로] (중성)

플루트 : Querflöte [크베ᵛ어플^f뢰테](여성)

바이올린 : Violine [비ᵛ올리내](여성)
　　　　　 : Geige [가이게] (여성)

비올라 : Viola [비ᵛ올라] (여성)
　　　　 : Bratsche [브랏췌] (여성)

클라리넷 : Klarinette [클라리넷테] (여성)

하프 : Harfe [하아페^f] (여성)

색소폰 : Saxophon [삭소폰^f] (중성)

그렇다면 전자기타, 전자피아노는 어떻게 말할
까요? 앞에 **'E-'**만 붙여주면 된답니다.

전자기타 : E-Gitarre [에 기타레]

전자피아노 : E-Piano [에 피아노]

MICHAEL

Was sind das?

바V스 / 진트 / 다스?
무엇 / ~이다 / 그것들?

WILHELM

Das sind meine Mangas.

다스 진트 / 마이내 망가스.
그것들은 ~이다 / 나의 만화책들.

Sie sind mir wertvoll.

지 진트 / 미어 / 베V어트폴f.
그것들은 ~이다 / 나에게 / 소중한.

MICHAEL

Was ist das?

바V스 / 이스트 / 다스?
무엇 / ~이다 / 그것?

WILHELM

Das ist mein Laptop.

다스 이스트 / 마인 을렙톱.
그것은 ~이다 / 나의 노트북.

Sei vorsichtig!

자이 포f어지히티히!
조심해!

Er ist leicht zerbrechlich.

에어 이스트 / 을라이히트 / 쩨어브뢔힐리히.
그것은 ~이다 / 쉽게 / 부서지는.

> **M :** 그럼 이것들은 뭐야?
> **W :** 그건 내 만화책들이야.
>   나한테 소중한 것이야.
> **M :** 그럼 그건 뭐야?
> **W :** 그건 내 노트북이야.
>   그것도 엄청 약하니까 조심해!

Was ist dann das?
바V스 / 이스트 / 단 / 다스?
무엇 / ~이다 / 그러면 / 그것?

Das ist mein Handy.
다스 이스트 / 마인 핸디.
그것은 ~이다 / 나의 핸드폰.

Hör mit den Fragen auf und geh aus meinem Zimmer.
훼어 / 밑 / 덴 프f라겐 / 아우프f /
운트 / 게 / 아우스 / 마이넴 찜머.
그만해 분리동사 / ~와 함께 / 그 질문들 / 분리전철 /
그리고 / 가 / ~으로부터 / 나의 방에서.

Warum?
바V룸?
왜?

Weil du nervig bist.
바V일 / 두 / 내어피f히 / 비스트.
왜냐하면 / 너 / 성가신 / ~이다.

Warum?
바V룸?
왜?

Ach, raus!
아흐, 라우스!
에휴, 나가!

M : 그럼 그건 뭐야?
W : 그건 내 휴대전화기야.
　　 질문 그만하고 내 방에서 나가.
M : 왜?
W : 왜냐하면, 네가 나를 못살게 굴거든.
M : 왜?
W : 됐어, 나가!

hör auf!
원래의 형태는 **aufhören** 입니다.
이 동사는 분리동사로 본문에서와 같이 **auf**와 **hören**을 분리해서 문장에 사용되고 있습니다.
이때, 전철에 해당하는 **auf**는 문장의 맨 뒤가 아닌 절의 맨 뒤인 **und** 앞에 옵니다.

분리동사가 나왔을 때,
명령문 만드는 법도 살펴볼까요?
일반동사에서는 en을 제거하면 명령문이 됩니다.
분리동사도 en을 제거합니다.
(aufhören → aufhör)
다음에 평서문처럼 전철을 분리해 주면 명령문이 완성됩니다.

Raus!
raus는 Heraus의 줄임말이자 구어적 표현으로 '밖', '밖으로'를 의미합니다. 여기서는 '**나가!**'라는 의미로 쓰였습니다.

5 그럼 너는 알아?

SOPHIE

Meine Liebe, weißt du wo mein Handy ist?
마이내 을리이베, 바∨이쓰트 / 두 /
보∨ / 마인 핸디 / 이스트?
나의 사랑, 알다 / 너 /
어디에 / 내 핸드폰이 / ~있다?

CARLOS

Nein, ich weiß es nicht. Entschuldigung.
나인, 이히 바∨이쓰 / 에스 / 니히트. 엔트츌디궁.
아니, 나는 알다 / 그것 / [부정]. 미안하다.

SOPHIE

Es ist okay.
에스 이스트 / 오케이.
그것은 ~이다 / 괜찮은.

Kannst du mich anrufen? Ich finde mein Handy nicht.
칸스트 / 두 / 미히 / 안루펜f?
이히 핀f데 / 마인 핸디 / 니히트.
할 수 있다 / 너 / 나에게 / 전화를?
나는 찾아내다 / 나의 핸드폰을 / [부정].

CARLOS

Klar. Was ist deine Nummer?
클라아. 바∨스 이스트 / 다이내 눔머?
당연한. 무엇 ~이다 / 너의 전화번호는?

SOPHIE

Meine Nummer lautet… Warte! Du kennst meine Nummer nicht?
마이내 눔머 / 을라우테트… 바∨아테!
두 / 캔스트 / 마이내 눔머 / 니히트?
나의 번호는 / ~이다… 기다려!
넌 / 알다 / 나의 번호를 / [부정]?

S : 자기야, 내 휴대전화기가 어디 있는지 알아?
C : 아니 자기야. 미안해.
S : 괜찮아.
　　내 번호로 전화해 줄 수 있어? 내 휴대전화기를 못 찾겠어.
C : 당연하지. 네 번호가 뭐더라?
S : 내 번호는… 잠깐! 내 번호를 모른다고?

Kennen, Wissen
kennen과 wissen은 한국어로 번역하면 똑같이 '알다'입니다. 그러나 이 두 단어에는 미묘하지만 확실한 구분이 있습니다.

예를 들어 제임스라는 사람이 있다고 가정해보죠. 이 제임스를 안다! 할 땐 kennen이 쓰입니다. 하지만 제임스의 성격이나 사람 됨됨이에 대해서 안다고 할 때는 wissen을 사용합니다. 또 하나의 예를 들어보겠습니다. 축구경기를 보러 가는데 그 축구장이 존재한다는 사실을 알 때는 kennen을 쓰지만, 그 축구 경기장이 어디 있는지 안다고 할 때는 wissen을 씁니다.

정리하자면 kennen은 표면적인 것, 대부분의 명사와 대명사에 대해, wissen은 조금 더 구체적인 것, 지식에 대해 사용한다고 하겠습니다.

Tu das Handy weg!
투 다스 핸디 백∨
휴대폰 저리 치워!

Du kennst meine Nummer auch nicht.

두 / 캔스트 / 마이내 눔머 / 아우흐 / 니히트.
너 / 알다 / 나의 번호를 / 역시 / 부정.

Wann ist mein Geburtstag?

반V / 이스트 / 마인 게부엇츠탁?
언제 / ~이다 / 나의 생일이?

Oder unser Jahrestag?

오더 / 운저 야아레스탁?
아니면 / 우리 기념일은?

Ich kann nicht sofort sagen.

이히 칸 / 니히트 / 소포f엇트 / 자겐.
나는 할 수 있다 / 부정 / 당장 / 말하다.

Ich kann das nicht glauben.

이히 칸 / 다스 / 니히트 / 글라우벤.
나는 할 수 있다 / 이것 / 부정 / 믿다.

Was ist mein Lieblingsfußballteam?

바V스 / 이스트 / 마인 / 을리이블링스푸f쓰발티임?
무엇 / ~이다 / 나의 / 가장 좋아하는 축구팀?

C : 너도 내 번호 모르잖아.
S : 그러면 내 생일은 언제인지 알아?
　　그럼 우리 기념일은?
C : 알지만 지금 당장은 기억이 안 나.
S : 믿을 수가 없네.
C : 그러면 넌 내가 제일 좋아하는 팀이 누군지 알아?

한국에는 없는 다른 기념일들

Namenstag [나맨스탁] : 가톨릭 이름들은 일 년 중 하루 해당 이름의 기념일이 정해져 있습니다. 예를 들어 **Felix**란 이름의 기념일은 1월 14일이죠. 1월 14일이 되면 전국의 **Felix**들은 마치 생일처럼 기념합니다. 한국은 이름이 다양해서 이런 기념일은 상상하기 힘들죠. 하지만 이름의 다양성이 비교적 적고, 가톨릭 국가였던 나라들에서는 아직도 이런 관습이 남아 있습니다.

Fastnacht, Fasching
[페f스트나흐트, 파f슁] :
가톨릭에서 6주간의 단식에 들어가기 전, 축제하고 기념을 하는 날입니다. 요즘에는 재미있는 분장을 하거나 미국의 할로윈처럼 복장을 하고 다니는 날로 변질했습니다. 마치 크리스마스처럼 말이죠. 국가 공휴일은 아니지만, 독일권 학교에서는 Fasching, Fastnacht(지역에 따라 쓰는 단어가 다르다.) 가 되면 변장, 가장하고 학교에서 나와 기념합니다.

가장 좋아하는 것

독일어에서는 좋아하는 것에 대해 말할 때 영어처럼 'favorite' 같은 형용사를 쓰지 않고 **복합명사** 형태로 씁니다.

Lieblingsfarbe [을리이블링스파f아베]
: 가장 좋아하는 색

Lieblingsauto [을리이블링스아우토]
: 가장 좋아하는 자동차

이처럼 **Lieblings** 다음에 명사를 붙여서 복합명사를 만들어줍니다. 물론 그에 따라 성·수를 구분해줍니다.

SOPHIE

FC Bayern München.

에프f체 바이언 뮌히엔.
에프씨 바이에른 뮌헨.

CARLOS

Du hast recht…

두 하스트 / 레히트…
너는 가지고 있다 / 옳은…

SOPHIE

Du weißt nichts von mir.

두 바V이쓰트 / 니히츠 / 폰f / 미어.
너는 알다 / 0개 / ～대해서 / 나에게.

CARLOS

Das stimmt nicht.

다스 / 슈팀트 / 니히트.
그것 / 맞다 / 부정.

Ich werde ein Heft
für solche Dinge kaufen.

이히 베V어데 / 아인 헤프f트 /
퓌f어 / 졸히에 딩에 / 카우펜f.
나는 할 것이다 / 하나의 수첩을 /
～위해 / 그런 것들 / 사다.

S : 바이에른 뮌헨 이잖아.
C : 맞아…
S : 너는 나에 대해 아무것도 몰라.
C : 그게 아니야.
　　그런 것들을 위해 수첩 하나 살게.

Was ist dein Lieblingsfußballteam?
바V스 이스트 다인 리이블링스푸f쓰발티임?
네가 가장 좋아하는 축구 팀은 뭐야?

그리고 중성 명사에는 어린아이를 등장시켜서 상황을 만들어봐.

티셔츠를 입은 아이

처음에는 외우기 어렵지만, 일단 한번 익숙해지면 그때부터는 쉬워져.

잘 부탁해~

나도!

그리고 이쯤에서 여러분에게 고백해야 할 말이 있어.

이번엔 또 뭐냐고?

정말이지 내가 너무했어, 용서해 줘.

나 많이 반성하고 있어....

아까 내가 격 표시에 대해 말해준 거 기억나니?

격

격이란 건 어순을 자유롭게 하기 위해 형용사에 붙여주는 표시라고 했지.

자유다, 자유야~!

어순

요정들은 단어의 '성 구분'에 익숙해지자

형용사에 격도 표시해주기로 했어.

??

성

격 표시

독일어 형용사

그렇게 성 구분과 격까지 형용사에 표시해 주다 보니

무거워, 살려줘....

성 구분

격 표시

독일어 형용사

격과 성에 맞춰 무려 12개의 표현을 만들어냈어.

아니, 이게 뭐야?!

악!

말리지 못해서 미안해....

그리고 우리들도 어려웠던 나머지 단어 중 몇 개는 나중에 그냥 똑같이 써버렸어.

	남성	여성	중성
주격			
목적격			
간접 목적격			
소유격			

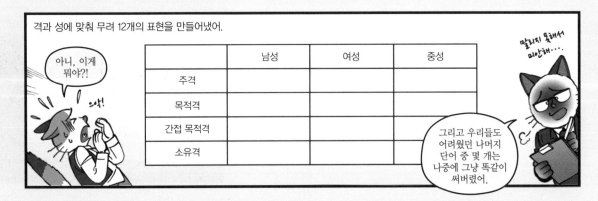

여러분의 짐은 정확히 12배가 되어버린 거야….

정말 미안해…. 이렇게 글로벌 시대가 도래할 줄 몰랐어.

언제 이렇게 발전한 거야!

한국 사람이 독일어를 배우게 되리라고는 미처 생각지 못했던 내 탓이야.

우리 탓도 조금은….

그렇지만 한국에서도 독일어는 꽤나 유용해.

법을 공부하는 학생들에게.

독일에서 일본을 지나왔지.

철학이나 의학을 공부하는 학생들에게.

고등학교 때부터 꾸준히 한국인을 괴롭히는 독일인 철학자들

← 칸트

헤겔 ↙

신학을 공부하는 사람들에게 아직 끗발을 자랑하는 언어야.

특히 음악을 공부하는 학생들에게는 절대적이지.

바흐

슈베르트 ↙

게다가 유럽에서 가장 사용하는 사람이 많은 언어라서 지금도 주요 국제어 중 하나라고 볼 수 있어.

폴란드 · 이탈리아 · 독일 · 프랑스 · 스페인

EU (유럽 연합)

그리고 취미로 무작정 도전하기엔 어려운 언어이긴 하지만

끝이 안 보여….

워낙 어렵다 보니 독일어를 배우면서 나름의 자부심을 느끼기도 해.

내가 해냈다!

하도 어렵다 어렵다 하니까 독일어가 더 어렵게 느껴지지?

겁내지 마. 격 표시나 성 구분에 대한 이야기는 절대로 그러라고 해준 말이 아니야.

아니란 건 아니지만 벌써 겁먹지 마!

우리가 해왔던 공부는 대부분 시험과 관련된 것이었기 때문에

어렵다….

수능 D-7

사람들은 뭐든지 완벽하게 하려고 하고 틀리지 않으려고 해.

100년 외우기!

물론 독일어의 성 구분을 알지 못하면 절대 독일어를 완벽하게 말할 수 없어.

독일어가 맞긴 맞는데….

하지만 사실 완벽하게 말하는 건 중요하지 않아.

팍팍하게 생각하지 마~

단어의 성 구분을 할 줄 안다면 더욱 정확하게 말할 수 있겠지만

woman

man

!!!

단어의 성별을 잘못 말한다고 해서 독일인이 내 말을 알아듣지 못하는 건 아니야.

…!

중요한 것은 맞고 틀리는 게 아니라 상대방과의 의사소통이 아닐까?

그 가게

맛있다

맞아, 거기 또 갈까?

그러니까 너무 걱정하지 않았으면 좋겠어.

Don't worry, Be happy!

틀린 말이라도 무작정 써보고 입 밖으로 꺼내 보는 습관. 그게 모든 어학의 시작이야.

세상은 뜻만 통하면 되는 거 아닐까?

그럼 이제 정말 공부를 시작해볼까?

재미있게 배우는 일만 남은 거야!

05

동사를 도와주는
조동사

Ich kann ein bisschen Deutsch sprechen.
저는 독일어를 조금 할 줄 압니다.

한눈에 배운다!

동사를 도와주는 조동사

동사를 맨 뒤로

영어에서의 can, will, must 등을 뭐라고 부르지요? '조동사'라고 합니다.
조동사는 동사의 바로 앞에 놓여 동사를 돕습니다. 그리고 뒤의 동사는 항상 원형
의 형태로 사용됩니다.

독일어에도 영어에서처럼 동사를 도와주는 동사, 즉 조동사가 있습니다. 하지만
독일어의 조동사 사용법은 영어에서의 그것과 매우 다릅니다. '~할 수 있다'는 뜻
의 독일어 조동사인 können[쾬넨]을 예로 들어 살펴보겠습니다.

▶ 나는 독일어를 할 수 있어.

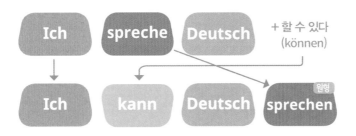

동사가 원형으로 쓰이는 것은 영어나 독일어나 똑같습니다. 하지만 조동사 바로
뒤에 동사 원형이 붙어 나오는 영어와는 달리, 독일어에서는 조동사와 동사 원형
이 붙어 나오지 않습니다. 원래 동사가 있던 자리를 조동사가 차지하고, 동사는 문
장의 맨 끝으로 밀려납니다. 여기서 조동사는 주어에 따라 변화하고 동사는 원형
을 써줍니다.

독일어의 조동사 7가지를 배워보도록 하겠습니다.

<< 더 알아
봅시다 | **wollen동사와 werden동사**

wollen동사와 werden동사를 영어로 표
현하면 둘 다 will에 가깝습니다. 하지만
wollen으로는 미래를 표현할 수 없고 단
지 의지를 표현합니다. 미래의 will을 나
타내는 조동사는 werden입니다.

1 의지를 표현하는 조동사 wollen
Ich will einen Hund haben!
[이히 빌ᵛ 아이낸 훈트 하벤]
나는 강아지를 갖고 싶어!

2 미래를 나타내는 조동사 werden
Ich werde einen Hund haben!
[이히 베ᵛ어데 아이낸 훈트 하벤!]
나는 강아지를 가질 거야!
*강아지를 가진다는 사실을 이미 알고 있을
때, 혹은 앞으로 강아지를 가질 거라는 예상을
표현할 때.

<< 더 알아
봅시다 | **조동사 mögen과 möchten**

möchten은 사실 mögen이라는 동사의
변화형입니다. mögen 동사는 '~을 좋아
하다'는 뜻의 일반 동사로도 쓰입니다.
mögen은 캐주얼한 표현, möchten은
예의 바르거나 정중한 표현으로 사용됩
니다.

▸ mögen [친구끼리 사용하는 표현]
Ich mag eine Pizza essen.

▸ möchten [예의 바른 표현]
Ich möchte eine Pizza essen.

1 mögen = want [~하고 싶다]

'~하고 싶다'는 뜻입니다. 평소에 쉽게 쓸 수 있는 말입니다.
또, 이 동사는 영어의 like 같은 의미로도 사용됩니다.

▶ 나는 커피를 마시고 싶어.

| Ich | mag | Kaffee
커피 | trinken
마시다 |

동사 원형

2 möchten = want, would like to [~하고 싶다]

위에서 배운 mögen 과 같은 의미의 동사입니다. 좀 더 공손하게 말하고
싶다거나, 원하는 바가 간절할 때 이 동사를 사용합니다.

▶ 저는 커피를 마시고 싶어요.

| Ich | möchte | Kaffee
커피 | trinken
마시다 |

동사 원형

3 wollen = will [~하고싶다, ~할 것이다]

mögen 과 möchten 처럼 자신의 의지를 나타내지만,
그 의지가 좀 더 강할 때 쓰입니다.

▶ 나는 커피를 마시고 싶어!

| Ich | will | Kaffee
커피 | trinken
마시다 |

동사 원형

4 werden = will [~할 것이다, ~한다]

'~할 것이다'라는 뜻의 조동사입니다. 미래 시제 표현의 조동사 입니다.

▶ 나는 커피를 마실 거예요.

| Ich | werde | Kaffee
커피 | trinken
마시다 |

동사 원형

필수 동사

mögen [뫼겐] ~일지도 모른다

Ich	mag	막
Du	magst	막스트
Er/ Sie / Es	mag	막
Wir	mögen	뫼겐
Ihr	mögt	뫼ㅌ
Sie	mögen	뫼겐

möchten [뫼흐텐] ~하고 싶다

Ich	möchte	뫼흐테
Du	möchtest	뫼스테스트
Er/ Sie / Es	möchte	뫼스테
Wir	möchten	뫼스텐
Ihr	möchtet	뫼스테드
Sie	möchten	뫼흐텐

wollen [볼Ｖ렌] ~할 것이다

Ich	will	빌Ｖ
Du	willst	빌Ｖ스트
Er/ Sie / Es	will	빌Ｖ
Wir	wollen	볼Ｖ렌
Ihr	wollt	볼Ｖㅌ
Sie	wollen	볼Ｖ렌

werden [베Ｖ어덴] ~할 것이다

Ich	werde	베Ｖ어데
Du	wirst	비Ｖ어스트
Er/ Sie / Es	wird	비Ｖ어트
Wir	werden	베Ｖ어덴
Ihr	werdet	베Ｖ어데트
Sie	werden	베Ｖ어덴

5 dürfen = can, may [~해도 된다]

'~해도 된다'라고 무엇인가를 허가해 줄 때 사용하는 조동사입니다.

▶ 커피를 마셔도 괜찮습니다.

Ich   darf   커피 Kaffee   마시다 trinken ← 동사 원형

6 können = can [~할 수 있다]

'~할 수 있다'는 뜻입니다. 영어의 can과 같이 '가능'을 뜻하는 조동사입니다.

▶ 나는 커피를 마실 수 있습니다.

Ich   kann   커피 Kaffee   마시다 trinken ← 동사 원형

7 müssen = have to, must [~해야 한다]

'~해야 한다'는 뜻의 조동사입니다.
영어의 have to 처럼 강제성을 가진 의무를 나타냅니다.

▶ 나는 커피를 마셔야 한다.

Ich   muss   커피 Kaffee   마시다 trinken ← 동사 원형

필수 동사

dürfen [뒤르펜] ~해도 된다

Ich	darf	다아프
Du	darfst	다아프스트
Er/ Sie / Es	darf	다아프
Wir	dürfen	뒤어펜f
Ihr	dürft	뒤어프트
Sie	dürfen	뒤어펜f

können [쾐낸] ~ 할 수 있다

Ich	kann	칸
Du	kannst	칸스트
Er/ Sie / Es	kann	칸
Wir	können	쾐낸
Ihr	könnt	쾐트
Sie	können	쾐낸

müssen [뮈쎈] ~해야 한다

Ich	muss	무쓰
Du	musst	무쓰트
Er/ Sie / Es	muss	무쓰
Wir	müssen	뮈쎈
Ihr	müsst	뮈쓰트
Sie	müssen	뮈쎈

arbeiten [아바이텐] ~일하다

Ich	arbeite	아바이테
Du	arbeitest	아바이테스트
Er/ Sie / Es	arbeitet	아바이테트
Wir	arbeiten	아바이텐
Ihr	arbeitet	아바이테트
Sie	arbeiten	아바이텐

따라 말하기

✏️ 해석을 보고 비어 있는 풍선의 각 칸을 채워 보세요. 주어에 따라 조동사의 형태가 달라진다는 점, 조동사가 있을 때 동사는 원형으로 쓰인다는 점에 유의하세요.

1 나는 커피를 마시고 싶어.

Ich | trinke (마시다) | Kaffee (커피) | + mögen

Ich | mag | Kaffee | trinken (원형)

2 저는 커피를 마시고 싶어요.

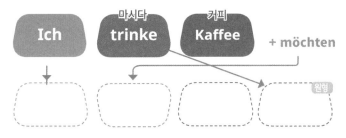

Ich | trinke (마시다) | Kaffee (커피) | + möchten

3 나는 커피를 마시고 싶어!

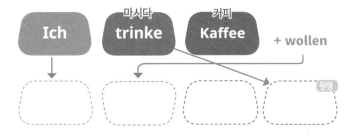

Ich | trinke (마시다) | Kaffee (커피) | + wollen

4 나는 커피를 마실 거예요.

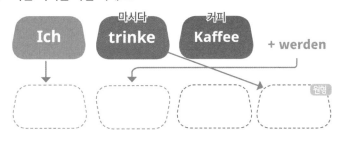

Ich | trinke (마시다) | Kaffee (커피) | + werden

· 정답입니다! ·
1️⃣ Ich mag Kaffee trinken.
2️⃣ Ich möchte Kaffee trinken.
3️⃣ Ich will Kaffee trinken.
4️⃣ Ich werde Kaffee trinken.

5 나는 커피를 마셔도 괜찮습니다.

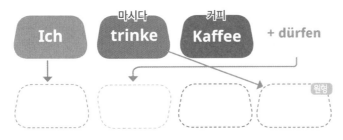

6 나는 커피를 마실 수 있다.

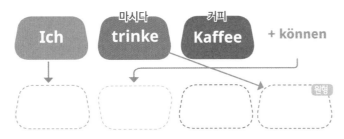

7 나는 커피를 마셔야 한다.

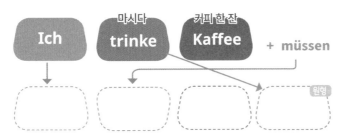

정답입니다!
5 Ich darf Kaffee trinken.
6 Ich kann Kaffee trinken.
7 Ich muss Kaffee trinken.

Practice
조동사

따라 말하기

 다음 문장을 독일어로 적어보세요.

1 나는 한국어를 배우고 싶어요. Ich mag Koreanisch lernen. ✎

2 그는 맥주를 마시고 싶어해요.

wollen

3 저는 그를 사랑하고 싶어요.

möchten

4 나는 그 차를 운전할 수 있어.

5 넌 내 엄마를 만나야 해.

6 당신은 그 자동차를 운전해도 괜찮습니다.

자동차
Auto[아우토]

7 나는 사과 한 개를 먹을 거야.

8 바나나 하나 먹어도 괜찮습니다.

9 당신은 자야 한다.

자다
schlafen[슐라펜ᶠ]

10 당신은 제 컴퓨터를 사실 수 있습니다.

· 정답입니다! · ① Ich mag Koreanisch lernen. ② Er will Bier trinken. ③ Ich möchte ihn lieben.
④ Ich kann das Auto fahren. ⑤ Du musst meine Mutter treffen. ⑥ Sie dürfen das Auto fahren.
⑦ Ich werde einen Apfel essen. ⑧ Ich darf eine Banane essen. ⑨ Sie müssen schlafen.
⑩ Sie können meinen Computer kaufen.

이번에는 조동사 부정문을 만들어 보도록 하겠습니다.
방식은 다른 부정문을 만들 때와 똑같습니다.

▶ 나는 그 커피를 좋아하지 않아.

주어	일반동사	정관사+명사	
Ich	**mag**	**den Kaffee**	*nicht*

▶ 나는 커피를 좋아하지 않아.

주어	일반동사		명사
Ich	**mag**	*keinen*	**Kaffee**

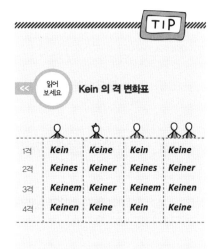

다만 조동사가 사용되면 일반동사는 문장의 맨 뒤로 이동한다는 사실에 주의
하셔야 합니다. 그 후에 상황에 맞게 nicht나 kein을 사용해 부정문을 완성합니다.

▶ 조동사가 있을 때의 부정문 nicht

주어	조동사	정관사+명사		동사
Ich	**möchte**	**den Kaffee**	*nicht*	**trinken**
나는	원하다	그 커피	부정	마신다

▶ 조동사가 있을 때의 부정문 kein

주어	조동사		명사	동사
Ich	**möchte**	*keinen*	**Kaffee**	**trinken**
나는	원하다	부정	커피	마신다

필수 동사

machen [마헨] ~하다,~ 만들다

Ich	mache	마헤
Du	machst	마흐스트
Er/ Sie / Es	macht	마흐트
Wir	machen	마헨
Ihr	macht	마흐트
Sie	machen	마헨

✏️ 다음 품사를 보고 부정문을 만들 때, kein 혹은 nicht 자리를 찾아 넣어 보세요.

1 주어 ◯ 조동사 ◯ 정관사 +명사 ◯ 동사

2 주어 ◯ 조동사 ◯ 형용사 ◯ 동사 (sein)

3 주어 ◯ 조동사 ◯ 대명사 ◯ 동사

4 주어 ◯ 조동사 ◯ 부정관사 +명사 ◯ 동사

✏️ 다음 문장을 보고 부정문을 만들 때, kein 혹은 nicht 자리를 찾아 문장을 완성시키세요.

1 Ich ◯ kann ◯ das Bier ◯ trinken

2 Ich ◯ kann ◯ Bier ◯ trinken

3 Ich ◯ kann ◯ es ◯ trinken

4 Ich ◯ kann ◯ glücklich ◯ sein

정답입니다! 1 ③ nicht 2 ② nicht 3 ③ nicht 4 ② kein
1 ③ nicht 2 ② kein 3 ③ nicht 4 ② nicht

 다음 문장을 독일어로 적어 보세요.

1 나는 과일을 먹고 싶지 않아.   Ich will keine Frucht essen.

2 그녀는 노래 할 수 없어.

3 너는 일을 하지 않아도 돼.

4 그들은 아프고 싶지 않아해.   wollen

5 나는 영어를 배우고 싶지 않아.   mögen   영어 Englisch[앵글리쉬]

6 저는 프랑스어를 배우고 싶지 않아요.   möchten   프랑스어 Französisch [프fʰ란쩨지쉬]

7 그는 차를 운전할 수 없어.

8 나는 그를 사랑하고 싶지 않아!   wollen

9 그녀는 그 옷(드레스)을 사지 않을 것이다.

10 나는 내 컴퓨터를 팔지 않을것이다.

정답입니다! ① Ich will keine Frucht essen. ② Sie kann nicht singen. ③ Du musst nicht arbeiten.
④ Sie wollen nicht krank sein. ⑤ Ich mag kein Englisch lernen.
⑥ Ich möchte kein Französisch lernen. ⑦ Er kann kein Auto fahren. ⑧ Ich will ihn nicht lieben.
⑨ Sie wird das Kleid nicht kaufen. ⑩ Ich werde meinen Computer nicht verkaufen.

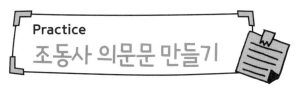

 빈칸을 채워나가며 조동사의 문형에 익숙해져 보세요.

1 너는 아이스크림을 먹을 거니?

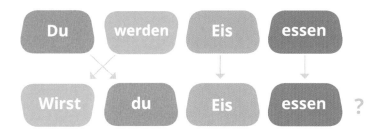

2 너는 아이스크림을 먹을 거니?

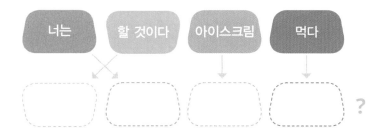

3 너는 아이스크림을 먹을 거니?

4 당신은 숙제를 할 건가요?

5 너는 독일어를 배울 거니?

정답입니다!
1 Wirst du Eis essen?
2 Wirst du Eis essen?
3 Wirst du Eis essen?
4 Werden Sie Hausaufgabe machen?
5 Wirst du Deutsch lernen?

TIP

영어에서도 두 표현을 이어붙여 한 단어로 만드는 경우가 있습니다. 언어에서 이런 현상이 일어나는 이유는 너무 많은 표현을 새로 만들어내는 대신, 기존의 표현들을 조합해 효율적으로 사용하기 위해서입니다.

un + happy = unhappy

독일어의 동사에도 이러한 현상이 일어납니다. 이를 '복합동사'라고 부릅니다.

전치사, 부사, 형용사로
이루어진

| 전철 | 동사 |
복합동사

복합동사들은 다시 다음의 세 종류로 나누어 생각할 수 있습니다.

복합동사
비분리동사
분리동사
분리, 비분리 동사

어떤 전철들은 동사와 분리되어 문장의 맨 뒤로 이동해버립니다. 이러한 형태의 복합동사를 '분리동사'라 부릅니다.

~와 함께   오다
mitkommen
[밑콤맨] 같이 가다
to come along

같이 가는 거야? **Kommst du mit?**

어떤 전철들은 동사와 분리되지 않고 한 덩어리로 사용됩니다. 이러한 형태의 복합동사를 '비분리동사'라 부릅니다.

반대(un)   사들이다
verkaufen
[페f어카우펜f] 팔다
to sell

그녀는 컴퓨터를 판다. **Sie verkauft den Computer.**

어떤 전철들은 이랬다저랬다 합니다. 이러한 형태의 복합동사를 '분리 비분리 동사'라 부릅니다.

Practice
복합동사가 사용된 문장

 아래는 분리동사를 활용한 문장들입니다. 빈칸을 채우세요.

1 너 슬퍼 보여.

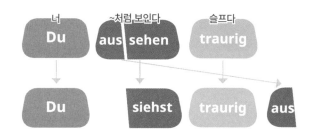

밖으로   보다
aussehen
[아우스제에엔] 보이다
to look

~옆에   오다
ankommen
[안콤맨] 도착하다
to arrive

2 나는 내일 도착해.

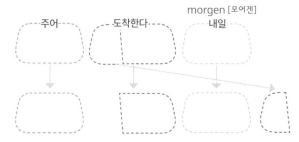

~앞에   놓다
vorstellen
[포어슈텔랜] 소개하다
to introduce

밖으로   빌리다
ausleihen
[아우슬라이엔] 빌리다
to borrow

3 나는 나를 소개한다.

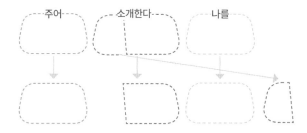

4 네 연필을 빌릴게.

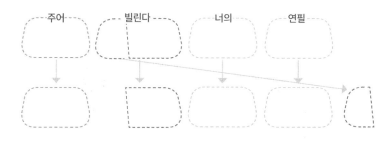

· 정답입니다! ·
1 Du siehst traurig aus.
2 Ich komme morgen an.
3 Ich stelle mich vor.
4 Ich leihe deinen Bleistift aus.

1 왜 때려?

 Bruder.
브루더.
형.

 Was?
바ᵛ스?
뭐?

 Ich möchte gut kämpfen.
이히 뫼히테 / 구트 / 캄프펜f.
나는 원하다 / 잘 / 싸우다.

 Ja? Warum?
야? 바ᵛ룸?
그래? 왜?

 Ich muss gegen jemanden kämpfen.
이히 / 무쓰 / 게겐 / 예만덴 / 캄프펜f.
나 / 해야 한다 / 상대로 / 누구 / 싸우다.

 Du musst genau an die Faust des Gegners sehen.
두 / 무쓰트 / 게나우 / 안 / 디 파f우스트 /
데스 게그너스 / 제에엔.
너 / 해야 한다 / 자세히 / ~에 / 그 주먹을 /
그 상대방의 / 보다.

L : 형.
C : 왜?
L : 나 싸움을 잘하고 싶어.
C : 그래? 뭐 하게?
L : 누구랑 싸워야 해.
C : 상대의 주먹을 잘 쳐다봐야 해.

어려운 pf 발음

독일어 발음에 여러 가지 어려운 점들이 있
겠지만, 이해가 안 될 만큼 어려운 발음도 있
습니다. 'pf'가 들어간 단어들이 그렇습니다.
이 책에서는 '프프'라고 표기되어있는데, p
발음이 안 들리는 것 같지만 사실은 꼭 해줘
야하는 발음입니다. 다음 단어들과 함께 연
습해보세요.

Pflanze [프플f란쩨]
: 식물

Pfeffer [프페f퍼f]
: 후추ᵛ

Pfirsich [프피f어지히]
: 복숭아

Ja? Die Faust des Gegners?
야? 디 파f우스트 / 데스 게그너스?
그래? 그 주먹을 / 그 상대방의?

Ja. Kannst du das machen?
야. 칸스트 / 두 / 다스 / 마헨?
그래. 할 수 있다 / 너 / 그것 / 하다?

Ok. Ich versuche es.
오케이. 이히 / 페f어주헤 / 에스.
응. 나 / 시도하다 / 그것.

Starr meine Faust an.
슈타아 / 마이내 파f우스트 / 안.
지켜보다 (분리동사) / 나의 주먹을 / (분리전철).

Knall!
크날!
퍽!

L : 그래? 상대의 주먹을 잘 봐야 해?
C : 응. 너 그럴 수 있겠어?
L : 응. 해볼게.
C : 그럼 내 주먹을 잘 보고 있어.
　　펙!

Ich kann nicht gut kämpfen.
이히 칸 니히트 구트 캠프f펜
나는 싸움을 잘 못해.

Aua! Warum schlägst du mich?
아우아! 바V룸 / 슐랙스트 / 두 / 미히?
아야! 왜 / 때리다 / 너 / 나를?

Entschuldigung.
엔트츌디궁.
미안.

Noch etwas.
노흐 / 에트바V스.
또한 / 어떤 것.

Du musst die Faust meiden.
두 무쓰트 / 디 파f우스트 / 마이덴.
너는 해야 한다 / 그 주먹을 / 피하다.

L : 아야! 왜 때려?
C : 아 맞다, 미안. 한 가지 더 있어.
　　주먹을 피해야 해.

 여름에 영국에 가는데, 영어를 못하거든.

Alexandra, kannst du mir helfen?
알렉산드라, 칸스트 / 두 / 미어 / 헬펜f?
알렉산드라 [여성이름], 할 수 있다 / 너 / 나에게 / 돕다?

Ja, was ist los?
야, 바V스 / 이스트 / 을로스?
응, 무엇 / ~이다 / 발생한?

V : 알렉산드라, 나 좀 도와줄 수 있어?
A : 응, 무슨 일이야?

미안합니다. 실례합니다.

Es tut mir leid. [에스 투트 미어 올라이트]
: 미안합니다. (I'm sorry)

Entschuldigung. [엔트츌디궁]
: 실례합니다. (Excuse me)

가까운 사이 간의 인사법
잘 아는 사이끼리 만났을 때 할 수 있는 인사법은 영어에서는 매우 많습니다.
'How is it going', 'what is up' 등등.
독일어로 친한 사이끼리 하는 인사말은 어떤 것들이 있을까요?

Was geht ab? [바V스 게에트 압]
: 무슨 일이야?

Geht's dir gut? [게에츠 디어 구트]
: 괜찮아?

Was ist los? [바V스 이스트 을로스]
: 무슨 일이야? (조금 걱정될 때)

Wie geht's? [비V 게에]
: 어떻게 지내?

Wie läuft's? [비V 을로이프f츠]
: 어떻게 지내?

 Ich fliege nach England im Sommer,
aber ich kann Englisch nicht sprechen.
이히 / 플^f리이게 / 나흐 / 앵글란트 / 임 좀머,
아버 / 이히 칸 / 앵글리쉬 / 니히트 / 슈프레히엔.
나 / 날다 / ~로 / 영국 / 여름에,
하지만 / 나는 할 수 있다 / 영어 / 부정 / 말하다.

Kannst du mir
Englisch Nachhilfe geben?
칸스트 / 두 / 미어 /
앵글리쉬 나흐힐페^f / 게벤?
할 수 있다 / 너 / 나에게 /
영어 과외를 / 주다?

 Sicher, ich kann das machen.
지히어, 이히 칸 / 다스 / 마헨.
물론이다, 나는 할 수 있다 / 그것 / 하다.

Was ist dein Problem?
바^v스 / 이스트 / 다인 프로블램?
무엇 / ~이다 / 너의 문제?

Kannst du
kein Wort Englisch sprechen?
칸스트 / 두 / 카인 / 보^v어트 / 앵글리쉬 / 슈프레히엔?
할 수 있다 / 너 / 부정 / 단어를 / 영어 / 말하다?

V : 이번 여름에 영국에 가는데, 내가 영어를 못하거든.
　　나한테 영어 과외를 해줄 수 있어?
A : 그럼, 해줄 수 있지.
　　문제가 뭔데?
　　영어 단어 하나도 모르는 거야?

Ich kann kein~
Ich kann kein~은 영어로 **I can not~**
'나는 ~를 할 수 없다'라는 뜻입니다. 독일어
에는 영어의 not에 해당하는 표현으로 kein
과 nicht가 있습니다. 놀라운 것은 kein은
영어의 'a'와 같은 일종의 '관사'라는 사실입니
다. 당연히 명사의 앞에 사용되겠죠?

Wohin soll ich fliegen?
보^v한 졸 이히 플리이겐?
어디로 가야할까?

Doch, ein bisschen schon,
aber ich bin trotzdem sorgsam.

도흐, 아인 비쓰히엔 / 숀,
아버 / 이히 빈 / 트롯쯔뎀 / 조억잠.
물론, 조금은 / 이미,
하지만 / 나는 ~이다 / 그래도 / 걱정스러운.

 Wie lange bleibst du in England?

비V 을랑에 / 블라입스트 / 두 / 인 앵글란트?
얼마나 / 머무르다 / 너 / 영국에?

 Für 2 Wochen.

퓌f어 / 쯔바V이 보V헨.
~동안 / 2주.

 Dann empfehle ich dir
ein Lehrbuch zu kaufen.

단 / 엠프페f엘래 / 이히 / 디어
아인 을래어부흐 / 쭈 카우펜f.
그러면 / 추천하다 / 나 / 너에게 /
하나의 교재 / 사기를.

Das ist effizienter.

다스 이스트 / 에피f찌엔터.
그것은 ~이다 / 더 효율적인.

V : 아니, 조금은 할 줄 아는데, 그래도 걱정이 돼서.
A : 영국에 얼마나 머무를 거야?
V : 2주 머무를 거야.
A : 그러면 여행을 위한 영어책을 사는 걸 추천할게.
　　그게 더 효율적이야.

 TIP

◀ **Wie lange**
'얼마나 오래'(How long)라는 뜻입니다.
여기에 bleibst '머무르다'(stay)를 붙여, 얼
마동안 그곳에 있을 것인지를 묻고 있습니다.

◀ **gut, besser, am besten**
독일어도 영어처럼 비교급 표현이 있습니다.

gut	besser	am besten
[구트]	[베써]	[암 베스텐]
좋은	더 좋은	가장 좋은
(good)	(better)	(the best)

 ### Danke. Kannst du mir ein Lehrbuch empfehlen?
당케. 칸스트 / 두 /
미어 / 아인 을래어부흐 / 엠프페 f엘랜?
고마워. 할 수 있다 / 너
나에게 / 하나의 교재 / 추천하다?

 ### Das Lehrbuch von 'Oldstairs' kann dir sehr hilfreich sein.
다스 을래어부흐 / 폰 f / '올드스테어즈'
칸 / 디어 / 제어 / 힐프f라이히 / 자인.
그 교재 / ~의 / 올드스테어즈는 /
할 수 있다 / 너에게 / 매우 / 도움되는 / ~있다.

 ### Danke!
당케!
고마워

V : 고마워. 책을 추천해줄 수 있어?
A : '올드 스테어즈' 출판사 책이 너에게 큰 도움이 될 거야
V : 고마워.

Lesen macht Spaß!
을래젠 마흐트 슈파쓰!
책 읽는 건 재미있어!

③ 우리 지금 산 한가운데 있잖아.

MÜLLER
Kannst du Pasta kochen?
칸스트 / 두 / 파스타 / 코헨?
할 수 있다 / 너 / 파스타를 / 요리하다?

JOSEF
Ich kann Spaghetti Bolognese kochen.
이히 칸 / 슈파겔티 / 볼로내제 / 코헨.
나는 할 수 있다 / 스파게티 / 볼로네제 / 요리하다.

MÜLLER
Was ist mit Spaghetti Carbonara?
바Vㅅ / 이스트 / 밑 / 슈파겔티 / 카보나라?
무엇 / ~이다 / ~와 함께 / 스파게티 / 카르보나라?

JOSEF
Ich kann kein Spaghetti Carbonara kochen.
이히 칸 / 카인 /
슈파겔티 / 카보나라 / 코헨.
나는 할 수 있다 [부정]
스파게티 / 카르보나라 / 요리하다.

Aber ich kann Spaghetti Aglio-e-Olio kochen.
아버 / 이히 칸 /
슈파겔티 / 알리오에올리오 / 코헨.
하지만 / 나는 할 수 있다 /
스파게티 / 알리오 올리오 / 요리하다.

M : 너 스파게티 만들 줄 알아?
J : 토마토 스파게티 만들 줄 알아.
M : 카르보나라 스파게티는?
J : 카르보나라 스파게티는 할 줄 몰라.
마늘이랑 올리브유 들어간 스파게티는 할 수 있어.

~식 요리
한국어로 한식, 중식, 양식을 나누듯이 독일어로 표현하는 방법을 배워보겠습니다. 우선 첫 단어로, 나라를 형용사형으로 써 줍니다. 그리고 부엌이라는 단어를 붙여주면 끝납니다. 부엌은 Küche [퀴히에] (여성)라고 합니다. 직역하자면 '~식 부엌'입니다.

이탈리아식 요리
italienische Küche
[이탈리에니쉐 퀴히에]

한국식 요리
koreanische Küche
[코레아니쉐 퀴히에]

일본식 요리
japanische Küche
[야파니쉐 퀴히에]

독일식 요리
deutsche Küche
[도이췌 퀴히에]

Kannst du Spaghetti Carbonara kaufen?

MÜLLER

칸스트 / 두 / 슈파겔티 / 카보나라 / 카우펜f?
할 수 있다 / 너 / 스파게티 / 카르보나라 / 사다?

 Nein, wir sind gerade mitten im Berg.

JOSEF

나인, 비V어 진트 / 게라데 / 밑텐 / 임 베어그.
아니, 우리는 ~이다 / 지금 / 중간 / 산의.

 Na und?

MÜLLER

나 운트?
그래서?

 Ich muss 2,000 Meter hinuntergehen, um es zu kaufen.

JOSEF

이히 무쓰 / 쯔바V이타우젠트 매터 / 힌운터게에엔,
움 / 에스 / 쭈 카우펜f.
나는 해야 한다 / 2,000m를 / 내려가다,
~를 / 그것 / 사기 위해.

Ich kann das nicht machen.

이히 칸 / 다스 / 니히트 / 마헨.
나는 할 수 있다 / 그것 / [부정] / 하다.

M : 카르보나라 스파게티 사 올 수 있어?
J : 아니, 우리 지금 산 한가운데 있잖아.
M : 그래서 뭐?
J : 그거 사려면 2,000m를 내려가야 해.
　　그렇게 할 수는 없어.

산 정상을 뜻하는 단어는 세 가지가 있습니다
Gipfel [깊펠f] (남성)
Spitze [슈핏쩨] (여성)
des Berges [데스 베어게스] (중성)

독일어 단위 표기법
Millimeter [밀리매터] : 밀리미터 ⚥
Zentimeter [쩬티매터] : 센티미터 ⚥
Meter [매터] : 미터 ⚥

Gramm [그람] : 그램 ⚥
Kilogramm [킬로그람] : 킬로그램 ⚥
Liter [을리터] : 리터 ⚥

Ich möchte
Spaghetti Carbonara essen!
이히 뫼히테 슈파겔티 카보나라 에쎈!
스파게티 카르보나라 먹고 싶다!

4 악기 다룰 줄 알아?

Ich liebe Jazz.
이히 올리이베 / 줴즈.
나는 사랑하다 / 재즈.

Kannst du ein Instrument spielen?
칸스트 / 두 / 아인 인스트루맨트 / 슈피일랜?
할 수 있다 / 너 / 하나의 악기를 / 연주하다?

Ich spiele Trompete.
이히 슈피일래 / 프롬페테.
나는 연주하다 / 트럼펫.

Spielst du Jazz?
슈피일스트 / 두 / 줴즈?
연주하다 / 너 / 재즈?

Nein, ich muss noch lernen.
나인, 이히 무쓰 / 노흐 / 을래어낸.
아니, 나는 해야 한다 / 아직 / 배우다.

Ich muss mehr üben.
이히 무쓰 / 매어 / 위벤.
나는 해야 한다 / 더 / 연습하다.

Spielst du ein Instrument?
슈피일스트 / 두 / 아인 인스트루맨트?
연주하다 / 너 / 하나의 악기를?

F : 나는 재즈를 엄청 좋아해(사랑해).
J : 넌 악기를 다룰 줄 알아?
F : 트럼펫 해.
J : 넌 재즈 연주해?
F : 아니, 아직 더 오래 배워야 해.
　　나는 더 연습해야 해.
　　넌 악기를 다룰 줄 알아?

독일, 오스트리아 출신 작곡가

독일, 오스트리아는 현대까지도 많이 사랑 받는 고전 작곡가들의 고향이자 활동무대 이기도 하였습니다.

독일 출생의 작곡가들
Johann S. Bach (바흐)
Georg F. Händel (헨델)
Richard Wagner (바그너)
Felix Mendelssohn-B. (멘델스존)
Ludwig v. Beethoven (베토벤)
Johannes Brahms (브람스)

오스트리아 출생의 작곡가들
Carl Czerny (체르니)
Josef Haydn (하이든)
Gustav Mahler (말러)
Johann Strauss (슈트라우스)
Anton Bruckner (부르크너)
Wolfgang A. Mozart (모차르트)

Ich liebe Musik!
이히 올리이베 무직!
나는 음악을 사랑해!

 Nein, ich spiele kein Instrument.
나인, 이히 슈피일래 / 카인 / 인스트루맨트.
아니, 나는 연주하다 / 부정 / 악기를.

Aber ich werde Violine lernen.
아버 / 이히 베V어데 / 비V올리내 / 을래어낸.
하지만 / 나는 할 것이다 / 바이올린 / 배우다.

 Cool! Ich möchte auch Violine lernen.
쿠울! 이히 뫼히테 / 아우흐 / 비V올리내 / 을래어낸.
멋진! 나는 하고 싶다 / 또한 / 바이올린 / 배우다.

Violine ist zu schwierig.
비V올리내 / 이스트 / 쭈 / 슈비V리히.
바이올린 / ~이다 / 너무 / 어려운.

 Ich werde viel Zeit brauchen.
이히 베V어데 / 피f일 짜이트 / 브라우헨.
나는 할 것이다 / 많은 시간 / 필요로 하다.

 Hast du eine Violine?
하스트 / 두 / 아이내 비V올리내?
가지고 있다 / 너 / 하나의 바이올린을?

 Nein, aber ich werde morgen eine Violine kaufen.
나인, 아버 / 이히 베V어데 /
모어겐 / 아이내 비V올리내 / 카우펜f.
아니, 하지만 / 나는 할 것이다 /
내일 / 하나의 바이올린을 / 사다.

J : 아니, 나는 악기를 다룰 줄 몰라.
　　하지만 나는 바이올린을 배울 거야.
F : 멋지다! 나도 바이올린을 배우고 싶어.
　　바이올린은 너무 어려워.
J : 나는 많은 시간이 필요할 거야.
F : 넌 바이올린을 가지고 있니?
J : 아니, 하지만 내일 바이올린을 살 거야.

 TIP

~연주자

영어로는 악기 연주자를 부를 때 악기 이름 뒤에 '리스트'를 붙입니다. 독일어도 이와 같은 형식입니다. 발음은 조금 다르지만 말이죠.

Violine [비V올리내]
: 바이올린 (여성)

Violinist [비V올리니스트]
: 남자 바이올리니스트

Violinistin [비V올리니스틴]
: 여자 바이올리니스트

혹은 다른 방법도 있습니다. 악기 이름 뒤에 **spieler**나 **in**을 붙여주는 방식이죠.

Violinenspieler [비V올리낸슈피일러]
: 남자 바이올리니스트

Violinenspielerin [비V올리낸슈피일러린]
: 여자 바이올리니스트

06

의문사
활용하기

Wo sind Sie?
당신은 어디에 있나요?

Let's start
한눈에 배운다!
의문사란?

영어와 비슷하다

동영상 강의

세상에 질문하는 방법은 딱 두 가지가 있습니다.
그중 첫 번째는 이미 배운 내용으로,

**스스로 완성된 문장을 만든 후
참인지 거짓인지를 묻는 방식입니다.**

> ┌─ 코끼리는 사과를 먹습니다.   (평서문)
> └─ 코끼리는 사과를 먹습니까? (의문문)

누군가 이런 질문을 해온다면 우리는 '예' 혹은 '아니오'로 대답해야 합니다.
OX 퀴즈에 OX로 답하는 셈이죠.
그래서 이러한 방식의 의문문을 Yes, No 의문문이라고 부릅니다.
반면 다른 방식에서는 애초에 완성된 문장을 만들지 않습니다.
문장에서 어떤 한 단어를 대신해 의문사를 집어넣는 방식이죠.

> ┌─ 코끼리는 **나무 아래서** 사과를 먹습니다. (평서문)
> └─ 코끼리는 **어디에서** 사과를 먹습니까?   (의문사 의문문)

> ┌─ 코끼리는 **코로** 사과를 먹습니다.   (평서문)
> └─ 코끼리는 **어떻게** 사과를 먹습니까? (의문사 의문문)

> ┌─ 코끼리는 **아침마다** 사과를 먹습니다. (평서문)
> └─ 코끼리는 **언제** 사과를 먹습니까?   (의문사 의문문)

> ┌─ 코끼리는 **배고파서** 사과를 먹습니다. (평서문)
> └─ 코끼리는 **왜** 사과를 먹습니까?   (의문사 의문문)

> ┌─ 코끼리는 **사과를** 먹습니다.   (평서문)
> └─ 코끼리는 **무엇을** 먹습니까? (의문사 의문문)

> ┌─ **코끼리는** 사과를 먹습니다. (평서문)
> └─ **누가** 사과를 먹습니까?   (의문사 의문문)

TIP

<< 읽어보세요 **명사를 묻는 의문사,
부사를 묻는 의문사**

'누구'와 '무엇'은 주로 특정 대상(명사)에 관해 묻는 의문사입니다. '무엇'은 간혹 행동에 관해 묻기도 합니다.

어디서, 어떻게, 언제, 왜. 이는 부사와 관련된 의문문입니다. 이 네 가지는 부사를 대표하는 의미이기도 합니다.

왜냐하면…
부사는 동사를 꾸밉니다.
동사는 사건을 말합니다.

사건을 설명하는 것은 위의 네 가지
(어디서, 언제, 어떻게, 왜)
이기 때문입니다.
어렵나요?

영어에서는 이러한 의문문을
wh-question이라고 부릅니다. 대부분의 의문사가 wh로 시작하기 때문입니다. 독일어는 대부분의 의문사들이 W로 시작하니 W-Frage라고도 할 수 있겠군요.

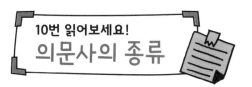

따라 말하기

누가

wer
[베ᵛ어]

Who

언제

wann
[반ᵛ]

When

어디에서

wo
[보ᵛ]

Where

무엇을

was
[바ᵛ스]

What

어떻게

wie
[비ᵛ]

How

왜

warum
[바ᵛ룸]

Why

 소리 내 읽어보고 쓰며 외워보세요.

1. 누가 _____

2. 언제 _____

3. 어디에서 _____

4. 무엇을 _____

5. 어떻게 _____

6. 왜 _____

독일어에서 의문사를 사용하는 방법은 영어와 비슷합니다.
'의문사 + 동사 + 주어'의 어순대로 배치하면 됩니다.

▶ 이것이 무엇입니까?

단, 영어의 일반동사 의문문에서 쓰이는 조동사 'do, does' 같은 것은 사용하지
않습니다.

▶ 어디에 사십니까?

대명사 주어의 생략

왜 어떤 단어는 생략이 가능하고 어떤 단어는 안 되는 것일까요? 어떤 단어를 생략한다는 것은 말하는 사람과 듣는 사람이 서로 내용을 빤히 안다는 것을 의미합니다. 서로 어떤 내용인지 알 수 없는데 생략을 할 수는 없는 노릇이니까요. 그런데 대명사도 마찬가지입니다. 서로 빤히 아는 경우에만 '그것'이라고 대명사를 통해 말할 수 있는 것이죠. 어찌 보면 대명사를 사용한다는 것 자체가 이미 일종의 생략이라고 볼 수 있습니다.

명사	대명사	생략
불명확할 때		명확할 때

wohnen [보ᵛ오낸] 살다

Ich	wohne	보ᵛ오내
Du	wohnst	보ᵛ온스트
Er/ Sie / Es	wohnt	보ᵛ온트
Wir	wohnen	보ᵛ오낸
Ihr	wohnt	보ᵛ온트
Sie	wohnen	보ᵛ오낸

denken [뎅켄] 생각하다

Ich	denke	뎅케
Du	denkst	뎅크스트
Er/ Sie / Es	denkt	뎅크트
Wir	denken	뎅켄
Ihr	denkt	뎅크트
Sie	denken	뎅켄

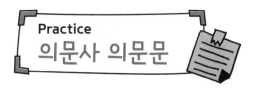

Practice
의문사 의문문

따라 말하기

 해석을 보고, 빈 풍선에 알맞는 의문사와 단어들을 채워 보세요.

1 너는 누구니?

Wer **bist** **du** **?**

2 그는 누구니?

⬭ ⬭ ⬭ **?**

3 당신은 어디에 있나요?

⬭ ⬭ ⬭ **?**

4 화장실은 어디에 있나요?

화장실 = Toilette[토일랫테]

⬭ ⬭ ⬭ **?**

5 무슨 생각하니?

⬭ ⬭ ⬭ **?**

6 그는 어떻게 생겼니?

⬭ ⬭ ⬭ ⬭ **?**

7 넌 언제 도착하니?

⬭ ⬭ ⬭ ⬭ **?**

8 넌 언제 끝나니?

끝난 = fertig[페f어티히]

⬭ ⬭ ⬭ ⬭ **?**

9 어떤 것을 원하니?

⬭ ⬭ ⬭ **?**

10 너의 이름은 무엇이니?

⬭ ⬭ ⬭ **?**

11 너는 왜 공부하니?

⬭ ⬭ ⬭ **?**

12 너는 왜 우니?

울다 = weinen[바v이낸]

⬭ ⬭ ⬭ **?**

정답입니다! 1 Wer bist du? 2 Wer ist er? 3 Wo sind Sie? 4 Wo ist Toilette? 5 Was denkst du?
6 Wie sieht er aus? 7 Wann kommst du an? 8 Wann bist du fertig? 9 Was willst du?
10 Was ist dein Name? 11 Warum lernst du? 12 Warum weinst du?

Let's start

한눈에 배운다!

격변화를 하는 의문사

주어냐 목적어냐

동영상 강의

영어의 who를 사용한 의문문 문장 두 개를 보시겠습니다.
똑같은 Who를 사용했지만, 문장 속에서의 역할은 완전히 다릅니다.

Case1

Who knows?
누가 알지?

He knows.
그가 알지.

Case2

Who do you know?
너는 누구를 알지?

I know him.
나는 그를 알아.

첫 번째 who는 주어(he)에 대해 묻는 의문사입니다.
두 번째 who는 목적어(him)에 대해 묻는 의문사입니다.

영어에서는 목적어에 대해 묻든 주어에 대해 묻든 똑같이 who를 사용했지만,
독일어에서는 그에 따라 의문사의 모양을 다르게 써 주어야 합니다.

Case1 주격

Wer wohnt in diesem Haus?
누가 이 집에서 살아? [베V어 보V온트 인 디이젬 하우스]

Er wohnt in diesem Haus.
그가 이 집에 살아. [에어 보V온트 인 디이젬 하우스]

Case2 목적격

Wen liebst du?
너는 누구를 사랑하니? [벤V 을리입스트 두]

Ich liebe Sie.
나는 당신을 사랑해. [이히 을리이베 지]

다행히도 모든 의문사가 격변화를 하는 것은 아닙니다.
앞에서 배운 여섯 개의 의문사 중, wer(누가)와 was(무엇)만이 격변화를 합니다. 게다가 was는 3격(여격, ~에게)이 없고, 1격(주격)과 4격(목적격)의 모양은 똑같습니다.

TIP

wer [베V어] 누구

1격	wer	[베V어]
2격	wessen	[베V쎈]
3격	wem	[벰V]
4격	wen	[벤V]

더 알아봅시다 **의문사의 격변화**

1. 1격: 누가 *wer* [베V어]
Wer wohnt in diesem Haus?
[베V어 보V온트 인 디이젬 하우스]
누가 이 집에서 살아?

2. 2격: 누구의 *wessen* [베V쎈]
Wessen Buch ist das?
[베V쎈 부흐 이스트 다스?]
이건 누구의 책이야?

3. 3격: 누구에게 *wem* [벰V]
Wem gibt der Lehrer das Buch?
[벰V 깁트 데어 을래에러 다스 부흐?]
선생님이 이 책을 누구에게 주었어?

4. 4격: 누구를 *wen* [벤V]
Wen liebst du?
[벤V 을리입스트 두?]
너는 누구를 사랑해?

필수 동사

gehen [게에엔] ~간다

Ich	gehe	게에
Du	gehst	게에스트
Er/ Sie / Es	geht	게에트
Wir	gehen	게에엔
Ihr	geht	게에트
Sie	gehen	게에엔

Practice
격변화를 하는 의문사

 해석을 보고, 빈 풍선에 알맞는 의문사와 단어들을 채워 보세요.

1 너는 누구를 사랑하니?

Wen   liebst   du   **?**

2 너는 누구를 좋아하니?

      ?

3 너는 누구를 싫어하니?

      ?

4 누가 그곳에 사니?

그 곳 =
dort [도어트]

      ?

5 누가 널 도와주니?

      ?

6 넌 누구를 만나니?

      ?

7 누가 너에게 빌려주니?

        ?

8 그것은 언제 시작하니?

시작하다 =
beginnen[베긴낸]

      ?

9 누가 너를 싫어하니?

      ?

10 누가 이걸 하니?

하다, 만들다 =
machen [마헨]

      ?

정답입니다! ① Wen liebst du? ② Wen magst du? ③ Wen hasst du? ④ Wer wohnt dort? ⑤ Wer hilft dir?
⑥ Wen triffst du? ⑦ Wer leiht dir aus? ⑧ Wann beginnt das? ⑨ Wer hasst dich?
⑩ Wer macht das?

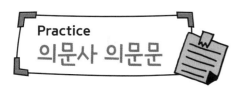

Practice
의문사 의문문

따라 말하기

 의문사를 활용하여 문장을 연습해 봅시다.

1 그것은 무엇입니까?

Was ist das? ✎

2 무엇을 먹습니까?

3 침실은 어디에 있나요?

침실
Schlafzimmer
[슐라프「찜머]

4 그는 어디에 도착하나요?

5 그것을(물건) 왜 사나요?

6 그의 이름은 무엇인가요?

이름
Name[나매]

7 너의 아버지는 누구시니?

8 그녀는 왜 우나요?

울다
weinen [바ᵛ이낸]

9 학교는 언제 시작하니?

학교
Schule[슈울래]

10 학교는 어떤가요?

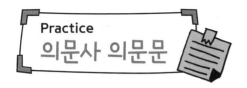

Practice
의문사 의문문

 의문사를 활용하여 문장을 연습해 봅시다.

1 당신은 누구와 만납니까?　　　Wen treffen Sie? ✎

2 당신은 누구를 좋아합니까?

3 아침 식사는 언제입니까?

아침밥
Frühstück [프휘슈튁] 👤

4 호텔은 어디에 있나요?

호텔
Hotel [호텔] 👤

5 커피가 얼마나 뜨거운가요?

뜨겁다 heiß[하이쓰]

6 그 호텔의 이름은 무엇인가요?

7 기차는 언제 도착합니까?

기차
zug [쭉] 👤

8 버스는 언제 출발합니까?

abfahren 출발-분리동사

9 이것은 누구의 자동차 인가요?

자동차
Auto [아우토] 👤

10 왜 당신은 나를 싫어합니까?

정답입니다! 1 Wen treffen Sie? 2 Wen mögen Sie? 3 Wann ist das Frühstück? 4 Wo ist das Hotel?
5 Wie heiß ist der Kaffee? 6 Was ist der Name des Hotels. 7 Wann kommt der Zug an?
8 Wann fährt der Bus ab? 9 Wessen Auto ist das? 10 Warum hassen Sie mich?

 따라 말하기

얼마나 많은 (셀 수 있을 때)

wie viele
[비V 피f일래]
how many

얼마나 많은 (셀 수 없을 때)

wie viel
[비V 피f일]
how much

얼마나 먼

wie weit
[비V 바V이트]
how far

얼마나 오래

wie lange
[비V 을랑에]
how long

얼마나 빨리

wie schnell
[비V 슈낼]
how soon / fast

얼마나 큰 / 키가 큰

wie groß
[비V 그r오쓰]
how big / tall

 소리 내 읽어보고 쓰며 외워보세요.

1. 얼마나 많은 (가산) _____

2. 얼마나 많은 (불가산) _____

3. 얼마나 먼 _____

4. 얼마나 오래 _____

5. 얼마나 빨리 _____

6. 얼마나 큰 _____

따라 말하기

당신은 얼마나 많은 사과가 필요하세요?

> **Wie viele?**
> 얼마나 많이?
>
> **Wie viele Äpfel?**
> 얼마나 많은 사과가?
>
> **Wie viele Äpfel brauchen Sie?**
> 얼마나 많은 사과가 필요하세요?

너는 돈이 얼마나 필요하니?

> **Wie viel?**
> 얼마나 많이?
>
> **Wie viel Geld?**
> 얼마나 많은 돈이?
>
> **Wie viel Geld hast du?**
> 너는 얼마나 많은 돈을 갖고 있니?

Wie viel **kostet es?**　　　　　이것은 얼마입니까?

Wie weit **ist Ihr Haus?**　　　　당신의 집은 얼마나 먼가요?

Wie lange **muss ich noch warten?**　　얼마나 더 기다려야 하나요?

Wie schnell **ist der Zug?**　　　이 기차는 얼마나 빠른가요?

Wie schnell **können Sie hier sein?**　　얼마나 빨리 올 수 있나요?

Wie groß **ist das Zimmer?**　　그 방은 얼마나 큰가요?

Wie groß **ist er?**　　　　　그는 키가 얼마나 되나요?

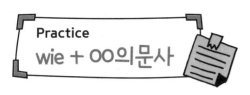

Practice

wie + OO의문사

따라 말하기

 의문사를 활용하여 문장을 연습해 봅시다.

1 물을 얼마나 마시나요?　　Wie viel Wasser trinken Sie? ✎

2 버스정류장은 얼마나 먼가요?

버스정류장
Bushaltestelle
[부스할테슈텔래]

3 네 자동차는 얼마나 빠르니?

4 당신은 얼마나 빠르게 걷습니까?

5 하나의 코끼리는 얼마나 큽니까?

코끼리
Elefant[엘래판ᶠ트]

6 너의 남자친구는 키가 얼마나 크니?

7 너는 몇점이야?

점수
Punkte[풍크테]

8 너 하루에 맥주 얼마나 마셔?

하루에
am Tag [암 탁]

9 독일어 공부 얼마나 하세요?

10 당신의 대학교는 얼마나 먼가요?

정답입니다!　① Wie viel Wasser trinken Sie? ② Wie weit ist die Bushaltestelle? ③ Wie schnell ist dein Auto?
④ Wie schnell gehen Sie? ⑤ Wie groß ist ein Elefant? ⑥ Wie groß ist dein Freund?
⑦ Wie viele Punkte hast du? ⑧ Wie viel Bier trinkst du am Tag?
⑨ Wie lange lernen Sie Deutsch? ⑩ Wie weit ist Ihre Universität?

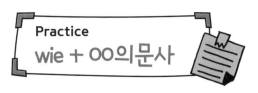

Practice
wie + OO의문사

따라 말하기

 의문사를 활용하여 문장을 연습해 봅시다.

1 얼마나 많이 자도 됩니까?　　　Wie lange darf ich schlafen? ✎

2 얼마나 오래 운전할 수 있어요?

3 바나나는 몇 개나 사야 해?

바나나
Bananen[바나낸] 👥

4 얼마나 빨리 읽을 수 있나요?

5 그는 얼마나 빨리 운전할 수 있어?

6 제 아이는 키가 얼마나 커질까요?

7 너는 얼마나 오래 잘 수 있어?

8 커피 얼마나 마실꺼야?

9 너는 책을 얼마나 많이 사야 해?

10 호텔 방이 얼마나 커야 하나요?

호텔방
Hotelzimmer[호텔찜머] 👤

정답입니다! ❶ Wie lange darf ich schlafen? ❷ Wie lange können Sie fahren? ❸ Wie viele Bananen muss ich kaufen?
❹ Wie schnell können Sie lesen? ❺ Wie schnell kann er fahren? ❻ Wie groß wird mein Kind sein?
❼ Wie lange kannst du schlafen? ❽ Wie viel Kaffee willst du trinken?
❾ Wie viele Bücher musst du kaufen? ❿ Wie groß muss das Hotelzimmer sein?

1 남자 친구 있어요?

CARLOS

Haben Sie einen Freund?
하벤 / 지 / 아이낸 프f로인트?
가지고 있다 / 너 / 하나의 남자친구를?

NATALIE

Ja, ich habe einen Freund.
야, 이히 하베 / 아이낸 프f로인트.
네, 나는 가지고 있다 / 하나의 남자친구를.

CARLOS

Wo ist er?
보V / 이스트 / 에어?
어디 / ～있다 / 그?

NATALIE

Er ist in der Arbeit.
에어 이스트 / 인 데어 아바이트.
그는 ～있다 / 그 직장에.

CARLOS

Immer noch?
임머 / 노흐?
항상 / 아직?

NATALIE

Ja, er hat viel Arbeit.
야, 에어 하트 / 피f일 아바이트.
네, 그는 가지고 있다 / 많은 일.

Aber er wird hier kommen.
아버 / 에어 비V어트 / 히어 / 콤맨.
하지만 / 그는 할 것이다 / 여기에 / 오다.

C : 남자 친구 있으세요?
N : 네, 남자 친구 있어요.
C : 어디에 있어요?
N : 직장에 있어요.
C : 아직까지도요?
N : 네, 일이 많아서요.
　　하지만 여기로 올 거예요.

 Wann kommt er?

CARLOS
반V / 콤트 / 에어?
언제 / 오다 / 그?

 In 5 Minuten.

NATALIE
인 / 퓐f프f 미누텐.
~안에 / 5분.

 Ich muss jetzt gehen.

CARLOS
이히 무쓰 / 옛쯔트 / 게에엔.
나는 해야 한다 / 지금 / 가다.

C : 언제 오는데요?
N : 5분 뒤에 와요.
C : 저는 이만 가봐야겠네요.

2 0점 맞겠네.

 Hallo Michael, geht es dir gut?

TERESA
할로 미히아엘, 게에트 / 에스 / 디어 / 구트?
안녕 미하엘 남성이름, 가다 / 그것 / 너에게 / 잘?

 Hallo Teresa, mir geht es gut und dir?

MICHAEL
할로 테레사, 미어 / 게에트 / 에스 / 구트 / 운트 / 디어?
안녕 테레사 여성이름, 나에게 / 가다 / 그것 / 잘 / 그리고 / 너에게?

 Auch gut. Lernst du viel?

TERESA
아우흐 / 구트. 을래언스트 / 두 / 피f일?
역시 / 좋은. 공부하다 / 너 / 많이?

 Worüber redest du?

MICHAEL
보V뤼버 / 뤠데스트 / 두?
어떤 것에 대해 / 말하다 / 너?

T : 미하엘, 잘 지내?
M : 나는 잘 지내지, 테레사 너는?
T : 나도 잘 지내. 너는 공부 많이 하고 있어?
M : 무슨 말이야?

 TIP

Ich muss mich beeilen!
이히 무쓰 미히 베아일랜!
어서 서둘러야 해!

lernen에는 두 가지 뜻이 있습니다.
공부하다 (study) = **lernen**
배우다 (learn) = **lernen**

'말하다' Sprechen / Reden / Sagen

Sprechen [슈프뤠히엔]
(영어의 speak)

청중에게 말하다.
= **Vor Publikum sprechen.**

너한테 말하다.
= **Ich spreche mit dir.**

말하는 상대가 있지만,
꼭 대답을 듣지 않아도 되는 '말하다'입니다.

Reden [뤠덴]
(영어의 talk)

무엇에 대해 말하다.
= **Ich rede von etwas.**

너와 말하다.
= **Ich rede mit dir.**

누구와 '대화하다' 라는 의미로서 '말하다' 입니다.

Sagen [자겐]
(영어의 say)

안녕이라 말하다.
= **Hallo sagen.**

아무것도 말하지 않다.
= **Nichts sagen.**

말 하는 것 자체에 의의를 두는 '말하다'입니다.

Wir haben heute die Mathematik Klassenarbeit.

비V어 / 하벤 / 호이테 /
디 마테마틱 클라쎈아바이트.
우리 / 가지고 있다 / 오늘 /
그 수학 시험을.

Was? Es ist nicht wahr.

바V스? 에스 이스트 / 니히트 / 바V아.
무엇? 그것은 ～이다 / 부정 / 사실.

Ja, es ist wahr.

야, 에스 이스트 / 바V아.
응, 그것은 ～이다 / 사실.

Seit wann wissen wir es?

자이트 / 반V / 비V쎈 / 비V어 / 에스?
～부터 / 언제 / 알다 / 우리 / 그것?

Seit letzter Woche.

자이트 / 을랫쯔터 보V헤.
～부터 / 저번 주.

Ich werde keinen Punkt bekommen.

이히 베V어데 / 카이낸 / 풍크트 / 베콤맨.
나는 할 것이다 / 부정 / 점수를 / 받다.

T : 오늘 수학 시험 있잖아.
M : 뭐라고? 거짓말이지.
T : 아니, 진심인데.
M : 언제부터 알고 있었어?
T : 저번 주부터.
M : 점수 하나도 못 받겠네.

Ist es wahr? '그것은 사실입니까?'

'Is it true?'라는 표현입니다. 대답으로는 Es ist wahr.(그것은 사실이야.) 혹은 Es ist nicht wahr.(그것은 사실이 아니야.) 라고 말할 수 있습니다.

letzter Woche

지난 주 : letzte Woche [을랫쯔테 보V헤]
이번 주 : diese Woche [디이제 보V헤]
다음 주 : nächste Woche[내히스테 보V헤]
kommende Woche [콤맨데 보V헤]

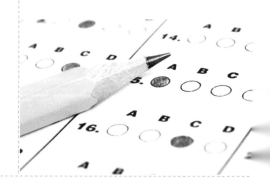

3 그런 꼬락서니로 어디를 가는 거야?

CARLOS

Wohin gehst du?
보ᵛ힌 / 게에스트 / 두?
어디로 / 간다 / 너?

JONATAHN

Hinaus.
힌아우스.
밖으로.

CARLOS

Wohin?
보ᵛ힌?
어디로?

JONATAHN

Ich werde meine Freunde sehen.
이히 베ᵛ어데 / 마이내 프f로̃인데 / 제에엔.
나는 할 것이다 / 나의 친구들을 / 보다.

CARLOS

Welche Freunde?
벨ᵛ히에 / 프f로̃인데?
어떤 / 친구들을?

JONATAHN

Schulfreunde.
슐프f로̃인데.
학교 친구들을.

C : 어디로 가는 거야?
J : 밖에.
C : 밖에 어디?
J : 친구들 보러 가.
C : 친구들 누구?
J : 학교 친구들.

학교 친구들을 지칭하는 단어들
▶ 초, 중, 고등학교 친구들 :
Schulkamerad (남성) [슐카매라̃드]
Schulkameradin(여성) [슐카매라̃딘]
Mitschüler (남성) [밑쉴러]
Mitschülerin (여성) [밑쉴러린̃]
Schulfreund (남성) [슐프f로̃인트]
Schulfreundin (여성) [슐프f로̃인딘]

▶ 반 친구들 :
Klassenkamerad(남성) [클라쎈카매라̃드]
Klassenkameradin(여성) [클라쎈카매라̃딘]

▶ 대학교 친구들 :
Studienfreund (남성) [슈투디엔프f로̃인트]
Studienfreundin (여성) [슈투디엔프f로̂^인딘]
Studienkollege (남성) [슈투디엔콜래게]
Studienkollegin (여성) [슈투디엔콜래긴]
Studiengenosse (남성) [슈투디엔게노쎄]
Studiengenossin (여성) [슈투디엔게노씬]
Kommilitone (남성) [코밀리토내]
Kommilitonin (여성) [코밀리토닌]

Spiel mit mir!
슈피일 밑 미어!
나랑 같이 놀자!

Ich will Namen.
이히 빌V / 나맨.
나는 원하다 / 이름들.

Lukas, Karl und Kevin.
으루카스, 카알 / 운트 / 케빈V.
루카스 [남성이름], 칼 [남성이름] / 그리고 / 케빈 [남성이름]

Ich will nicht, dass du mit diesen Freunden unternimmst.
이히 빌V / 니히트, 다쓰 / 두 / 밑 /
디이젠 ᶠ프로인덴 / 운터님스트.
나는 원하다 / [부정], ~를 / 너 / ~와 함께 /
이 친구들과 / 어울리다.

Sie sind meine Freunde!
지 진트 / 마이내 ᶠ프로인데!
그들은 ~이다 / 나의 친구들!

Du wirst etwas Dummes mit ihnen machen!
두 비V어스트 / 에트바V스 / 둠매스 /
밑 / 이낸 / 마헨!
너는 할 것이다 / 어떤 것 / 멍청한 것 /
~와 함께 / 그들과 / 하다!

Ich will aber mit ihnen unternehmen.
이히 빌V / 아버 / 밑 / 이낸 / 운터내애맨.
나는 원하다 / 하지만 / ~와 함께 / 그들과 / 어울리다.

Und ihr werdet etwas Dummes machen.
운트 / 이어 / 베V어데트 /
에트바V스 둠매스 / 마헨.
그리고 / 너희들 / 할 것이다 /
멍청한 것 / 하다.

C : 이름 대.
J : 루카스랑 칼이랑 케빈.
C : 그 애들이랑 다니지 마.
J : 내 친구들이야!
C : 그 애들이랑 또 바보 같은 짓을 할 거잖아!
J : 하지만 나는 그 애들이랑 함께 다니고 싶어.
C : 그리고 바보 같은 짓도 하겠지.

영어에서는 동사를 명사로 만들고 싶으면 명사 뒤에 ing를 붙여줍니다. 이렇게 만들어진 명사를 '동명사'라고 부르죠. 하지만 **독일어는 ing 형태가 없습니다.** 대신 그냥 **동사의 첫 글자를 대문자로 표시하면 명사**가 되어버립니다. 참 편리하죠.
이 대화에서 사용된 dumm이라는 형용사 역시 Dummes로 바뀌면서 명사가 되었습니다. **'멍청한 것'**을 의미하죠.

 Ugh. Ich gehe.
JONATAHN
어흐. 이히 게에.
에휴. 나는 가다.

 Nein, du gehst nicht!
CARLOS
나인, 두 게에스트 / 니히트!
아니, 너는 가다 / 부정 !

 Bum!
JONATAHN
붐!
쾅! 의성어

J : 아이고, 난 이제 간다.
C : 아니, 넌 못 개!
J : 쾅!

4 **오늘 우리 만나기로 했잖아.**

 Hallo, Paul?
LENA
할로, 파울?
안녕, 파울 남성이름 ?

 Ja Lena, Was ist los?
PAUL
야 올래나, 바ᵛ스 / 이스트 / 올로스?
응 레나 여성이름 , 무엇 / ~이다 / 발생한?

 Wo bist du?
LENA
보ᵛ / 비스트 / 두?
어디 / ~이다 / 너?

L : 여보세요, 파울?
P : 응 레나, 무슨 일이야?
L : 너 어디야?

Was ist los?
'무슨 일이 생긴거야?' (what's happening?)
라는 뜻입니다. 영어에서는 happen에 ing를 붙여 happening이라는 현재 진행형을 만들어 사용하지만, **독일어에서는 현재 진행과 현재형의 구분을 두지 않고 똑같이 사용**합니다.

Falsche Nummer!
팔f쉐 눔머!
잘못 거셨어요.

Ich sitze gerade auf einer Bank.
이히 싯쩨 / 게라데 / 아우프f / 아이너 방크.
나는 앉아 있다 / 지금 / ~위에 / 하나의 벤치.

Auf einer Bank? Wo ist die Bank?
아우프f / 아이너 방크? / 보v / 이스트 / 디 방크?
~위에 / 하나의 벤치? / 어디 / ~이다 / 그 벤치는?

Im Park neben meinem Haus.
임 / 파아크 / 내벤 / 마이냄 하우스.
~안에 / 공원 / ~옆에 / 내 집.

Warum bist du da?
바v룸 / 비스트 / 두 / 다?
왜 / ~이다 / 너 / 거기?

Was meinst du damit?
바v스 / 마인스트 / 두 / 다밑?
무엇 / 의미하다 / 너 / 그것과 함께?

Wir treffen uns heute.
비v어 트레펜f / 운스 / 호이테.
우리는 만나다 / 우리를 / 오늘.

P : 나는 벤치에 앉아있어.
L : 벤치에? 벤치가 어디에 있어?
P : 우리 집 옆에 있는 공원에 있어.
L : 왜 거기에 있는 거야?
P : 무슨 말이야?
L : 오늘 우리 만나잖아.

장소를 가리키는 'da'
'da'는 여러 방면으로 쓰이는 단어인데요. **여기저기 장소를 지칭할 때** 구별 않고 쓸 수 있습니다.

Ich bin schon da. [이히 빈 숀 다]
: 나는 이미 여기 있어.

Bist du schon da? [비스트 두 숀 다]
: 너 벌써 거기 있어?

또한 **'왜냐하면'을 의미하는 접속사 weil**과 거의 동일하게 사용할 수 있습니다.

나는 늦게 와, 왜냐하면 아프거든.

Ich komme später, da ich krank bin.
[이히 콤매 슈패터, 다 이히 크랑크 빈]
Ich komme später, weil ich krank bin.
[이히 콤매 슈패터, 바v일 이히 크랑크 빈]

Ich bin wütend!!
이히 빈 뷔텐트!!
나 화났어!!

 Was? Was für ein Tag haben wir heute?
PAUL
바V스? 바V스 퓌f어 아인 탁 / 하벤 / 비V어 / 호이테?
무엇? 어떤 날 / 가지고 있다 / 우리는 / 오늘?

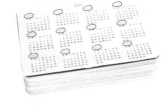
TIP

 Heute ist Freitag.
LENA
호이테 / 이스트 / 프f라이탁.
오늘 / ~이다 / 금요일.

 Oh mein Gott!
PAUL
오 마인 곳트!
오 나의 신!

P : 뭐라고? 오늘 무슨 요일인데?
L : 오늘 금요일이잖아.
P : 오 세상에!

5 **무엇을 찾으시나요?**

 Guten Tag, Madame.
JONATAHN
구텐 탁, 마담므.
좋은 낮, 부인.

Darf ich behilflich sein?
다아프f / 이히 / 베힐플f리히 / 자인?
해도 좋다 / 나 / 도움이 / ~있다?

 Ich hätte gern ein Kilo Tomaten und einen Salat, bitte.
MÜLLER
이히 햍테 게언 / 아인 킬로 토마텐 /
운트 / 아이낸 잘라트, 빝테.
나는 원하다 / 1킬로 토마토들 /
그리고 / 하나의 양상추, 제발.

J : 안녕하세요, 부인.
    제가 도와드릴 것이 있나요?
M : 토마토 1kg이랑 양상추 하나 주세요.

독일의 외래어

한국처럼 독일도 외래어를 종종 사용합니다.

차이가 있다면 독일은 대부분 **프랑스에서 외래어를 들여온다는 것입니다.** 그 때문에 Madame은 프랑스어이지만 독일어권에서도 자주 쓰이는 표현입니다.

이러한 단어들은 발음도 프랑스식으로 하기 때문에 혀를 좀 더 굴려주게 됩니다. 독일에서 많이 사용하는 프랑스 외래어들은 다음과 같습니다.

뷔페 = **Buffet** [부페f] 🧍
기회, 찬스 = **Chance** [셩스] 🧍
마요네즈 = **Mayonnaise** [마요내즈] 🧍
데자뷔 = **Déjà vu** [데자 부] 🧍
디저트, 후식 = **Dessert** [디제아] 🧍

Brauchen Sie noch etwas?
브라우ᴗ헨 / 지 / 노ᴗ흐 / 에트바v스?
필요로 하다 / 당신 / 아직 / 무엇?

Ja, haben Sie Kirschen?
야, 하벤 / 지 / 키으쉔?
네, 가지고 있다 / 당신 / 체리들?

Nein, leider nicht.
Wir haben noch keine Kirschen.
나인, / 을라이더 니히트. /
비v어 하벤 / 노ᴗ흐 / 카이내 / 키으쉔.
아니요, / 유감스럽지만 아니요. /
우리는 가지고 있다 / 아직 / 부정 / 체리들을.

Aber wir haben Trauben.
아버 / 비v어 하벤 / 트라v우벤.
하지만 / 우리는 가지고 있다 / 포도들.

Nein danke.
Wann kann ich Kirschen kaufen?
나인 당케.
반v / 칸 / 이히 / 키으쉔 / 카우펜f?
아니요 고맙습니다.
언제 / 나 / 할 수 있다 / 체리들 / 사다?

Im Sommer. Gegen Juni.
임 좀머. 게겐 / 유니.
여름에. ~쯤 / 6월.

Was für Tropenfrüchte haben Sie?
바v스 퓌f어 / 트로v펜프f뤼히테 / 하벤 / 지?
어떤 / 열대과일들 / 가지고 있다 / 당신?

J : 더 필요하신 게 있나요?
M : 아, 네. 체리 있나요?
J : 아뇨, 유감스럽게도 없어요. 아직 체리는 안 나와요.
　　 포도는 있습니다.
M : 아뇨, 괜찮습니다. 언제 체리를 살 수 있나요?
J : 여름입니다. 6월쯤이요.
M : 열대 과일은 무엇이 있나요?

leider nicht [을라이더 니히트]
'유감스럽지만 아닙니다.'라는 뜻입니다.
leider는 감탄사이자 부사입니다.

Leider Gottes!
[을라이더 곧테스!]
: 슬프게도...

Er ist leider krank.
[에어 이스트 을라이더 크랑크.]
: 유감스럽게도 그는 아프다.

Wo ist Orange?
보v 이스트 오랑줴
오렌지는 어디에 있나요?

236

 Ananas und Granatapfel.
JONATAHN
아나나스 / 운트 / 그라̃나ᴛ앞펠f.
파인애플 / 그리고 / 석류.

 Ich hätte gern eine Ananas.
MÜLLER
이히 핻테 게언 / 아이내 아나나스.
나는 원하다 / 하나의 파인애플.

Wie viel kostet das?
비ᵛ 피f일 / 코스테트 / 다스?
얼마나 / 비용 / 그것들?

 Ein Kilo Tomaten 2 Euro 50 Cent, ein Kohl 90 Cent
JONATAHN
아인 킬로 토마텐 / 쯔바ᵛ이 오이로̃ 퓐f피f찌히 센ᴛ,
아인 코올 / 노인찌히 센ᴛ
1킬로 토마토들 / 2유로 50센트,
하나의 양상추 / 90센트

und eine Ananas 1 Euro 50 Cent.
운트 / 아이내 아나나스 / 아인 오이로̃ 퓐f피f찌히 센ᴛ.
그리고 / 하나의 파인애플 / 1유로 50센트.

Es macht 4,90 €.
에스 / 마ᅙᴛ / 피f어, 오이로̃ 노인찌히 센츠.
그것 / 하다 / 4유로 90센트.

 Hier ist es. Auf Wiedersehen.
MÜLLER
히어 이스ᴛ / 에스. 아우ᴘf / 비ᵛ더제에엔.
여기 있다 / 그것. ～에 / 다시 만나다.

 Auf Wiedersehen.
JONATAHN
아우ᴘf / 비ᵛ더제에엔.
～에 / 다시 만나다.

J : 파인애플과 석류가 있습니다.
M : 파인애플도 하나 주세요.
　　얼마에요?
J : 자, 토마토 2유로 50센트, 양상추 90센트,
　　그리고, 파인애플 1유로 50센트.
　　총 4유로 90센트입니다.
M : 여기요. 감사합니다. 안녕히 계세요.
J : 안녕히 가세요.

 TIP

◄ **Ich hätte gerne**
'Ich hätte gerne~'은 영어의 'I would like ~'과 비슷합니다.

사과 주스 한 잔 주세요
Ich hätte gerne einen Apfelsaft
[이히 핻테 게어네 아이낸 앞펠f자프f트]

◄ **Auf Wiedersehen**
Auf Wiedersehen [아우ᴘf 비ᵛ더제에엔]
: 안녕히 계세요, 다음에 뵙겠습니다.

줄여서 '**Wiedersehen!**'이라고도 많이 합니다.

Auf Wiederhören [아우ᴘf 비ᵛ더회언]
: 전화를 끊을 때, 직역하자면 '**다음에 듣는 것을 위해!**'가 되죠.

6 같이 축구 할래?

Hey Vinzent.
Magst du Fußball spielen?
헤이 빈V첸트.
막스트 / 두 / 푸f쓰발 슈피일랜?
어이 빈첸트 남성이름.
원하다 / 너 / 축구를 하다?

Nein, leider nicht Albert.
Ich kann jetzt nicht.
나인, 을라이더 / 니히트 / 알베어트.
이히 / 칸 / 옛쯔트 / 니히트.
아니, 유감스럽게도 부정 알버트 남성이름.
나 / 할 수 있다 / 지금 / 부정.

Warum kannst du nicht?
바V룸 / 칸스트 / 두 / 니히트?
왜 / 할 수 있다 / 너 / 부정?

Weil ich jetzt hinausgehen muss.
바V일 / 이히 / 옛쯔트 / 힌아우스게에엔 / 무쓰.
왜냐하면 / 나 / 지금 / 밖으로 가다 / 해야 한다.

Wohin gehst du?
보V힌 / 게에스트 / 두?
어디 / 가다 / 너?

Ich habe einen Zahnarzttermin.
이히 하베 / 아이낸 짜안아쯔트테어민.
나는 가지고 있다 / 하나의 치과의사와의 약속을.

A : 빈첸트, 같이 축구 할래?
V : 아니, 미안해 알버트, 지금은 축구 못 해.
A : 왜 못 해?
V : 어디 가야 하거든.
A : 어디 가는데?
V : 치과에 가야 해.

'명사 + 동사'로 이루어진 복합명사

축구경기
Fußballspiel
축구를 하다
Fußball spielen

그들은 축구를 합니다
Sie spielen Fußball.
그들은 축구경기가 있습니다
Sie haben ein Fußballspiel.

축구와 관련된 복합명사들

Fußballfan [푸f쓰발팬f]
: 축구 팬
Fußballliga [푸f쓰발리가]
: 축구 리그
Fußballplatz [푸f쓰발플랏쯔]
: 축구장
Fußballstaidion [푸f쓰발슈타디온]
: 축구 경기장
Fußballweltmeisterschaft
[푸f쓰발벨V트마이스터샤f트]
: 축구 월드컵

Arzttermin
한국에서 '병원에 가야 해'라고 말할 때 독일은
'의사하고 약속이 있다.'라는 뜻으로 다음과 같
이 표현합니다.

Arzt(의사) + **Termin**(약속) = **Arzttermin**

Wann kommst du zurück?
반V / 콤스트 / 두 / 쯔뤽?
언제 / 돌아오다 분리동사 / 너 / 분리전철 ?

In einer Stunde.
인 / 아이너 슈툰데.
~안에 / 한 시간.

Okay. Wir werden dann im Fußballfeld auf dich warten.
오케이. 비V어 베V어덴 /
단 / 임 푸f쓰발펠f트 / 아우프f 디히 / 바V아텐.
알겠어. 우리는 할 것이다 /
그러면 / 축구장에서 / 너를 / 기다리다.

Zu wievielt seid ihr?
쭈 비V피f일트 / 자이트 / 이어?
몇 명이 / ~있다 / 너희들?

Wir sind zu neunt.
비V어 진트 / 쭈 노인트.
우리는 ~있다 / 9명이.

Wer ist da?
베V어 / 이스트 / 다?
누구 / ~있다 / 거기?

A : 언제 돌아와?
V : 1시간 뒤에 돌아와.
A : 알았어, 그러면 우리는 축구장에서 기다리고 있을게.
V : 너희 몇 명인데?
A : 우리는 아홉 명이야.
V : 누구누구 있어?

warten

warten은 항상 **auf**라는 전치사를 붙이고 다닙니다.

**Ich warte auf dich =
I am waiting for you**

영어의 **for**가 독일어의 **auf**인데, 이와 같은 의미로 4격을 사용합니다

Zu wievielt?

'**몇 명?**'이라는 의미로 자주 쓰이는 숙어입니다. 대답은 항상 **zu**로 받고 뒤에 **t**가 붙습니다.

zu zweit [쭈 쯔바V이트] : 두 명이
zu dritt [쭈 드릿트] : 세 명이

*Mein Zahnarzttermin
ist am 18. April.*
마인 짜안아프트테어민 이스트 암 아흐첸텐 아프릴
4월 18일에 치과 진료 예약이 되어있어.

Leute aus unserer Klasse.

을로이테 / 아우스 / 운저러 클라쎄.
사람들 / ～에서 / 우리 반.

Robert, Alexander, Ingrid und noch einige Freunde.

로베어트, / 알랙산더, 인그리드
운트 / 노흐 / 아이니게 / 프f로인데.
로베어트 [남성이름], / 알렉산더 [남성이름], 인그리드 [남성이름]
그리고 / 또 / 몇몇의 / 친구들.

Okay. Wir sehen uns in einer Stunde.

오케이. 비v어 / 제에엔 / 운스 / 인 / 아이너 슈툰데.
알겠어. 우리 / 보다 / 우리를 / ～안에 / 한 시간.

A: 우리 반 애들.
　로베어트, 알렉산더, 인그리드
　그리고 몇몇 친구들도 있어.
V: 알겠어, 1시간 뒤에 보자.

 7 알래스카로 가.

Alter, ich fliege in ein paar Wochen weg.

알터, 이히 / 플f리이게 /
인 / 아인 파아 / 보v헨 / 벡v.
친구, 나 / 날아가다 [분리동사] /
～안에 / 한 쌍의 / 주들 [분리전철].

Wohin fliegst du?

보v힌 / 플f리익스트 / 두?
어디로 / 날아가다 / 너?

N : 나 몇 주 뒤에 여행 가.
L : 여행 어디로 가?

 TIP

특정 갯수를 말하는 방법들

einige[아이니게] : 몇몇의 (a few)
ein paar[아인 파아] : 한 쌍의 (a couple of)
einzig[아인찍] : 유일한, 하나의 (only)

친구를 부를 때 쓰는 말

친구를 부를 때에는 여러 가지 표현이 있는데요. 영어의 Hey! You! Dude! Buddy! 처럼 독일어도 비슷한 표현들이 존재합니다.

Hey! = 이봐!
Du! = 너!
Alter! = 친구!
Kumpel! [쿰펠] = 친구!
Kollege! [콜래게] = 친구!

 Ich fliege nach Alaska.

이히 플f리이게 / 나흐 / 알라스카.

나는 날아가다 / ~로 / 알래스카.

 Nach Alaska? Wieso?

나흐 알라스카? 비v이조?

알래스카로? 왜?

 Weil ich Pinguine sehen will.

바v일 / 이히 / 핀구이내 / 제에엔 / 빌v.

왜냐하면 / 나 / 펭귄들을 / 보다 / 원하다.

 Es gibt keine Pinguine in Alaska.

에스 깁트 / 카이내 / 핀구이내 / 인 알라스카.

~있다 [부정] / 펭귄들이 / 알래스카에는.

 Was redest du?

바v스 / 레데스트 / 두?

무엇 / 이야기 하다 / 너?

N : 알래스카로 가.

L : 알래스카에? 왜?

N : 펭귄이 보고 싶어서.

L : 알래스카에는 펭귄이 없는걸.

N : 그게 무슨 말이야?

◀ **Wieso?**

왜 라는 뜻의 **warum**과 동의어 입니다.

◀ **Was redest du?**

구어적 표현입니다. 문법적으로는 완벽해지려면 **Was**가 아닌 **Wovon**이나 **Worüber**이 사용되어야 합니다.

Der Pinguin ist so süß!

데어 퓐구인 이스ㅌ 소 쮜쓰

이 펭귄 너무 귀엽다!

Die Pinguine leben in den Orten wie Antarktika, Südafrika und Chile.

디 핀구이내 / 을래벤 / 인 덴 오어텐 /
비ᵛ / 안트악티카, 쉰아프ᶠ리카 / 운트 / 칠래.
그 펭귄들은 / 살다 / 장소들에 /
~같은 / 남극, 남아프리카 / 그리고 / 칠레.

Es gibt Eisbären in Alaska.

에스 / 깁트 / 아이스배렌 / 인 알라스카.
그것 / 있다 / 북극곰들 / 알래스카에.

Ich mag keine Eisbären.

이히 막 / 카이내 / 아이스배렌.
나는 좋아하다 / [부정] / 북극곰들을.

Eisbären sind so süß!

아이스배렌 / 진트 / 소 쒸쓰!
북극곰들은 / ~이다 / 굉장히 귀여운!

Nein, ich muss meinen Zielort ändern.

나인, 이히 무쓰 / 마이낸 찌일오어트 / 앤던.
아니, 나는 해야 한다 / 나의 목적지를 / 바꾸다.

L : 펭귄들은 남극, 남아프리카, 칠레 같은 곳에 살아.
　　알래스카에는 북극곰이 있어.
N : 나는 북극곰을 좋아하지 않아.
L : 북극곰들이 얼마나 귀여운데!
N : 아니야, 목적지를 바꿔야 해.

Ich wohne in Alaska!
이히 보ᵛ오내 인 알라스카!
나는 알래스카에 살아!

Wohin willst du?
보ᐯ힌 / 빌ᐯ스트 두?
어디 / 원하다 / 너?

Ich fliege nach Chile.
이히 / 플f리이게 / 나흐 칠래.
나 / 가다 / 칠레로.

Warum Chile?
바ᐯ룸 / 칠래?
왜 / 칠레?

Ich will Pinguine und Lamas sehen.
이히 빌ᐯ / 핀구이내 / 운트 / 을라마스 / 제에엔.
나는 원하다 / 펭귄들 / 그리고 / 라마들 / 보다.

Ich wünsche dir eine schöne Reise!
이히 뷘ᐯ쉐 / 디어 / 아이내 쇄내 롸이제!
나는 기원한다 / 너에게 / 하나의 좋은 여행을!

L : 어디로 가고 싶은데?
N : 칠레로 가겠어.
L : 칠레는 왜?
N : 펭귄이랑 라마를 보고 싶어.
L : 즐거운 여행을 하기 바랄게!

fliegen
독일어에서는 '어디로 간다'(go)라는 표현이
여러 개입니다. 무엇을 타고 가냐에 따라서 동
사를 달리 쓰는데요. 비행기를 타고 가야 한
다면 **fliegen**, 자동차를 타고 가야 한다면
fahren, 걸어간다면 **gehen**을 사용합니다.

07

명사를 변신시키는
전치사

Ich bin auf der Straße.
나는 거리에 있습니다.

전치사란 무엇일까요? 우선 우리말로 쉽게 설명해드리겠습니다. '침대'는 명사입니다. 하지만 '침대 위의'라는 표현도 있고, '침대 위로'라는 표현도 있죠? 이 아이들은 여전히 명사일까요? 그렇지 않습니다. '침대'라는 명사에 어떤 표현을 결합하니 다른 품사로 변신했습니다.

의　　자 : 명사
의자 위의 : 형용사
의자 위로 : 부사

이렇게 명사에 결합하는 표현을 우리말에서는 보통 '조사'라고 부르고, 유럽어에서는 '전치사'라고 부릅니다. 조사는 명사의 뒤에 두지만, 전치사는 그 이름대로 명사의 앞에 둡니다.

> *조사: 명사 뒤에 위치*
▸ **우리말 :** 의자 위에

> *전치사: 명사 앞에 위치*
▸ **유럽어 :** auf dem Stuhl

그러면 다시 '의자 위의', 혹은 '의자 위로'라는 표현의 품사 이야기로 돌아가 보겠습니다. '의자'라는 단어는 명사이지만 전치사가 붙고 나면 형용사나 부사로 변신합니다.

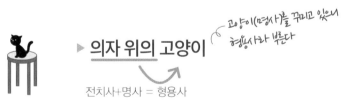

▶ **의자 위의 고양이** *고양이(명사)를 꾸미고 있으니 형용사라 부른다*

전치사+명사 = 형용사

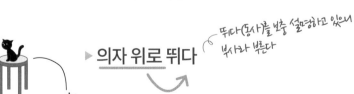

▶ **의자 위로 뛰다** *뛰다(동사)를 보충 설명하고 있으니 부사라 부른다*

전치사+명사 = 부사

《 더 알아보세요　전치사 + 정관사

전치사와 정관사가 함께 나오는 경우 대부분 축약해서 아래와 같이 사용합니다.

- **zu + der** → zur
- **zu + dem** → zum
- **von + dem** → vom

- 나는 학교에 간다.
  Ich gehe zur Schule.
- 나는 영화관에 간다.
  Ich gehe zum Kino.
- 나는 영화관에서 온다.
  Ich komme vom Kino.

《 더 알아보세요　'∼위'를 뜻하는 전치사

'∼위'를 뜻하는 전치사는 세 개 입니다. 서로 조금씩 다른 의미로 쓰입니다.

auf : 물리적으로 위, 아래가 나뉘어 있는 물건의 위쪽을 가리키는 말입니다.
- **Ich schlafe auf dem Bett.**
  나는 침대 위에서 잔다.

an : 영어의 'at'에 가깝습니다. 어떤 '표면 위'를 가리킵니다.
- **Sehen wir uns am (an dem) 63-Gebäude.**
  우리 63빌딩에서 보자.

über : 영어의 'over'와 비슷합니다. 공간을 띄운 상태에서의 위쪽을 가리킵니다.
- **Eine Mücke fliegt über mir.**
  모기 한 마리가 내 위에서 날아다닌다.

10번 읽어보세요!

위치와 방향을 나타내는 전치사

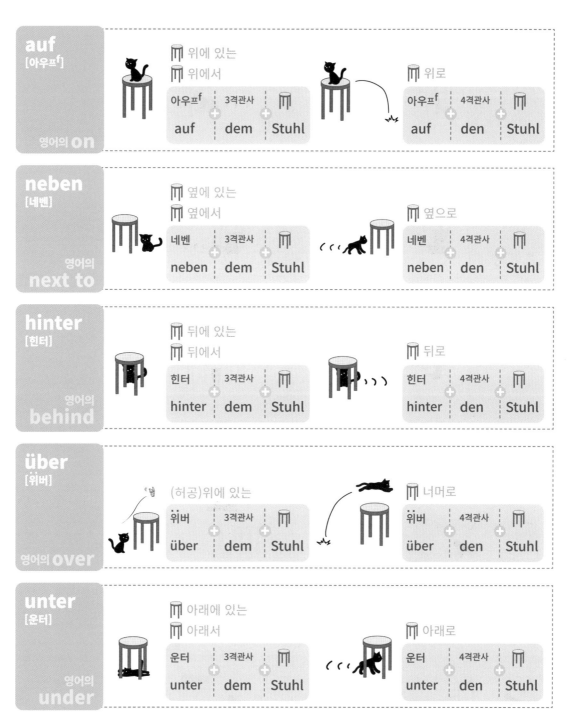

auf
[아우프f]

영어의 **on**

🪑 위에 있는		
🪑 위에서		
아우프f	3격관사	🪑
auf	dem	Stuhl

🪑 위로		
아우프f	4격관사	🪑
auf	den	Stuhl

neben
[네벤]

영어의
next to

🪑 옆에 있는		
🪑 옆에서		
네벤	3격관사	🪑
neben	dem	Stuhl

🪑 옆으로		
네벤	4격관사	🪑
neben	den	Stuhl

hinter
[힌터]

영어의
behind

🪑 뒤에 있는		
🪑 뒤에서		
힌터	3격관사	🪑
hinter	dem	Stuhl

🪑 뒤로		
힌터	4격관사	🪑
hinter	den	Stuhl

über
[위버]

영어의 **over**

(허공)위에 있는		
위버	3격관사	🪑
über	dem	Stuhl

🪑 너머로		
위버	4격관사	🪑
über	den	Stuhl

unter
[운터]

영어의
under

🪑 아래에 있는		
🪑 아래서		
운터	3격관사	🪑
unter	dem	Stuhl

🪑 아래로		
운터	4격관사	🪑
unter	den	Stuhl

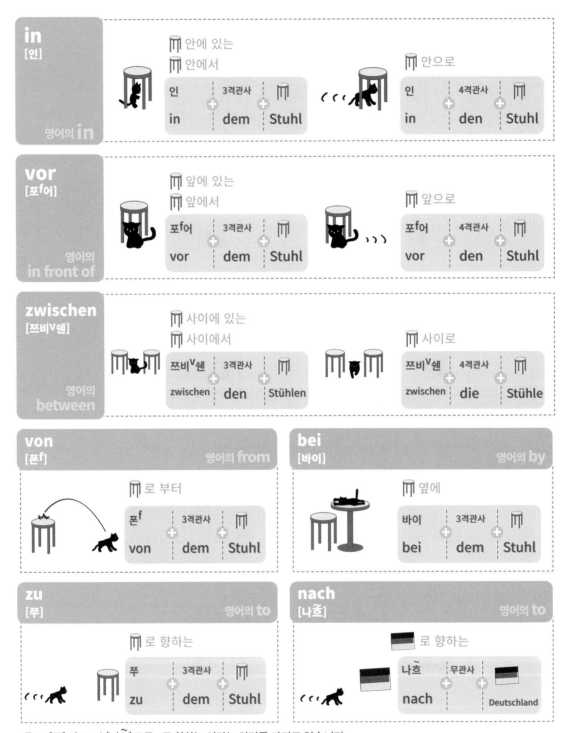

● Zu[쭈] 와 Nach[나흐] 모두 ~로 향하는 이라는 의미를 가지고 있습니다.

그중에서 Nach는 국가 같이 고정적인 방위를 가진 곳이나 구체적인 목적지를 이야기할 때 사용됩니다.

Practice
위치와 방향을 나타내는 전치사

 빈칸에 전치사와 명사를 넣어 보세요.

1 의자 위에 있는 고양이.

Die Katze ------------------------------

2 고양이가 의자 위로 뛴다.

Die Katze ------------------------------

3 의자 옆에 있는 고양이.

Die Katze ------------------------------

4 고양이가 의자 옆으로 뛴다.

Die Katze ------------------------------

5 의자 뒤에 있는 고양이.

Die Katze ------------------------------

6 고양이가 의자 뒤로 뛴다.

Die Katze ------------------------------

7 의자 위에(허공에) 있는 나비.

Der Schmetterling ------------------------------

8 고양이가 의자 너머로 뛴다.

Die Katze ------------------------------

9 의자 아래에 있는 고양이.

Die Katze ------------------------------

10 고양이가 의자 아래로 뛴다.

Die Katze ------------------------------

·정답입니다!· ① Die Katze auf dem Stuhl. ② Die Katze springt auf den Stuhl. ③ Die Katze neben dem Stuhl.
④ Die Katze springt neben den Stuhl. ⑤ Die Katze hinter dem Stuhl.
⑥ Die Katze springt hinter den Stuhl. ⑦ Der Schmetterling über dem Stuhl.
⑧ Die Katze springt über den Stuhl. ⑨ Die Katze unter dem Stuhl.
⑩ Die Katze springt unter den Stuhl.

 빈칸에 전치사와 명사를 넣어 보세요.

1 의자 안에 있는 고양이.

> **Die Katze** ----------------------------------

2 고양이가 의자 안으로 뛴다.

> **Springen** ----------------------------------

3 의자 앞에 있는 고양이.

> **Die Katze** ----------------------------------

4 고양이가 의자 앞으로 뛴다.

> **Springen** ----------------------------------

5 의자 사이에 있는 고양이.

> **Die Katze** ----------------------------------

6 고양이가 의자 사이로 뛴다.

> **Springen** ----------------------------------

7 고양이가 의자로부터 뛴다.

> **Die Katze** ----------------------------------

8 의자 옆에 고양이.

> **Die Katze** ----------------------------------

정답입니다! ① Die Katze in dem Stuhl. ② Die Katze springt in den Stuhl. ③ Die Katze vor dem Stuhl. ④ Die Katze springt vor den Stuhl. ⑤ Die Katze zwischen den Stühlen. ⑥ Die Katze springt zwischen die Stühle. ⑦ Die Katze springt von dem Stuhl. ⑧ Die Katze bei dem Stuhl.

독일어의 3가지 '간다'

독일어에서 '나는 어디로 간다' 라고 말할 때 사용하는 동사는 3가지입니다.
이동 방법 혹은 수단에 따라 동사를 구분해서 사용해 주어야 하는데요.
결국, 거리에 관한 이야기 일 수도 있겠습니다.

1 gehen

'지상에서 걸어가거나, 뛰어서 발로 갈 수 있는 정도의 거리를 표현할 때' 사용합니다. 간다라는 의미를 가진 동사 중에 가장 포괄적으로 사용할 수 있습니다.

2 fahren

'비행기를 제외한 교통수단을 이용해서 간다'라는 표현을 할 때 사용합니다. 배를 타고 바다를 통해 갈 때도 이 동사를 사용합니다.

3 fliegen

'비행기 등 날아다니는 교통수단을 이용할 때' 사용합니다.

이 위의 3가지 동사들을 사용하여 간다고 할 때는 꼭 전치사를 함께 사용하게 됩니다. 앞서 배운 *in, auf, zu, nach* 전치사와 3개의 동사의 조합이면 어디에 간다는 표현은 할 수 있게 되겠네요.

1 *in* + 4격 :	안으로 들어가는 경우	[in]
2 *auf* + 4격 :	위로 가는 경우 (이를테면 섬)	[at]
3 *zu* + 3격 :	단순히 어디로 향해 갈 때	[to]
4 *nach* + 3격 :	도시, 나라, 특정 장소로 갈 때	[to]

Ich gehe **in die** Schule.	나는 학교에 간다.
Ich gehe **aufs** Land.	나는 시골에 간다.
Ich gehe **zur** Schule.	나는 학교에 간다.
Ich gehe **nach** Hause.	나는 집에 간다.
Ich fahre **in die** Schweiz.	나는 스위스에 간다.
Ich fahre **aufs** Land.	나는 시골에 간다.
Ich fahre **zur** Schule.	나는 학교에 간다.
Ich fahre **nach** Österreich.	나는 오스트리아에 간다.
Ich fliege **in die** USA.	나는 미국에 간다.
Ich fliege **auf** Jeju.	나는 제주도에 간다.
Ich fliege **zur** Schule.	나는 학교에 간다.
Ich fliege **nach** Südkorea.	나는 한국에 간다.

필수 동사

gehen [게에엔] 가다, 걷다

Ich	gehe	게에
Du	gehst	게에스트
Er / Sie / Es	geht	게에트
Wir	gehen	게에엔
Ihr	geht	게에트
Sie	gehen	게에엔

fahren [파f아렌] 가다(자동차 따위로)

Ich	fahre	파f아레
Du	fährst	패f아스트
Er / Sie / Es	fährt	패f아트
Wir	fahren	파f아렌
Ihr	fahrt	파f아트
Sie	fahren	파f아렌

fliegen [플f리이겐] 가다(비행기 따위로)

Ich	fliege	플f리이게
Du	fliegst	플f리익스트
Er / Sie / Es	fliegt	플f리익트
Wir	fliegen	플f리이겐
Ihr	fliegt	플f리익트
Sie	fliegen	플f리이겐

Practice
○○에 간다

따라 말하기

 다음 문장을 독일어로 옮겨 적어 보세요.

1 나는 학교에 간다. *Ich gehe in die Schule.* 🖊

2 나는 시골에 간다.

시골
Land [을란트] 🚶

3 나는 집에 간다.

4 나는 (버스를 타고) 학교에 간다.

5 나는 (기차를 타고) 스위스에 간다.

6 나는 (기차를 타고) 오스트리아에 간다.

7 나는 (비행기를 타고) 미국에 간다.

8 나는 (비행기를 타고) 제주도에 간다.

제주도
Jeju-Insel [제주인셀] 🚶

9 나는 (자동차를 타고) 시골에 간다.

10 나는 (비행기를 타고) 학교에 간다.

정답입니다! ① Ich gehe in die Schule. / Ich gehe zur Schule. ② Ich gehe ins Land / Ich gehe aufs Land.
③ Ich gehe nach Hause. ④ Ich fahre zur Schule. ⑤ Ich fahre in die Schweiz.
⑥ Ich fahre nach Österreich. ⑦ Ich fliege in die USA. ⑧ Ich fliege auf Jeju-Insel.
⑨ Ich fahre aufs Land. ⑩ Ich fliege zur Schule.

10번 읽어보세요!
시간을 나타내는 전치사

전치사는 사물의 위치에 대해 말해주는 것들이 대부분입니다. 그리고 두 번째로 많은 비중을 차지하는 것은 시간에 대한 것들입니다. 그 외에도 방법 혹은 기타 의미를 담은 전치사도 있습니다. 아래의 전치사들은 모두 시간 전치사들입니다. 시간 전치사 뒤에는 주로 시각이나 날짜를 알려주는 명사가 사용되지만, 그 외에 사건을 나타내는 명사나 문장이 사용되기도 합니다.

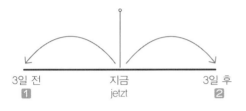

① 3일 전 (지금으로부터)

Vor 3(drei) Tagen
포f어 드라이 타겐

② 3일 후 (지금으로부터)

Nach 3 Tagen
나흐 드라이 타겐

③ 크리스마스 3일 전

3 Tage vor Weihnachten
드라이 타게 포f어 바v이나흐텐

④ 크리스마스 3일 후

3 Tage nach Weihnachten
드라이 타게 나흐 바v이나흐텐

초 Sekunde		* 3초 전	**Vor 3 Sekunden** [포f어 드라이 세쿤덴]	* 1초 전	**Vor einer Sekunde** [포f어 아이너 세쿤데]
분 Minute		* 3분 전	**Vor 3 Minuten** [포f어 드라이 미누텐]	* 1분 전	**Vor einer Minute** [포f어 아이너 미누테]
시 Stunde		* 3시간 전	**Vor 3 Stunden** [포f어 드라이 슈툰덴]	* 1시간 전	**Vor einer Stunde** [포f어 아이너 스툰데]
주 Woche		* 3주 전	**Vor 3 Wochen** [포f어 드라이 보v헨]	* 1주 전	**Vor einer Woche** [포f어 아이너 보v헤]
달 Monat		* 3달 전	**Vor 3 Monaten** [포f어 드라이 모나텐]	* 1달 전	**Vor einem Monat** [포f어 아이냄 모나트]
년 Jahr		* 3년 전	**Vor 3 Jahren** [포f어 드라이 야아렌]	* 1년 전	**Vor einem Jahr** [포f어 아이냄 야아]

 빈칸에 전치사와 명사를 넣어 보세요.

1 (지금으로부터)3일 전

----

2 (지금으로부터)3일 후

----

3 크리스마스 3일 전

----

4 크리스마스 3일 후

----

5 3초 전

----

6 1초 전

----

7 3분 전

----

8 1분 전

----

9 3시간 전

----

10 1시간 전

----

11 3주 전

----

12 1주 전

----

13 3달 전

----

14 1달 전

----

15 3년 전

----

16 1년 전

· 정답입니다! · 1 Vor 3 Tagen 2 Nach 3 Tagen 3 3 Tage vor Weihnachten 4 3 Tage nach Weihnachten
5 Vor 3 Sekunden 6 Vor einer Sekunde 7 Vor 3 Minuten 8 Vor einer Minute
9 Vor 3 Stunden 10 Vor einer Stunde 11 Vor 3 Wochen 12 Vor einer Woche 13 Vor 3 Monaten
14 Vor einem Monat 15 Vor 3 Jahren 16 Vor einem Jahr

따라 말하기

um
[움]   ~(시간)에
영어의 **at**

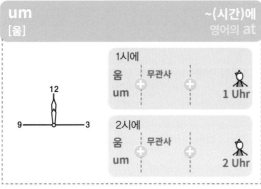

1시에
움 + 무관사 + 1 Uhr
um

2시에
움 + 무관사 + 2 Uhr
um

in
[인]   ~안에 ,~에
영어의 **in**

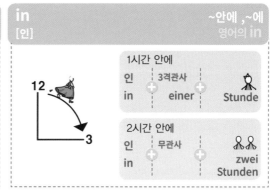

1시간 안에
인 + 3격관사 + Stunde
in   einer

2시간 안에
인 + 무관사 + zwei Stunden
in

an
[안]   ~에
영어의 **on**

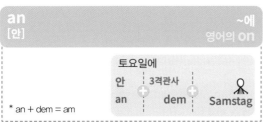

토요일에
안 + 3격관사 + Samstag
an   dem

* an + dem = am

in
[인]   ~에
영어의 **in**

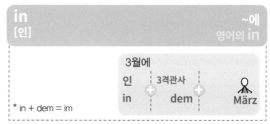

3월에
인 + 3격관사 + März
in   dem

* in + dem = im

für
[퓌fㅓ]   ~얼마 동안
영어의 **for**

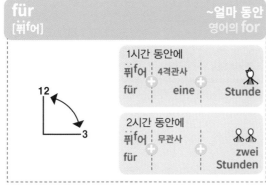

1시간 동안에
퓌fㅓ + 4격관사 + Stunde
für   eine

2시간 동안에
퓌fㅓ + 무관사 + zwei Stunden
für

gegen
[게겐]   ~정도에
영어의 **about**

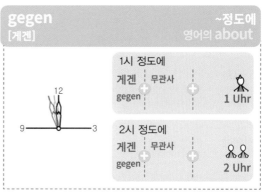

1시 정도에
게겐 + 무관사 + 1 Uhr
gegen

2시 정도에
게겐 + 무관사 + 2 Uhr
gegen

ab
[압]   ~부터
영어의 **from**

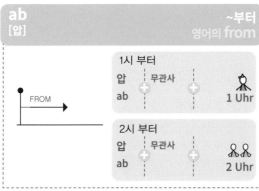

1시 부터
압 + 무관사 + 1 Uhr
ab

2시 부터
압 + 무관사 + 2 Uhr
ab

von 1 bis 2
[폰f 1 비스 2]   1시부터 2시까지
영어의 **from 1 to 2**

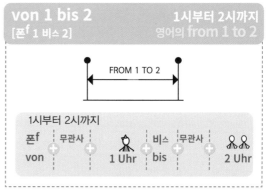

1시부터 2시까지
폰f + 무관사 + 1 Uhr + 비스 + 무관사 + 2 Uhr
von   bis

따라 말하기

 빈칸에 전치사와 명사를 넣어 보세요.

1
1시에

2시에

2
1시간 안에

2시간 안에

3
1시간 동안에

2시간 동안에

4
1시 정도에

2시 정도에

5
1시부터

2시부터

6
1시부터

2시까지

7 토요일에

----

8 이번 주에

----

9 3월에

----

10 이번 달에

정답입니다! 1 Um 1(ein) Uhr / Um 2(zwei) Uhr 2 In einer Stunde / In zwei Stunden
3 Für eine Stunde / Für zwei Stunden 4 Gegen 1(ein) Uhr / Gegen 2(zwei) Uhr
5 Ab 1(ein) Uhr / Ab 2(zwei) Uhr 6 Von 1(ein) Uhr bis 2 Uhr 7 An dem Samstag / Am Samstag
8 Diese Woche / Die Woche 9 In dem März / Im März 10 In diesem Monat

für
[퓨f어]   for

~를 위해   형

퓨f어		4격관사		형
für	+	die	+	Katze

über
[위버]   about

~에 관한   형

위버		4격관사		형
über	+	die	+	Maus

wegen
[베v겐]   because of

~때문에   형

베v겐		2격관사		형
wegen	+	des	+	Hundes

von
[폰f]   of

~의   형

폰f		3격관사		형
von	+	der	+	Katze

mit
[밑]   with

~와 함께   형

밑		3격관사		형
mit	+	dem	+	Hund

ohne
[오내]   without

~없이   형

오내		4격관사		형
ohne	+	die	+	Glocke

 빈칸에 전치사와 명사를 넣어 보세요.

1
고양이를
위한

2
쥐에 관한

3
개 때문에

4
고양이의

5
개와 함께

6
방울 없이

7
쥐를 위한

8
고양이에
관한

9
고양이
때문에

10
개의

11
고양이와
함께

12
쥐 없이

정답입니다! 1 Für die Katze. 2 Über die Maus. 3 Wegen des Hundes. 4 Von der Katze. 5 Mit dem Hund.
6 Ohne die Glocke. 7 Für die Maus. 8 Über die Katze. 9 Wegen der Katze. 10 Von dem Hund.
11 Mit der Katze. 12 Ohne die Maus.

따라 말하기

✏️ 다음 문장을 독일어로 옮겨 적어 보세요.

1 나는 독일로 가.

  Ich fliege nach Deutschland. ✏️

2 나는 부모님과 함께 살아.

3 나는 집 안에 있어.

4 그는 집 앞에 있어.

5 집 옆에 그 병원이 있어.

6 그 컵은 상자 안에 있어.

7 이 회사를 위해 1년 동안 일해.

회사
Firma [피르마]

8 책들은 책상 위에 있어.

9 나는 건물 사이에 있어.

건물(들)
Gebäude [게보이데]

10 그것은 그녀를 위한 거야.

정답입니다! ① Ich fliege nach Deutschland. ② Ich wohne mit meinen Eltern. ③ Ich bin im Haus.
④ Ich bin vor dem Haus. ⑤ Das Krankenhaus ist neben meinem Haus. ⑥ Das Glas ist in der Box.
⑦ Ich arbeite für ein(1) Jahr für die(diese) Firma. ⑧ Die Bücher sind auf dem Tisch.
⑨ Ich bin zwischen den Gebäuden. ⑩ Das ist für sie.

하루는 24시간입니다. 보통은 12시간으로 나누어 이야기하죠. 시계가 그렇게 생겼기 때문입니다. 하지만 독일사람들은 특이하게 24시간을 기준으로 이야기합니다. 우리에게 오후 1시는 독일에서는 13시인 것이죠.

13*Uhr*
[드라이첸 / 우어]
13 / 시

아래 표를 보면서 24시간으로 말하기 연습을 해보겠습니다. 시간을 말하는 숫자들 역시 그냥 숫자와 다르지 않습니다.

0-24시		
자정, 밤 12시	*0/24Uhr*	눌 / 피f어운쯔반V찌히 우어
새벽 1시	*1Uhr*	아인 우어
새벽 2시	*2Uhr*	쯔바V이 우어
새벽 3시	*3Uhr*	드라이 우어
새벽 4시	*4Uhr*	피f어 우어
새벽 5시	*5Uhr*	퓐f프f 우어
새벽 6시	*6Uhr*	젝스 우어
아침 7시	*7Uhr*	지이벤 우어
아침 8시	*8Uhr*	아흐트 우어
아침 9시	*9Uhr*	노인 우어
아침 10시	*10Uhr*	첸 우어
아침 11시	*11Uhr*	엘프 우어
낮 12시	*12Uhr*	쯔뷀V프f 우어
낮 1시	*13Uhr*	드라이첸 우어
낮 2시	*14Uhr*	피f어첸 우어
낮 3시	*15Uhr*	퓐f프f첸 우어
낮 4시	*16Uhr*	제히첸 우어
낮 5시	*17Uhr*	집첸 우어
밤 6시	*18Uhr*	아흐첸 우어
밤 7시	*19Uhr*	노인첸 우어
밤 8시	*20Uhr*	쯔반V찌히 우어
밤 9시	*21Uhr*	아인운 쯔반V찌히 우어
밤 10시	*22Uhr*	쯔바V이운 쯔반V찌히 우어
밤 11시	*23Uhr*	드라이운 쯔반V찌히 우어

<< 읽어 보세요   **15분, 30분, 45분**

1시 15분

Viertel nach 1*(eins)* ***Uhr***
[피f어텔 나흐 아인스 우어]

<u>nach</u> 라는 전치사를 사용하여 15분을 표현합니다.

1시 30분

halb zwei Uhr
[할브 쯔바V이 우어]

우리는 1시 반이라고 말하지요.
독일어는 2시 30분 전이라고 하네요

1시 45분

Viertel vor 2*(zwei)* ***Uhr***
[피f어텔 포f어 쯔바V이 우어]

<u>vor</u>는 ~전에 를 뜻하는 전치사입니다.

<< 읽어 보세요   **1시 25분 / 1시 35분**

1시 반 되기 5분 전
5 vor halb 2
[퓐f프f 포f어 할브 쯔바V이]

1시 반 되고 5분 후
5 nach halb 2
[퓐f프f 나흐 할브 쯔바V이]

앞 페이지에서는 매시 정각을 나타내는 방법을 배웠습니다. 이번에는 정각이 아닌 오후 1시 10분이라고 말해보도록 하겠습니다. 정각이 아닐 땐 하루를 12시간으로 나누어 사용합니다. 대신 낮인지 밤인지를 함께 말합니다.

1Uhr 10(zehn) mittags
[아인 / 우어 / 첸 / 밑탁스]
1 / 시 / 10분 / 오후

아래 표를 보면서 12시간으로 말하기 연습을 해보겠습니다. 우선 매 시 10분을 연습하겠습니다. 분을 말하는 숫자들 역시 그냥 숫자와 다르지 않습니다.

OO시 + 1분

밤 12시 10분	12Uhr 10(zehn) nachts	쯔뷀ᵛ프 우어 첸 나흐츠
새벽 1시 10분	1Uhr 10(zehn) nachts	아인 우어 첸 나흐츠
새벽 2시 10분	2Uhr 10(zehn) nachts	쯔바ᵛ이 우어 첸 나흐츠
새벽 3시 10분	3Uhr 10(zehn) nachts	드라이 우어 첸 나흐츠
새벽 4시 10분	4Uhr 10(zehn) nachts	피ᶠ어 우어 첸 나흐츠
새벽 5시 10분	5Uhr 10(zehn) nachts	퓐ᶠ프 우어 첸 나흐츠
아침 6시 10분	6Uhr 10(zehn) morgens	젝스 우어 첸 모어겐스
아침 7시 10분	7Uhr 10(zehn) morgens	지이벤 우어 첸 모어겐스
아침 8시 10분	8Uhr 10(zehn) morgens	아흫트 우어 첸 모어겐스
아침 9시 10분	9Uhr 10(zehn) morgens	노인 우어 첸 모어겐스
아침 10시 10분	10Uhr 10(zehn) morgens	첸 우어 첸 모어겐스
아침 11시 10분	11Uhr 10(zehn) morgens	엘프어 우어 첸 모어겐스
낮 12시 10분	12Uhr 10(zehn) mittags	쯔뷀ᵛ프 우어 첸 밑탁스
낮 1시 10분	1Uhr 10(zehn) mittags	드라이첸 우어 첸 밑탁스
낮 2시 10분	2Uhr 10(zehn) mittags	피ᶠ어첸 우어 첸 밑탁스
낮 3시 10분	3Uhr 10(zehn) mittags	퓐ᶠ프첸 우어 첸 밑탁스
낮 4시 10분	4Uhr 10(zehn) mittags	제히첸 우어 첸 밑탁스
낮 5시 10분	5Uhr 10(zehn) mittags	집첸 우어 첸 밑탁스
저녁 6시 10분	6Uhr 10(zehn) abends	아흫첸 우어 첸 아벤츠
저녁 7시 10분	7Uhr 10(zehn) abends	노인첸 우어 첸 아벤츠
저녁 8시 10분	8Uhr 10(zehn) abends	쯔반ᵛ찌 우어 첸 아벤츠
저녁 9시 10분	9Uhr 10(zehn) abends	아인운 쯔반ᵛ찌 우어 첸 아벤츠
밤 10시 10분	10Uhr 10(zehn) nachts	쯔바ᵛ이운 쯔반ᵛ찌 우어 첸 나흐츠
밤 11시 10분	11Uhr 10(zehn) nachts	드라이운 쯔반ᵛ찌 우어 첸 나흐츠

읽어 보세요 **오전, 오후**

앞에서 배운 바와 같이 하루를 12시간으로 나눌 때는 낮인지 밤인지를 함께 말해 줍니다. 그런데 새벽을 의미하는 표현이 3개나 되죠. 이들의 의미 차이는 없고 다만 사람마다 선호하는 표현이 다를 뿐입니다. 여러분도 하나씩 골라 사용하시면 됩니다.

새벽 시간
1Uhr morgens
[아인 우어 모어겐스]
1Uhr am Morgen
[아인 우어 암 모어겐]
1Uhr nachts
[아인 우어 나흐츠]

아침 시간
7Uhr morgens
[지이벤 우어 모어겐스]
7Uhr am Morgen
[지이벤 우어 암 모어겐]
7Uhr am Vormittag
[지이벤 우어 암 포ᶠ어밑탁]

오후 시간
12Uhr Mittag
[쯔뷀ᵛ프 우어 밑탁]
12Uhr Mittags
[쯔뷀ᵛ프 우어 밑탁스]
1Uhr mittags
[아인 우어 밑탁스]
1Uhr am Nachmittag
[아인 우어 암 나흐밑탁]

저녁 시간
7Uhr abends
[지이벤 우어 아벤츠]
7Uhr am Abend
[지이벤 우어 암 아벤트]

밤 시간
10Uhr nachts
[첸 우어 나흐츠]
10Uhr in der Nacht
[첸 우어 인 데어 나흐트]

자정
12Uhr nachts
[쯔뷀ᵛ프 우어 나흐츠]
Mitternacht
[밑터나흐트]

 시계를 보고 시간을 독일어로 말해 보세요.
시간을 말하는 방법은 여러 가지만 여기서는 위에서 배운 것 중 한 가지만 사용합니다.

몇 시인가요?

Wie spät ist es?

[비ᵛ 슈패트 이스트 에스?]

1
1:15

2
1:00

3
1:30

4
1:15

5
1:00

6
1:30

7
12:00

8
7:25

9
3:05

10
12:00

11
11:25

12
11:05

정답입니다! ① 1 Uhr 15 mitttags ② 1 Uhr mitttags ③ 1 Uhr 30 mitttags
④ 1:15 Uhr nachts ⑤ 1:00 Uhr nachts ⑥ 1:30 Uhr nachts
⑦ 12:00 Uhr mittags ⑧ 7:25 Uhr abends ⑨ 3:05 Uhr mittags
⑩ 12:00 Uhr nachts ⑪ 11:25 Uhr morgens ⑫ 11:05 Uhr morgens

'**전치사** + 의문사'는 하나의 긴 의문사와도 같습니다. 따라서 의문사 뒤에 본 문장이 추가될 수 있습니다.
하지만 독일어에서는 본 문장을 붙이지 않고 '전치사 + 의문사'로만 말하는 경우가 더 많습니다.

1 어디로부터 from where
woher [보ᵛ헤어]

2 어디로 to where
wohin [보ᵛ힌]

3 무엇으로 with what
womit [보ᵛ밑]

4 무엇 때문에 what for
wozu [보ᵛ쭈]

5 무엇을 위해서 what for
wofür [보ᵛ퓌ᶠ어]

6 누구를 위해서 for whom
für wen [퓌ᶠ어 벤ᵛ]

7 무엇에 대해서 about what
worüber [보ᵛ뤼버]

8 누구에 대해서 about whom
über wen [위버 벤ᵛ]

9 누구랑 with whom
mit wem [밑 벰ᵛ]

10 누구의 by whom
von wem [폰ᶠ 벰ᵛ]

11 언제부터 since when
SINCE
seit wann [자이트 반ᵛ]

12 언제까지 until / by when
UNTIL
bis wann [비스 반ᵛ]

Practice
전치사+의문사

✎ 다음을 독일어로 옮겨 적어 보세요.

1 어디로부터 from where

2 어디로 to where

3 무엇으로 with what

4 무엇 때문에 what for

5 무엇을 위해서 what for

6 누구를 위해서 for whom

7 무엇에 대해서 about what

8 누구에 대해서 about whom

9 누구랑 with whom

10 누구의 by whom

11 언제부터 since when

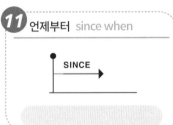

12 언제까지 until / by when

정답입니다! **1** woher **2** wohin **3** womit **4** wozu **5** wofür **6** für wen
7 worüber **8** über wen **9** mit wem **10** von wem **11** seit wann **12** bis wann

264

Practice
전치사+의문사

따라 말하기

 다음 문장들을 독일어로 옮겨 적어 보세요.

1 너는 어디에서 왔니?
Woher kommst du?

2 너는 어디로 가니?

3 무엇 때문에 일하니?

4 무엇에 대해 읽니?

5 무엇으로 요리하니?

요리하다
kochen [코헨]

6 누구에 대해 이야기하니?

이야기하다
reden [레덴]

7 이 선물들은 누구를 위한 거야?

선물들
Geschenke [게쉥케]

8 누구랑 있니?

9 이 상자는 누구 것이니?

10 언제부터 일하고 있니?

정답입니다!
1 Woher kommst du? 2 Wohin gehst du? 3 Wozu arbeitest du? 4 Worüber liest du?
5 Womit kochst du? 6 Über wen redest du? 7 Für wen sind die Geschenke?
8 Mit wem bist du? 9 Von wem ist die Box? 10 Seit wann arbeitest du?

Practice
전치사+의문사

따라 말하기

 다음 문장들을 독일어로 옮겨 적어 보세요.

1 언제까지 일하니?　　　　　　　Bis wann arbeitest du? ✎

─────────────────────────────────

2 얼마나 (시간이) 필요하니?

─────────────────────────────────

3 얼마나 많은 사과들을 사니?

─────────────────────────────────

4 언제부터 공부하니?

─────────────────────────────────

5 무엇 때문에 가니?

─────────────────────────────────

　　　　　　　　　　　　　　　　고민하다, 생각하다
6 무엇에 대해 생각하니?　　　　　nachdenken [나흐뎅켄]—
　　　　　　　　　　　　　　　　분리동사

─────────────────────────────────

　　　　　　　　　　　　　　　　물고기
7 이 물고기는 어디에서 왔나요?　　Fisch [피f쉬] 🧍

─────────────────────────────────

8 당신은 어디로 가나요?

─────────────────────────────────

　　　　　　　　　　　　　　　　이야기
9 누구에 대한 이야기니?　　　　　Geschichte [게쉬히테] 🧍

─────────────────────────────────

10 누구를 위해서 일하니?

─────────────────────────────────

정답입니다!　1 Bis wann arbeitest du? 2 Wie lange brauchst du? 3 Wie viele Äpfel kaufst du?
4 Seit wann lernst du? 5 Wozu gehst du? 6 Worüber denkst du nach? 7 Woher kommt der Fisch?
8 Wohin gehen Sie? 9 Über wen ist die Geschichte? 10 Für wen arbeitest du?

MEMO

1 고양이는 어디에 있어?

 TIP

 MAGDALENA

Kathi, deine Katze ist so süß!
카티, 다이내 캇쩨 / 이스ㅌ / 소 쒸쓰!
카티[여성이름], 너의 고양이는 / ~이다 / 너무 귀여운!

 KATHI

Ja, aber sie lebt fast nur auf dem Bett.
야, 아버 / 지 을랩ㅌ / 파f스ㅌ / 누어 / 아우프f / 뎀 벳ㅌ.
응, 하지만 / 그녀(고양이)는 살다 / 거의 / ~만 / ~위에서 / 그 침대.

 MAGDALENA

Wo ist dein Bett?
보ᵛ / 이스ㅌ / 다인 벳ㅌ?
어디 / ~있다 / 너의 침대는?

 KATHI

In meinem Zimmer vor dem Fenster.
인 / 마이냄 찜머 / 포f어 / 뎀 펜f스터.
~안에 / 나의 방 / ~앞에 / 그 창문.

 MAGDALENA

Wo ist deine Katze jetzt?
보ᵛ / 이스ㅌ / 다이내 캇쩨 / 옛쯔ㅌ?
어디 / ~있다 / 너의 고양이는 / 지금?

 KATHI

Sie ist gerade in der Küche unter dem Esstisch.
지 이스ㅌ / 게라̆데 / 인 / 데어 퀴히에 /
운터 / 뎀 에쓰티쉬.
그녀는 있다 / 현재 / ~안에 / 그 주방 /
~아래에 / 그 식탁.

M : 카티, 너의 고양이는 정말 귀여워!
K : 응 하지만 걔는 거의 내 침대 위에서만 살아.
M : 너의 침대가 어디 있는데?
K : 내 방 창문 앞에 있어.
M : 너의 고양이는 지금 어디 있는데?
K : 지금 부엌에 식탁 밑에 있어.

Zimmer

Küche [퀴히에] : 주방
Schlafzimmer [슐라프f찜머] : 침실
Toilette [토일랱테] : 화장실

Tür [튀어] : 문
Fenster [펜f스터] : 창문

 Frisst sie gerade?
프f리쓰트 / 지 / 게라데?
먹다 / 그녀 / 지금?

 Ja, sie geht oft unter den Esstisch zu fressen.
야, 지 게에트 / 오프f트 / 운터 덴 / 에쓰티쉬 / 쭈 프f레쎈.
응, 그녀는 가다 / 자주 / ～아래에 / 그 식탁 / 먹으려고.

 Das ist lieb!
다스 이스트 / 을리입!
그것은 ～이다 / 사랑스러운!

M : 고양이 밥 먹고 있어?
K : 응, 자주 식탁 밑으로 가서 밥 먹어.
M : 너무 사랑스럽다!

2 여기에 살지 않으시나 봐요?

 Entschuldigung.
엔트츌디궁.
실례합니다.

 Ja?
야?
네?

 Wissen Sie, wo die Post ist?
비V쎈 / 지, 보V / 디 포스트 / 이스트?
알다 / 당신, 어디 / 그 우체국이 / ～있다?

P : 실례합니다.
M : 무슨 일이세요?
P : 우체국이 어딘지 아시나요?

 essen
'동물이 무엇을 먹는다'라고 말할 때는 fressen[프f레쎈]이라고 합니다. essen(먹다) 앞에 fr이 붙었다고 생각하시면 좋습니다. 격 표시는 essen과 같습니다.
만약, 누군가 정말 게걸스럽게, 혹은 예의 없이 먹을 때는 fressen이라고 비꼬아 말 할 수도 있습니다.

Post
Post (여성)은 우편물, 혹은 우체국을 의미합니다.

Ost, West, Süd, Nord.
오스트, 베V스트, 쉬드, 노어드
동, 서, 남, 북

MÜLLER

Natürlich. Die Post befindet sich neben dem Rathaus.
나튀얼리히. 디 포스트 / 베핀ᶠ데트 지히 /
내벤 / 뎀 랏하우스.
물론. 그 우체국 / ~에 있다 /
~옆에 / 그 시청.

PAUL

Neben dem Rathaus?
내벤 / 뎀 랏하우스?
~옆에 / 그 시청?

MÜLLER

Ja, Rathaus.
야, 랏하우스.
네, 시청.

PAUL

Wo ist das Rathaus?
보ᵛ / 이스트 / 다스 랏하우스?
어디에 / ~있다 / 그 시청은?

MÜLLER

Das Rathaus ist vor dem Einkaufszentrum.
다스 랏하우스 / 이스트 /
포ᶠ어 / 뎀 아인카우프ᶠ스쩬트룸.
그 시청은 / ~있다 /
~앞에 / 그 쇼핑몰.

PAUL

Und wo ist das Einkaufszentrum?
운트 / 보ᵛ / 이스트 / 다스 아인카우프ᶠ스쩬트룸?
또한 / 어디 / ~있다 / 그 쇼핑몰은?

MÜLLER

Sind Sie nicht von hier?
진트 / 지 / 니히트 / 폰ᶠ / 히어?
~이다 / 당신 [부정] / ~에서 / 여기?

M : 그럼요, 우체국은 시청 옆에 있습니다.
P : 시청 옆이요?
M : 네, 시청이요.
P : 시청은 어디에 있나요?
M : 시청은 쇼핑몰 앞에 있습니다.
P : 쇼핑몰은 어디에 있나요?
M : 여기에 살지 않으시나 봐요?

> *Ich habe mich verlaufen.*
> 이히 하베 미ᶜ 페ᶠ얼라우펜ᶠ.
> 나는 길을 잃었어요.

◀ **방향을 나타내는 독일어**

oben [오벤]　　: 위
unten [운텐]　　: 밑
links [을링크스]　: 왼쪽
rechts [레히츠]　　: 오른쪽
vorn [포ᶠ언]　　: 앞에
hinten [힌텐]　　: 뒤에

Nein, ich bin ein Reisender.
나인, 이히 빈 / 아인 라f이젠더.
아니요, 저는 ～이다 / 하나의 여행자.

Okay. Das Einkaufszentrum ist 500 Meter von hier entfernt.
오케이. 다스 아인카우프f스쩬트룸 / 이스트 /
퓐f프f훈더트 매터 / 폰f / 히어 / 엔트페f언트.
알겠습니다. 그 쇼핑몰 / ～이다 /
500m / ～부터 / 여기 / 떨어진.

In welche Richtung?
인 / 벨V히에 / 리히눙?
～으로 / 어떤 / 방향?

Geradeaus.
게라데아우스.
직진.

Wenn Sie ein großes Hotel sehen, biegen Sie nach links ab.
벤V / 지 / 아인 그로f오쎄스 호텔 / 제에엔,
비이겐 / 지 / 나흐 / 올링크스 압.
만약 / 당신 / 하나의 큰 호텔을 / 보다,
가다 분리동사 / 당신 / ～로 / 왼쪽 분리전철.

Dann gehen Sie weiter vorwärts.
단 / 게에엔 / 지 / 바V이터 / 포f어배V어츠.
그리고 / 가다 / 당신 / 계속 / 앞쪽으로.

Vielen Dank.
피f일랜 / 당크.
많은 / 감사합니다.

Gute Reise.
구테 / 라f이제.
좋은 / 여행.

P : 네, 저는 여행자입니다.
M : 그렇군요. 쇼핑몰은 500m 떨어진 곳에 있습니다.
P : 어느 방향인가요?
M : 쭉 가세요. 큰 호텔이 보이시면, 왼쪽으로 도세요.
　　그리고 앞으로 조금만 가시면 됩니다.
P : 감사합니다.
M : 즐거운 여행 하세요.

3 못 찾겠어.

 KATHI

Magdalena, wo sind deine Buntstifte?
막달래나, 보ⱽ / 진트 / 다이내 분트슈티프f테?
막달래나 여성이름, 어디 / ～있다 / 너의 색연필들은?

 MAGDALENA

Sie sind in meinem Zimmer auf dem Schreibtisch.
지 진트 / 인 / 마이냄 찜머 /
아우프f / 뎀 슈라입티쉬.
그것들은 ～있다 / ～안에 / 나의 방 /
～위에 / 그 책상.

 KATHI

Ich finde sie nicht.
이히 핀f데 / 지 / 니히트.
나는 찾다 / 그것 [부정].

 MAGDALENA

Sie sind neben meinem Computer, vor der Lampe.
지 진트 / 내벤 / 마이냄 콤퓨터,
포f어 / 데어 을람페.
그들은 ～있다 / ～옆에 / 나의 컴퓨터,
～앞에 / 그 램프.

 KATHI

Oh ja, sie sind hier.
오 야, 지 진트 / 히어.
아 그래, 그것들은 ～있다 / 여기.

Und deine Stifte, wo sind sie?
운트 / 다이내 슈티프f테, 보ⱽ 진트 / 지?
그리고 / 너의 펜들은, 어디 ～있다 / 그것들?

K : 막달래나, 네 색연필 어디 있어?
M : 내 방에 있어, 책상 위에.
K : 못 찾겠어.
M : 내 컴퓨터 옆에 있어, 스탠드 앞에.
K : 아, 여기 있구나. 네 펜은 어디에 있어?

suchen, finden

suchen와 finden는 영어의 search와 find 의 관계와 같습니다. 무엇인가를 찾고 있을 때 는 'suchen'을, 무엇인가를 발견할 때는 'finden'을 사용합니다.

Finden은 '～라고 여기다.'라는 뜻도 있습니다.

Ich finde Korea schön.
[이히 핀f데 코레아 쇤]
나는 한국이 예쁘다고 생각한다.

Sie sind im unteren Fach vom Kasten zwischen meinem Bett und Bücherregal.

지 진트 / 임 / 운터렌 / 파f흐 / 폼V /
카스텐 / 쯔비V쉔 / 마이냄 벳트 /
운트 / 뷔히여레갈.
그것들은 ~있다 / ~안에 / 아래 / 서랍 / ~의 /
서랍장 / ~사이 / 나의 침대 /
그리고 / 책장.

Danke!

당케!
고마워!

M : 내 침대랑 책장 사이에 있는 서랍장 아래 서랍에 있어.
K : 고마워!

4 몇 시인가요?

Frau Baumgartner!

프f라우 / 바움가트너!
존대(여성) / 바움가르트너 여성이름!

Ja, Herr Roland?

야, 헤어 / 롤란트?
네, 존대(남성) / 롤란드 남성이름?

Wie spät ist es?

비V / 슈패트 / 이스트 / 에스?
얼마나 / 늦다 / ~이다 / 그것?

R : 바움가르트너 씨!
B : 네, 롤란드 씨?
R : 몇 시인가요?

wie spät ist es? = what time is it?
시간을 물을 때 자주 씁니다.

Es ist jetzt fast 15:00 Uhr.
에스 이스트 / 옛쯔트 / 파f스트 / 퓐f프f첸 우어.
그것은 ~이다 / 지금 / 거의 / 오후 3시.

Oh nein!
오 나인!
오 안 돼!

Was ist los?
바V스 / 이스트 / 을로스?
무엇 / ~이다 / 발생한?

Ich muss um 3:30 Uhr nachmittags zu Hause sein.
이히 / 무쓰 / 움 / 드라̃이 우어 드라̃이 씨히 / 나흐밑탁스 / 쭈 하우제 / 자인.
나 / 해야 한다 / ~에 / 3시30분 / 오후 / 집에 / 있다.

Wie lange dauert die Heimfahrt?
비V 을랑에 / 다우어트 / 디 하임파f아트?
얼마 / 지속되다 / 귀가?

Circa 40 Minuten.
찌으카 / 피f어찌히 미누텐.
약 / 40분.

Beeilen Sie sich!
베아일랜 / 지 지히!
서두르세요 / 당신은!

Ja, auf Wiedersehen!
야, 아우프f 비V더제에엔!
네, 또 뵙겠습니다!

B : 지금 거의 3시입니다.
R : 오 안 돼!
B : 무슨 일이세요?
R : 저는 오후 3시 30분에 집에 있어야 하거든요.
B : 귀가하는 데 얼마나 걸리는데요?
R : 약 40분 정도요.
B : 서두르세요!
R : 네, 다음에 뵙겠습니다!

5 강의가 언제지?

ALBERT
Alter! Wann ist unsere Vorlesung?
알터! 반ᵛ / 이스트 / 운저레 포ᶠ얼래중?
친구! 언제 / ~이다 / 우리의 강의는?

WILHELM
Ab 11:00 Uhr.
압 / 엘프ᶠ 우어.
~부터 / 11시.

ALBERT
Bis wann?
비스 / 반ᵛ?
~까지 / 언제?

WILHELM
Von 11:00 Uhr bis 15:00 Uhr.
폰ᶠ / 엘프ᶠ 우어 / 비스 / 핀ᶠ프ᶠ첸 우어.
~부터 / 11시 / ~까지 / 오후 3시.

ALBERT
Haben wir
2 Tage vor Ferien auch die Vorlesung?
하벤 / 비ᵛ어 /
쯔바ᵛ이 타게 / 포ᶠ어 / 페ᶠ리엔 / 아우흐 / 디 포ᶠ얼래중?
가지고 있다 / 우리는 /
이틀 / ~전에 / 방학 / 또한 / 그 강의를?

WILHELM
Ja, haben wir.
야, 하벤 / 비ᵛ어.
응, 가지고 있다 / 우리는.

ALBERT
Wann beginnen unsere Ferien?
반ᵛ / 베긴낸 / 운저레 / 페ᶠ리엔?
언제 / 시작하다 / 우리의 / 방학은?

A : 친구야! 우리 강의가 언제지?
W : 11시부터.
A : 언제까지?
W : 11시부터 오후 3시까지.
A : 우리 방학 이틀 전에도 강의 있어?
W : 응, 있어.
A : 방학은 언제 시작이지?

Vorlesung
Vorlesung [포ᶠ얼래중]
: 대학교의 수업

Lektion [을랙치온]
: 이것도 역시 대학교 수업

Unterricht [운터리히트]
: 초·중·고의 수업

Ferien
Ferien는 방학(복수명사)이라는 의미로 영어의
holidays에 해당합니다. 휴가는 Urlaub[우얼
라웁] (남성)이라고 합니다.

저는 휴가 중입니다.
= Ich bin auf Urlaub.
[이히 빈 아우프ᶠ 우어라웁]

저는 방학 중입니다.
= Ich habe Ferien.
[이히 하베 페ᶠ리엔]

Welche Uhrzeit haben Wir?
벨ᵛ히에 우어짜이트 하벤 비ᵛ어?
지금 몇 시야?

In 6 Tagen.

인 / 젝스 타겐.
~안에 / 6일.

Sehen wir uns
eine Stunde vor der Vorlesung?

제에엔 / 비ᵛ어 / 운스 /
아이내 슈툰데 / 포f어 / 데어 포f얼래중?
보다 / 우리는 / 우리를 /
한 시간 / ~전에 / 강의?

Ja, können wir machen.

야, 쾬낸 / 비ᵛ어 / 마헨.
응, 할 수 있다 / 우리 / 하다.

Sehr gut!

제어 구트!
매우 좋다!

W : 6일 후에.
A : 강의 시작하기 한 시간 전에 만날까?
W : 응, 그러자.
A : 좋아!

6   두 자리 잡아둘 수 있어?

Hallo, Viktor?

할로, 빅ᵛ토어?
안녕, 빅터 남성이름?

Ja Wilhelm, was ist los?

야, 빌ᵛ헬음, 바ᵛ스 / 이스트 / 을로스?
응, 빌헬름 남성이름, 무엇 / ~이다 / 발생한?

W : 여보세요? 빅터?
V : 응, 빌헬름, 무슨 일이야?

독일의 방학은 언제일까요?

대부분 알고 있는 상식이겠지만 독일은 한국보다 쉬는 날이 길고 많습니다. 대학교마다 조금씩 차이는 있지만 큰 방학들은 다음과 같습니다.

Sommerferien [좀머페f리엔]
: 여름방학입니다. 7월부터 10월 중순~말까지 2달에서 3달 반 정도 쉽니다.

Weihnachtsferien [바ᵛ이나흐ᵗ츠페f리엔]
: 크라스마스방학입니다. 12월 중후반부터 1월 초·중순까지 2~3주 정도 쉽니다.

Semesterferien [세매스터페f리엔]
: 겨울학기에서 여름학기 넘어갈 때의 방학입니다. 2월 초중부터 3월까지 1달에서 1달 반 정도 쉽니다.

Osterferien [오스터페f리엔]
: 부활절 방학입니다. 4월에 적게는 4일에서 많게는 2주 정도 쉽니다.

 Wann beginnt das Fest?
반V / 베긴트 / 다스 페f스트?
언제 / 시작하다 / 축제는?

 Das Fest beginnt um 14:00 Uhr.
다스 페f스트 / 베긴트 / 움 / 피f어첸 우어.
축제는 / 시작하다 / ~에 / 오후 2시.

Aber du musst um 13:00 Uhr dort sein. ◀
아버 / 두 / 무쓰트 / 움 / 드라̃이첸 우어 / 도어트 / 자인.
하지만 / 너 / 해야 한다 / ~에 / 오후 1시 / 그곳에 / ~있다.

dort sein
영어의 **be there**과 같은 의미입니다.

 Warum?
바V룸̃?
왜?

 Weil es um 14:00 Uhr keine guten Plätze mehr gibt.
바V일 / 에스 / 움 / 피f어첸 우어 / 카이내 /
구텐 플랫쩨 / 매어 / 깁트.
왜냐하면 / 그것 / ~에 / 오후 2시 / [부정] /
좋은 자리들이 / 더는 / 있다.

 Oh nein. Kannst du für mich 2 Plätze freihalten?
오 나인. 칸스트 / 두 / 퓌f어 / 미히 /
쯔바V이 플랫쩨 / 프f라̃이할텐?
이런 안 돼. 할 수 있다 / 너 / ~위해 / 나를 /
두 자리 / 맡아두다?

 Warum denn?
바V룸̃ / 댄?
왜 / 왜냐하면?

W : 축제가 몇 시에 시작해?
V : 축제는 2시에 시작해.
　　하지만 1시 이전에 가 있어야 해.
W : 왜?
V : 왜냐하면, 2시에는 좋은 자리가 모두 잡혀 있거든.
W : 저런. 나를 위해서 두 자리 잡아둘 수 있어?
V : 무슨 일이야?

Ich bin da!
이히 빈 다!
나 여기 있어!

WILHELM
Ich werde ein bisschen später kommen.
이히 / 베V어데 / 아인 비쓰히엔 / 슈패터 / 콤맨.
나는 / 할 것이다 / 조금 / 늦게 / 오다.

VIKOTR
Warum?
바V룸?
왜?

WILHELM
Wegen meines Autos.
베V겐 / 마이내스 아우토스.
~때문에 / 나의 자동차.

Es ist kaputt.
에스 이스트 / 카풋트.
그것은 ~이다 / 고장 난.

VIKOTR
Dann kommst du mit der U-Bahn?
단 / 콤스트 / 두 / 밑 / 데어 우바안?
그러면 / 오다 / 너 / ~와 함께 / 지하철?

WILHELM
Nein, der Mechaniker kommt um 13:00 Uhr.
나인, 데어 매히아니커 / 콤트 / 움 / 드라이첸 우어.
아니, 그 수리공이 / 오다 / ~에 / 오후 1시.

VIKOTR
Okay. Ich halte zwei Plätze für dich frei.
오케이. 이히 할테 / 쯔바V이 플랫쩨 / 퓌f어 / 디히 / 프f라이.
알겠어. 나는 맡아두다 [분리동사] / 두 자리를 / ~위해 / 너를 / [분리전철].

WILHELM
Danke. Bis dann!
당케. 비스 단!
고마워. 그때까지!

W : 나 조금 늦을 거야.
V : 왜?
W : 내 자동차 때문에.
　　고장 났거든.
V : 그러면 지하철로 오는 거야?
W : 아니. 수리공이 1시에 온대.
V : 알겠어. 두 자리 잡아 놓을게.
W : 고마워. 이따가 보자!

U-Bahn
독일에 지하철이 있는 도시는 Hamburg, Berlin, München, Nürnberg입니다. Zone1, 2, 3 등으로 나뉘어 있습니다. 중심지인 Zone1을 중심으로 점점 번호와 가격이 올라갑니다. 3일 표, 7일 표, 한 달 표 등 한 번 구매로 해당 기간 동안 무제한으로 탈 수 있는 표들이 경제적입니다. 지하철을 탈 때 표 검사를 하지 않지만, 불시 표 검사에서 무임승차가 적발되면 10만 원이 넘는 벌금을 물어야 합니다.

Kannst du Fahrrad fahren?
칸스트 두 파f아라트 파f아렌?
자전거 탈 줄 알아?

MEMO

함께 배우면 좋은
단어장 무료 제공

품사별로 잘 정리된 1,000개의 단어 무료 제공!
엄선된 기초단어로 지금 바로 독일어를 시작해보세요.